KB117931

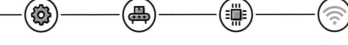

레이버피아

Laborpia

레이버피아

— 일자리 진화는 어떻게 우리의 삶을 바꾸는가 —

LABORPIA

백완기 지음

21세기북스

'일' 그리고 '일자리'

현생 인류의 직접적인 조상인 호모 사피엔스는 20~30만 년 전 탄생했다. 당시 인류는 해가 뜨면 밖으로 나가 채집과 수렵을 하면서 하루하루 살아갔다. 밤이면 현기증이 날 만큼 쏟아지는 별빛 아래 모닥불을 피워 놓고 둘러앉아 부족 연장자의 이야기를 듣거나 그날 있었던 일상들을 이야기하며 하루를 마쳤을 것이다. 모두가 함께 일하고 함께 먹고 함께 생활했다. 그러다 10만 년 전 어느 날 무슨 이유에서인지 몇몇 부족이 고향인 동아프리카 평원을 떠나 전 세계로 이동하기 시작했다. 어쩌면 인류의 DNA에는 원초적으로 새로운 세계에 대한 호기심과 자유롭게 이동하고자 하는 욕구가 새겨져 있는지도 모른다.

이동 생활을 하는 인류에게 '의무적으로' 해야 하는 일이란 없었다. 생존을 위해 하루하루 필요한 활동을 하면 그만이었다. 당시 인류에게 '일'은 여러 활동 중 하나에 불과했다. 즐거움을 주는 여가 활동, 상호 소통하는 시간, 사색하는 시간, 그리고 수렵·채집 활동으로 대표되는 것들이 '일'이었다. 즉 '일'이 삶 속에서 특별한 지위를 차지하지는 않았다. 인류의 일상은 가까운 친척이라 할 수 있는 보노보나 침팬지의 일상과 크게 다를 바 없었다.

일의 개념이 바뀌자 완전히 달라진 세상

인류가 전 세계로 퍼질 즈음 플라이스토세pleistocene(신생대 제4기의 첫 시기)가 끝나가면서 빙하가 녹기 시작했다. 기후가 따뜻해지면서 한곳에 정착해 농업을 하기에 알맞은 환경이 되었고 신석기 농업혁명이 시작되었다. 정착 생활은 구조적으로 '일'을 해야 하는 사회를 탄생시켰으며, 일을 해야 하는 사회에는 '일자리'가 만들어졌다. 일은 어느새 인류에게 반드시 수행해야 할 의무 사항이 된 것이다. 이렇게 일에 대한 인류의 생각이 최초로 정립된 것은 신석기 농업혁명을 통해 '잉여가치'를 축적하고 '내 것'이라는 개념이 생기면서부터다. 일과 잉여가치라는 새로운 두 개념은 인류 역사에 있어 어제까지와는 다른 오늘, 이전까지와는 완전히 다른 세상을 만들어 냈다. 이렇게 인간의 사고를 뿌리까지 바꾸게 함으로써 완전히 다른 세상이 도래하는 시점을 '대변곡점'이라고 하는데, 일과 일자리 관점에서 볼 때 신석기 농업혁명을 바로 1차 대변곡점이라 할 수 있다. 자연의 일부분으로 살았던 인류가 이제 자연을 대상으로 인식하게 되었다.

이 시점부터 인간은 18세기 산업혁명이 일어나기까지 약 1만여 년 동안 이른바 '전통 사회'의 가치관을 가지고 살게 되었다. 전통 사회에서 일은 천부적으로 주어졌다. 생존하고 살아가기 위해 인간은 끊임없이 움직이고 일해야 했다. 전통 사회는 흔히 말해 100퍼센트 고용 사회였다. 물론 전통 사회에도 정신적인 문제를 포함하여 여러 문제가 있었지만, 그런 문제는 대개 개인적인 것이었지 지금과 같은 사회 현상은 아니었다.

두 번째 대변곡점은 18세기 산업혁명이었다. 신석기 농업혁명을 통해 잉여가치를 축적하여 문명을 탄생시키고 발달시켜 온 인간은 산업혁명을 통해서는 자연에 기대어 생활하던 그동안의 생활방식과 사고방식을 근본적으로 바꿔 지구상에서 명실상부한 먹이 사슬의 최정점 지위를 확고히 했다. 이때 형성된 가치관과 세계관이 오늘날의 현대 사회를 지탱하고 있다.

이제 우리 앞에는 지금까지와는 또 다른 세상이 도래할 것이다. 흔히 '4차 산업혁명'이라고 부르는 과정을 통해 인류는 또 다른 대변곡점을 지나게 될 것이다. 4차 산업혁명은 신석기 농업혁명 이래 인류 문명을 고도화시킨 원동력인 인간 '노동'에 대한 근본적인 변화를 가져올 것이다.

인간은 일에서 삶의 의미를 찾는다

'일'과 '일자리'의 어원은 부정적인 이미지가 강하다. 성경에는 아담과 이브가 선악과를 따 먹음으로써 신의 저주를 받고 에덴동산에서 쫓겨나 '노동'을 해야 살 수 있는 고통스러운 존재가 되었다고 쓰여 있다. 『히브리서』에서는 '일'과 '노예'를 나타내는 단어가 동일하다. 영어에서 '일자리'를 뜻하는 단어 'job'은 남을 등쳐 먹는 사기 행각을 뜻하는 말에서 기원한다. 영화 〈이탈리안 잡The Italian Job〉(1969)에서 '잡'은 금괴를 훔치는 '일'을 하는 도둑들의 이야기다.

이처럼 부정적인 이미지와 결부되며 시작된 '일'과 '일자리'는 어느새 인류 역사에서 가장 중요한 위치를 차지하게 되었고 필수 불가결한 것이 되었다. 일은 생존을 위한 생산 활동을 넘어서는 행위다. 인류는 일을 통해 삶의 의미를 생각하고 삶의 목적을 찾게 되었다. 일이 없으면 사람들은 생활의 어려움을 느끼는 것을 넘어 삶의 의미 자체를 상실한다. 인간은 일을 함으로써 사회 구성원으로서 공동체의 일부임을 느끼고 삶의 원대한 목적을 가질 수 있다. 일자리는 그 사람의 삶을 나타내는 척도이며 삶 전체를 지탱하는 방향타이자 삶을 사는 근본적인 이유다.

궁극적으로 인간은 자유의지를 가지고 살아가는 존재로서 일자리가 필요하다. 인간에게 직업 선택의 자유가 있다는 것은 그에 따르는 의무도 있다는 의미다. 하지만 그에 따르는 의무를 지키기 위해 선행되어야 할 것이 있다. 바로 일을 원하는 모두에게 돌아갈 수 있을 만큼의 일자리가 공급되어야 한다는 것이다. 오늘날의 사회는 개개인이 아무리 노력해도 해결할 수 없는 실업의 문제를 개개인의 책임으로 돌리고 있는데 이는 옳지 않다.

사회가 변하면 일자리도 변한다

일자리의 좋고 나쁨은 문화적 배경에 따라 달라진다. 기능을 중시하는 사회에서는 장인들이 대우를 받은 반면, 사농공상士農工商 사상의 뿌리가 깊은 조선 시대에는 글 읽는 선비들과 관련된 직업이 대우를 받았다. 유럽에는 굴뚝 청소부와 의사가 사회·경제적으로 대등한 대우를 받는 나라가 있다. 일본에서는 문화적 배경으로 인해 다도선생 같은 직업이 존중받는다. 자본주의 사회의 상징인 프로 운동선수들과 그와 관련된 직업들은 그 도전 정신과 더불어 거대한 부를 젊은 나이에 이룰 수 있다는 점이 부러움의 대상이 된다. 프로 선수의 시조는 로마 시대 검투사 정도가 될 것이다. 검투사는 노예 신분으로 목숨을 담보로 하는 경기를 뛰어야 했지만, 인기도 얻고 부도 축적할 수 있었으며 극소수이기는 해도 자유를 얻을 수 있는 길도 있었다. 동양에서는 서양에는 없는 서예가들이 사회적으로 존경을 받았다. 서양에서 예술가가 높은 대우를 받은 것은 비교적 최근의 일이다. 이처럼 일은 사회적 배경에 따라 귀천이 정해지고 일자리는 사회적 관계의 산물이다.

세계 각 지역의 문화 체계와 사회 체계가 다른 것은 각 지역마다 자연환경에 맞춰 적응하면서 키워 온 전통과 그 사회 구성원들의 상호 작용으로 발전해 왔기 때문일 것이다. 리처드 도킨스Richard Dawkins가 저서 『이기적 유전자The Selfish Gene』(1976)에서 만들어 낸 용어인 '밈meme'으로 표현되는 문화적 유전자는 인간 개개인마다 서로 다른 표현형을 나타낸다. 이처럼 각 사회도 사회 나름대로 특성을 가지며, 사회가 변하면 일자리도 같이 변한다.

일자리는 우리의 생명선일 뿐 아니라 개인적, 사회적 측면에서 삶의 활력 그 자체다. 일자리가 사라지면 그 사회는 붕괴한다. 일자리를 장기간 구하지 못하는 사람은 사회에서 자기 역할에 대한 의미나 소속감을 상실하게 된다. 연구에 따르면 일자리가 없는 사람의 자살률은 일자리가 있는 사람에 비해 2~3배가 높다. 지금까지 인류 역사발전의 원동력이며 삶의 의미 자체였던 일과 일자리가 고용 없는 성장 시대를 맞아 인류의 삶을 짓누르는 무서운 존재가 되어 버렸다.

좋은 일자리가 사라지고 있다

일에서 소외되고 일자리에서 유리된 인간은 필연적으로 무언가 자신이 의지할 만한 것들을 찾게 된다. 그중 일부는 자신도 모르게 약물 중독과 같은 현실 도피 수단에 빠진다. 우리나라도 마약에서 자유롭지 못한 나라가 된 지 오래다. 가정주부, 전문직, 학생 할 것 없이 상당히 광범위하게 퍼져 있다. 약물이 표면적으로 드러나는 인간의 현실 도피 수단이라면, 밖으로 잘 드러나지 않는 도피 수단으로 가상 세계에 대한 집착이 있다. 현실 세계와 조화를 이루지 못하는 가상 세계에서의 활동은 삶에 지속적으로 의미를 주지 못한다. 가상 공간에서 게임은 세계 창조, 기술 습득, 성취, 폭력, 리더십, 팀워크, 속도, 효율성, 지위, 의사 결정, 임무 완수, 권력욕 등 인간의 모든 원시적인 욕구를 만족시킨다. 게임을 하는 동안은 성취감도 느끼고 행복도도 매우 높지만 어느 누구도 평생 게임만 하고 살 수는 없다. 게임을 떠나게 되면 어느 순간 이들에게서 행복이 사라지고 삶에 대한 자신감도 실종된다. 결국 현실 세계와 동떨어져 도박, 약물, 술에 전전하며 비참한 삶을 살 가능성이 높다. 그런데 만약 사회에 좋은 일자리가 없다면 이들에게 가상의 공간에서 빠져나와 현실 세계에서 적극적인 삶을 영위하라고 말할 수 있을까? 그렇다고 결국에는 없어질 나쁜 일자리라도 이들을 위해 지켜야 한다고 강변하는 것으로는 어떤 문제도 해결할 수 없을 것이다.

좋은 일자리가 사라지면 결혼도 줄어든다. 결혼에는 안정적인 수입이 절대적인 조건이다. 결혼은 사랑과는 또 다르다. 결혼이 줄어도 아이는 낳는다. 전체 출생률은 떨어지지만 미혼모 비율이 늘어난다. 즉 결혼이 줄고 출생률은 떨어지고 있는 반면, 불리한 조건에서 태어나는 아이의 비율은 늘어나고 있는 것이다. 이렇게 자란 아이들은 정상적으로 교육받을 기회가 현저히 적고 사회에서 정상적인 일자리를 구하는 것도 당연히 어렵다. 사회 전체적으로 불안 요소가 커지는 것이다.

정신 분석의 창시자 지그문트 프로이트Sigmund Freud는 일을 사랑에 버금가는 "인간성의 주춧돌"이라고 했다. 우리가 가치 있다고 여기는 일자리가 매일같이 대규모로 증발하고 있는 지금, 새롭게 사회에 진입하는 사람들이나 기존 산업 현장에서 일하는 노동자들의 좋은 일자리를 교육을 통해 지킬 수 있다는 생각으로는 더 이상 사람들에게 좋은 일자리를 보장할 수 없다. 이제는 인류에게 좋은 일은 무엇이고 좋은 일자리란 무엇인가라는 근본적인 고민을 해야 할 때가 왔다.

인류와 일의 관계가 변하고 있다

'좋은 일'은 시장의 가치, 즉 얼마나 많은 수익을 발생시키는가만을 기준으로 평가해서는 안 된다. 예를 들어, 자식을 위해 부모들이 헌신하는 것이나 위키피디아Wikipedia에 기고하는 일, 자원봉사 등의 일은 가시적인 수익을 창출하지는 않지만 탄산음료(담배, 패스트푸드 등) 제조나 판매 활동으로 많은 수익을 창출하는 것보다 사회에 공헌하는 바가 훨씬 크다고 할 수 있다. 하지만 지금까지 사회에는 이런 활동에 대해 정당한 보상 체계가 존재하지 않았다. 일이란 부가가치를 창출하는 활동, 즉 산업 생산력으로 간주되어 왔기 때문이다. 미국 사람들이 직장에서 보내는 시간은 가족과 함께하는 시간의 6배이며, 우리나라는 이와 비슷하거나 오히려 더 많은 시간을 직장에서 보내고 있을 것이다. 이는 모두 자본주의 관점에서 부가가치 생산만이 보상을 받을 수 있는 유일한 길이라고 생각하기 때문이다. 그리고 경쟁에서 살아남기 위해서는 남보다 더 많은 노력을 할 수밖에 없다는 사회적 강요가 빚어낸 결과다.

하지만 우리가 사는 현실 세계는 이미 그런 생각이 더 이상 통용되지 않는다. 생산적인 활동뿐 아니라 공익의 성격을 띠는 분야에서도 인류에게 일자리를 많이 제공하고 있다. 공익적인 활동 분야는 지금까지 주로 정부나 지방자치단체, 공익단체에 의해 만들어져 왔다. 특히 시민단체로 대표되는 비영리 비정부기구에서 일자리가 크게 늘어나고 있다. 영국, 벨기에, 프랑스 등 주요 유럽 국가에서는 이미 전체 일자리의 10퍼센트 정도가 이 분야에서 만들어지고 있다. 우리 생각과는 달리 이 분야의 일자리가 전적으로 정부 지원에만 기대고 있는 것도 아니다. 정부 보조금은 약 30퍼센트 정도를 웃돌 뿐 나머지는 자생적인 수익에 의해 운영되고 있다. 그리고 공익 성격의 일자리는 사람들을 목적 달성을 위한 도구로 보지 않고 사람 간의 관계 설정에 중요한 가치를 둔다. 내재적 가치를 최우선으로 하는 것이다. 이렇게 우리가 사는 세상은 이미 비영리 부문의 일이 삶에 중요한 위치를 차지하고 있으며 앞으로 그 중요성이나 비율은 더 늘어날 것이다. 게다가 이런 활동은 대부분 기계가 자동화할 수 없는 부분이다.

우리가 일을 얼마나 열심히 하느냐가 차이를 만들어 내는 것이 아니라 어떤 일을 하느냐가 진정한 차이를 만들어 내며, 어떤 일을 하느냐는 우리가 어떤 환경에서 일을 하느냐와 깊게 연관되어 있다. 정신적 스트레스, 자아 상실, 사회 유리 현상 등이 현대 사회의 특징이 된 것은 언제부터인가 인류와 일의 관계가 변하고 있기 때문이다. 우리가 일을 제대로 알기 위해서는 일의 본질을 고민해 보고, 의미 있는 삶이란 무엇이며, 인류가 왜 지금까지 기술 발전을 해 왔는지, 앞으로 변할 세상은 어떤 모습이어야 하는지와 같은 근원적인 문제에 답할 수 있어야 한다.

3차 대변곡점이 눈앞에 와 있다

인류는 탄생한 이래 대부분의 시간에 해당하는 십수만 년을 생존을 위해 일했다. 그러다가 1차 대변곡점인 신석기 농업혁명을 지나면서 인류는 자연에서 최대한의 수확을 추구함으로써 생겨난 잉여가치를 바탕으로 문명을 창조하고 사회를 구성했다. 약 1만 년 동안 이어진 이 시기에 인류는 대부분을 여전히 자연에 기대어 살아왔다.

2차 대변곡점인 18세기 산업혁명을 지나면서 인류는 자연을 정복하고 자연을 통제함으로써 최대의 효율을 추구해 왔다. 인간은 지구상에서 최상위 먹이 사슬에 위치해 있으면서 미래로의 도약을 꿈꾸며 진화해 왔다.

이제 우리는 3차 대변곡점이 될 4차 산업혁명을 눈앞에 두고 있다. 이 대전환점이 인류의 오랜 꿈인 낙원으로 들어가는 열쇠가 될지 아니면 영원히 되돌릴 수 없는 파멸의 길로 향할지 지금은 알 수 없다. 다만 지금까지의 인류 역사를 통해 우리는 지금 우리의 생각과 행동이 그 방향을 결정한다는 것을 명확히 알고 있을 뿐이다.

이제부터 '일'과 '일자리'에 대한 인류의 긴 여정을 따라가 보자.

차례

5장 | 4차 산업혁명 시대의 일자리 ・・・ 159
인간을 대체하는 최첨단 기계들

1장

인류 문명 탄생과 일자리

잉여가치가 불러온 문명의 탄생

일과 일자리는 삶의 수단으로서 언제쯤 출현하고 사회에 정착되었을까? 인류는 수렵·채집 활동을 하다가 어떤 계기로 집단으로 정착 생활을 하면서 문명을 창조하고 사회 구성을 통해 씨족, 부족을 거쳐 국가를 건설하게 되었을까? 어느 순간부터 인류에게 '일'이라는 활동이 의미가 있게 되고 '일자리'라는 개념이 생겨났을까? 우리가 알고 있는 오래된 직업들은 위 과정과 밀접하게 연결되어 있다. 국가 건설이 없었다면 현재와 같은 많은 직업들이 생겨나지도 않았고 생겨났다 해도 지금까지 지속되지 못했을 것이다. 군인, 공무원, 농민, 상인, 의료 종사자 등 주위를 둘러보면 흔히 만날 수 있는 오래된 직업들은 인류의 정착 생활과 국가 건설에 바탕을 두고 있음을 쉽게 알 수 있다. 국가의 탄생 이후 인류와 국가 조직은 서로 영향을 주며 진화해 왔다. 국가는 개인의 삶을 구속해 왔고, 반대로 개인의 욕망은 국가를 변화시켜 왔다. 이러한 상호 과정을 통해 둘은 뗄 수 없는 관계로 발전해 왔다.

최소한의 일만
하면 되던 시절

　20~30만 년 전에 탄생한 인류 호모 사피엔스는 지금으로부터 약 1만 년 전까지, 즉 19~29만 년을 생존하기 위해 수렵·채집 활동을 하면서 살아왔다. 이 시기에 대한 기록은 남아 있지 않으므로 고고학적 발굴과 우리의 상상력을 발휘해 추정해 보는 수밖에 없다.

　대략 40여 명 정도의 집단으로 이루어진 수렵·채집인의 주요 일은 생존을 위한 식량과 물의 확보, 그리고 이동의 자유가 보장되는 휴대 가능한 수준의 장신구와 간단한 생활 도구를 만드는 일이 대부분이었을 것이다. 하지만 이들의 행복도와 만족도는 상당히 높았을 것이다. 채워지기를 바라는 욕망이 없으면 그에 따르는 부족함도 느끼지 못하기 때문이다.

　최초의 인류는 '사용가치'를 위해 일했다. 인류가 사용가치를 위해 일할 때는 노동의 효율이 올라가면 노동 시간을 줄이고 여가 시간을 늘렸다. 많은 민족지학적 연구에 의하면, 이때의 인류는 어떻게 하면 일을 적게 할 것인가 노력한 듯한 인상을 준다. 당시와 똑같지는 않겠지만 현재까지 집단으로 생존해 있는 수렵·채집인을 민족지학적으로 연구해 보면 당시 인류에 대한 단초를 얻을 수 있을지도 모른다. 이를 위해서는 주로 호주나 아프리카에 현존하는 수렵·채집인을 대상으로 연구하는 방법을 사용한다. 대부분의 연구들은 그들이 생존을 위해 극단의 상황에서 살아간다고 보고한다. 하지만 1830년 호주 서부 지역을 탐험한 조지 그레이George Grey는 호주 서부에서도 비교적 가난한 지역에 사는 사람들을 묘사하면서 "그들의 오두막 안에서 항상 최상의 풍요로움을 발견할 수 있었다."라고 기록했다.[1] 우리 기준에서 보면 형편없이 열악한 환경인데도 심적인 풍요를 누린다는 것이다. 그들은 이런 부족함이 없는 생활을 영위하기 위해 식량 확보 활동에 몇 시간을 사용했을까? 프레드 매카시Fred McCarthy와 마거릿 맥아더Margaret McArthur의 연구[2]에 따르면, 호주 서부 아넘랜드Arnhem Land 지역에 거주하는 피시크리크Fish Creek 집단의 경우, 식량 확보 활동에 활동에 할애하는 시간이 남성은 하루 평균 3시간 44분, 여성은 3시간 50분이었다. 호주 그루트아일런드Groote Eylandt 해안 지역에 살고 있는 헴플베이Hemple Bay 집단의 경우는 남성은 5시간 9분, 여성은 5시간 10분 정도였다. 나머지는 모두 여가 시간으로, 대부분 휴식과 수면, 수다 떨기에 사용되었다.

이런 생활방식은 여전히 몇몇 국가에 그 흔적이 남아 있다. 대표적인 것으로 인도네시아의 농크롱nongkrong 문화가 있다. 농크롱이란 특

피시크리크 집단의 낮 시간대 휴식과 수면

일	남자 평균	여자 평균
1	2시간 15분	2시간 45분
2	1시간 30분	1시간
3	하루 대부분	
4	때때로	
5	때때로 그리고 오후의 대부분	
6	하루 대부분	
7	수 시간	
8	2시간	2시간
9	50분	50분
10	오후 내내	
11	오후 내내	
12	때때로, 오후 내내	
13	–	–
14	3시간 15분	3시간 15분

자료 : McCarthy and McArthur, 1960[3]

별한 목적 없이 수다를 떨며 시간을 보내는 것을 말한다. 이런 행동은 사회 구성원 간의 관계를 친밀하게 해 주기 때문에 사회적으로 중요한 의미를 가진다. 원래 인류는 삶의 필요조건이 충족되면 더 많은 일을 해서 부를 축적하기보다는 남는 시간을 축제 활동이나 이런 농크롱 활동을 함으로써 사회 구성원 간의 행복 증진에 활용했다. 현존하는 수렵·채집인이 좋은 환경에서 밀려 선사 시대 수렵·채집인보다 열악한 조건 속에서도 비교적 풍요로움을 누리며 살아가는 것을 염두에 두고 생각해 보면, 선사 시대 인류가 수렵하고 채집하는 일을 통해 충분히 풍요로운 삶을 영위할 수 있었던 것으로 유추할 수 있다.

선사 시대 인류의 일과 일자리는 생산 단위인 가내 집단 내부의 역학에 따라 정해졌다. 남편과 아내, 부모와 자식 같은 가족의 내적 관계에 따라 일이 정해졌으며, 가내 집단 외부와 연계성은 찾아보기 어려웠다. 즉 가족제 생산 양식은 가구가 기본 생산 단위로서, 연령과 성에 의해 일의 분업이 이루어졌다. 이들의 일은 주로 가족의 필요와 만족을 위한 일들이었다. 인류 자체가 원래 일을 많이 해야 한다거나 근면하지 못하면 스스로 자책감에 빠지는 존재는 아니었던 것이다. 이 시대는 무소유가 가져다준 풍요의 시대였다.

잉여가치의 탄생으로
인류사에 벌어진 일

구석기 시대가 끝날 즈음 인류는 문화를 창조하기 시작했다. 물론 구석기 시대에도 동굴 벽화 등을 남겼으나 이는 단발적이고 극히 제한적인 것으로, 전 인류의 문화 현상으로 보기는 어려웠다. 사회 구성원을 묶고 영속성이 있는 사회 계층 조직을 만들어 분업화된 일을 함으로써 계승 가능한 문화를 지속적으로 발전시키기 시작한 시점은 신석기 시대라고 볼 수 있다.

정착 생활과 잉여가치의 탄생

신석기 시대 인류 삶의 가장 큰 변화는 정착 생활의 시작이다. 대부분의 사람은 유목, 어로, 수렵, 농업과 같은 일을 동시에 하거나 번

갈아 하면서 삶을 영위했지만, 일부는 생존 환경이 좋은 습지를 중심으로 정착 생활을 시작했다. 이동하며 살아가는 유목민의 생활도 구석기 시대의 수렵·채집 생활과는 근본적으로 달랐다. 자연의 생산에 전적으로 의존하는 수렵·채집 생활과는 달리 유목민의 활동은 생존을 위한 생산 활동에서 뚜렷한 목적이 있는 활동으로 변하게 되었다. 즉 일을 하게 되었다. 특히 정착 생활은 유목 생활에 비해 수렵·채집 생활과는 훨씬 더 근본적으로 다른 생활상을 가지게 되었다. 신석기 시대 문화의 특징은 크게 ① 도구의 사용, ② 목축, ③ 농업 분야에서 도입된 생산성 증대를 위한 기구들의 사용이다. 도구의 발명과 사용, 그리고 목축은 인류에게 잉여가치를 가져다주었다. 잉여가치의 탄생은 인류 문명의 시작으로 이어졌다.

첫째, 신석기 시대에는 장인의 기술과 집중적인 노동이 필요한 도구들을 사용하게 됐다. 간석기(마제석기)는 대표적인 도구다. 돌을 깨서 만드는 뗀석기(타제석기)와 달리 갈아서 만드는 간석기는 제작 과정에 장인의 기술과 시간이 필요하다. 즉 간석기의 존재는 곧 장인의 존재를 의미하는 것으로, 이는 지금으로 보면 기술을 바탕으로 하는 전문적인 직업의 탄생을 의미하는 것이다. 물론 신석기 시대 초기에는 이런 장인들이 1년 365일 간석기만을 전문적으로 제작하지 않았을 확률이 크지만, 지금 우리가 박물관에서 보는 것과 같은 아름답고 균형 잡힌 간석기를 모든 사람들이 자체 제작하는 것은 불가능했을 것이다. 이와 동시에 생산한 곡물을 담을 수 있는 토기pottery도 사용하게 되었다. 토기 사용은 인류가 불을 완전하게 통제하면서 다양한 방식으로 사용하는 방법을 숙지하게 되었음을 나타내는 증거이기도 하다. 불의 통제는 인류를 지구 생태계의 최상위 포식자로 자리매김하게 해 주었다. 불 사용의 중요성은 아무리 강조해도 지나치지 않다. 불은 어두운 밤을 밝히는 것뿐 아니라, 맹수로부터의 위험을 막아 주고, 식생활을 개선했으며, 토기와 같은 도구를 만드는 등 다양한 용도로 활용되었다. 특히 식량 저장에 필요한 토기의 사용은 인류가 생산한 식량을 즉각적으로 소비하지 않고 일정한 기간에 걸쳐 소비하는 잉여 식량의 확보가 가능해졌다는 의미다. 식량의 저장은 매일매일 채집이나 사냥에 의존하던 시절에 비해 훨씬 안정적인 생활을 가능하게 해 주었다.

둘째, 신석기 시대에는 가축을 기르게 되었다. 목축 덕분에 인류는 구석기 시대의 인간 노동력을 뛰어넘는 힘을 사용할 수 있게 되어 생산력이 향상되었고 고기와 달걀 등 풍부한 영양을 공급받아 삶의 질도 개선되었다. 토기를 사용해 탄수화물을 비축한 것처럼 인류는 가축을 통해 단백질과 지방을 안전하게 비축하기 시작한 것이다. 특히 말은 인간의 이동 속도와 무력 사용에 결정적 차이를 낳게 해, 말을 사용할 수 있는 종족은 크고 강력한 사회를 구축하는 힘을 획득하게 되었다. 말이 존재하지 않았던 16세기 아메리카 대륙에 스페인인들이 말을 타고 나타나자 아메리카 원주민들은 신처럼 여겼다. 그만큼 말을 탄 인간이 주는 위압감은 실로 어마어마한 것이다. 말은 강력한 군사력을 보유하는 데 있어 필수 불가결한 요소였다. 좋은 말의 소유는 곧 강력한 군사력으로 이어져 거대 제국의 탄생을 가능케 했다.

고대 중국의 황제들이 좋은 말을 소유하고자 끊임없이 노력했다는 기록은 중국 역사의 단골 메뉴다.

셋째, 신석기 시대에는 '쟁기'와 '축력畜力'(가축의 노동력)으로 대표되는 생산력 향상을 위한 기구와 동물의 힘을 농업에 사용했다. 신석기 시대에는 농업 이외의 다른 제품이 거의 생산되지 않았다는 점을 생각해 보면 사회 생산력이 곧 식량 생산력이었다고 할 수 있다. 사회 규모가 커지는 데는 높은 생산력이 필수적으로 요구되었다. 쟁기와 쟁기를 끄는 소는 인간보다 훨씬 큰 노동력을 제공했을 뿐 아니라 땅을 깊게 가는 것을 가능하게 만들어 단위 면적당 식량 생산량을 극적으로 증대시켰다. 가축을 농사에 활용함으로써 대량의 잉여가치가 생산될 수 있는 기반이 조성된 것이다.

인류의 정착 생활과 농업이 가능했던 데는 기후도 한몫했다. 약 1만 1,000년 전 마지막 빙하기가 끝난 뒤 기후가 안정되었고, 기원전 3,500년경을 전후로 기후가 온화해지면서 온대 지역의 농업 생산력이 획기적으로 증대되었다. 그전까지는 자연의 일부분으로 살아가던 인류가 이제 자연을 대상으로 삼아 잉여가치를 창출하고 축적하기 시작했다.

정치적 목적을 달성하기 위한 경제 활동

구석기 시대에 낮은 생산력으로도 풍요로운 삶을 영위하던 인류가 왜 정주 생활을 하면서 잉여가치 생산에 적극적이게 되었을까?

심리적 풍요를 주는 소규모 채집 생활을 하는 가족 단위 경제 체계는 궁지에 빠지기 쉬웠다. 외부 환경이 변화할 때 적절하게 대응하기가 어려워 집단 전체가 전멸할 위기가 늘 존재했다. 특히 근처 부족 중 하나에 안정된 정치 체계가 확립되어 결속력을 다지며 부족의 크기가 커지면 근접해 있는 다른 부족은 위기를 느낄 수밖에 없었다. 이를 극복하는 방법은 좀 더 광범위한 친족 관계로 대체하여 집단의 크기를 키우는 것이다. 자연스럽게 강력한 정치권력의 필요성이 대두되었다. 집단을 어느 정도 규모로 키우는 것은 이제 선택이 아닌 필수 조건이었던 셈이다. 집단의 규모가 커지자 가족 단위 집단과는 달리 공적인 정치 체계가 필요하게 되었다. 공적으로 이행된 사회에서는 사적이고 편협성을 띤 가구 경제 대신에 공적 경제 원리가 작동했다.

부족 사회가 잘 유지되기 위해서는 정치 지도자인 추장에게 관대함이라는 덕목이 요구되었다. 관대함은 구성원 간의 매우 긴밀한 협력을 이끌어 내 사회를 안정적으로 발전시켜 나갈 수 있는 중요한 요소다. 관대함은 정치 리더에게 가장 중요한 덕목이다. "채찍이 개를 길들이듯 선물은 노예를 만든다."는 에스키모 속담처럼, 추장의 관대함을 보여 주기 위해서는 어려운 상황이 닥쳤을 때 구성원에게 나누어 줄 수 있게 식량, 도구, 무기, 장신구 등의 잉여 생산품을 비축해 놓는 일이 필수 불가결했다. 이제 정치적 목적을 달성하기 위한 경제 활동이 시작된 것이다.

사회 구성원 간, 특히 정치적 지도자와 사회 구성원 간의 관계는 민족지학적 표현을 빌리자면 '풀링'과 '호혜성 관계'를 통해 표현된다.

풀링pooling이란 구성원들이 생산한 재화가 정치 지도자 한 사람에게 모이고, 모인 재화가 다시 정치 지도자에 의해 구성원들에게 재분배되는 과정을 말한다. 풀링이 중요한 이유는 이런 행위를 통해 구성원 간의 결속력이 강해지고 강해진 결속력이 집단의 전투 능력을 향상시키기 때문이다. 통합된 사회는 개개인의 합보다 훨씬 큰 시너지 효과를 나타내, 전투력 향상에 그치지 않고 이집트의 피라미드 같은 거대한 상징물이나 문명 지역에 출현한 대도시 등 여러 형태의 사회적 건축물의 건설을 가능하게 했다.

풀링이 사회 구성원 내부에서 작동하는 작용이라면, 호혜성reciprocity (A↔B)은 집단 간 두 당사자 사이의 관계 설정을 위해 필요한 것이다. 당사자 간 상호 이익을 위한 동맹 관계 성립이 대표적 행위다.

이처럼 집단 대내외적 행위를 위해서 잉여가치는 필수 요소였다. 잉여가치를 서로 분배하고 상호 교환함으로써 신뢰를 쌓는 행위는 더 큰 집단 형성을 가능하게 했다. 정치적 야망이 큰 정치 지도자는 위 두 가지 행위를 성공적으로 수행함으로써 더 큰 집단의 우두머리로 성장할 수 있었다. 로마의 많은 황제들이 거금을 들여 마차 경기를 개최하고 아레나에서 검투사 경기를 열었던 것은 정치권력 유지를 위한 당연한 행위였다. 중국 황제들도 대대로 조공과 황제 하사품의 형식으로 주변국과 호혜성을 다져 왔다. 정치 지도자들은 공동체 이익에 부합하는 목표를 제시하고 사회 결속력을 다짐으로써 구성원들의 상상력과 역량을 최대한 끌어내 잉여가치를 창출해 냈다.

이런 능력을 갖춘 정치 지도자들은 더 큰 집단을 형성하고 제국의 기반을 다질 수 있었다.

문화의 발달이 가져온 사회 구조 변화

잉여가치는 풀링과 호혜성을 위해 쓰일 뿐 아니라 일부 사회 구성원에게 남는 시간을 자유롭게 사용할 수 있게도 해 주었다. 인간은 남는 시간을 통해 생각하고 그 생각을 바탕으로 문화를 창조할 수 있게 되었다. 문화는 전래에 따른 모방과 독자성을 바탕으로 발전한다. 그리고 동시에 보편성을 가진다. 이런 조건들이 갖추어져 가면서 신석기 시대에 문명권이 형성되었다. 역사학자 정수일은 저서 『고대문명교류사』(2001)에서 이를 크게 즐문토기(빗살무늬토기) 문화권, 거석 문화권, 채도 문화권, 세석기(잔석기) 문화권의 4가지 문화권으로 분류하고 있다. 신석기 시대에 축적되기 시작한 잉여가치 덕분에 인간은 고도의 정신적 작업이 가능해졌고, 이로써 '씨족→부족→군장국가→국가'로 이어지는 사회 발전의 길을 갈 수 있게 되었다.

문화의 발달은 사회 구조의 변화를 수반했다. 경제적 구조의 변화뿐 아니라 정치적 구조의 변화도 동시에 이루어져, 부와 권력의 변화가 발생했다. 인간이 신석기 농업혁명을 통해 이룬 문화의 진화는 인간을 근면하게 만들었으며, 경제적으로 일부 인류를 부유하게 만듦과 동시에 대다수 인류를 가난하게 만들어, 인간 간의 관계가 동료

관계에서 권력 서열이 존재하는 착취 관계로 변화되었다.[4] 사회 구성원 간에 누가 어떤 일을 얼마나 하는가는 자연적, 물리적 차원뿐만 아니라 문화적 차원과도 분명하게 연동되어 있다. 문화가 다른 집단 간에 일하는 차이가 발생하는 것뿐 아니라 같은 집단 내에서도 일부 사람들은 다른 사람들에 비해 훨씬 많은 일을 하는 것은 선사 시대부터 이어져 온 보편적인 현상이다.

잉여가치의 발생은 인간이 무한한 욕구를 추구하게 되는 계기가 되었다. 무한한 욕구는 더욱 많은 잉여가치의 소유를 원하게 만들었고 이런 욕망이 전체 인류 역사 발전의 동력이 되었다. 그리고 잉여가치가 발생하면서 가치 축적과 교환도 이루어졌다. 이러한 교환을 위해 형성된 것이 바로 시장이다. 시장은 자본주의에서 파생된 개념이 아니고 선사 시대 때부터 존재했던 것이다. 시장의 원활한 작동을 위해 화폐의 필요성이 대두되었다. 화폐는 시장의 가치 교환을 원활하게 해 주었을 뿐 아니라 부를 보편적으로 표시할 수 있게 해 주었다. 수치로 표현되는 부는 노동에 대한 한계를 없애 인간의 노동 시간은 최대치까지 늘어났다. 식량 생산 이외의 노동 시간을 확보한 인류는 다양한 공예품과 사치품을 생산하게 되었고 이에 따라 더욱 다양한 직업에 대한 수요가 창출되었다. 이제 인류는 의식주를 위한 활동 이외의 다양한 욕구를 충족시킬 수 있는 물품을 생산하는 직업에 종사하게 되었다.

여기에서 도구의 작용에 대해 잠시 알아보자. 도구는 예나 지금이나 생산에서 중요한 요소로 작용해 왔지만, 초기의 도구는 지금의 도구와 성격이 완전히 달랐다. 초기의 도구는 인간의 노동 활동을 위한 물건이었으며 도구를 사용해 생산한 결과물도 도구를 소유하고 사용한 인간에게 돌아갔다. 도구를 활용해 생산량도 늘고 품질도 올라감으로써 생겨난 이익은 대부분 도구를 생산하고 사용한 노동자에게 귀속되었다. 도구는 진정한 의미로 인간에게 봉사한 것이다. 하지만 18세기에 산업혁명이 일어나 생산에 사용하는 도구가 대형화·자동화됨에 따라 도구 사용자가 막대한 비용을 감당할 수 없게 되자 도구 사용자와 도구 소유자가 분리되는 현상이 일어났다. 그 결과 현대에는 도구를 사용해 생산한 부가가치 대부분이 도구 소유자에게 돌아간다. 초기의 도구가 인간의 활동에 보조적인 역할을 수행하면서 생산 활동을 돕는 역할을 했다면, 이제는 인간이 도구의 활동을 돕는 전도 현상이 일어난 것이다. 초기의 도구는 사용하는 인간의 숙련도와 지적 노력에 의해 그 활용도가 결정되었다. 개개인이 차지하고 있는 일자리의 생산력과 산출물의 가치가 사람에 따라 천차만별일 수밖에 없는 것은 당연했다. 이에 따라 도구의 질의 차이보다는 인간의 숙련된 노동이 생산 증가에 절대적인 역할을 했다. 인간 개개인의 지적 능력과 노동이 인류 발전의 근본적인 원동력이었던 셈이다. 하지만 산업혁명 이후 도구의 활용도는 도구 자체의 정밀도와 성능에 의존하게 되었다. 즉 인간 개개인의 능력보다는 어느 한 사회가 보유하고 있는 기술의 수준이 사회 발전의 원동력이자 국가 경쟁력의 원천이 되었다.

돌이킬 수 없는 일의 성격 변화

인간의 일에 있어 잉여가치의 생성과 축적이 의미하는 것은 무엇일까? 인류 역사상 최초로 자연 상태의 인간의 일이 인위적인 목적성을 띤 노동으로 변화한 것이다. 인류가 일을 하는 이유가 변하면서 일의 성격도 변했다. 즉 우리가 알고 있는 '일'과 '일자리'의 개념이 형성되고 발전한 것이다. 잉여가치의 효용을 알아낸 인류는 이제 더 큰 진보를 향해 나아갔다.

사회의 진화는 개개인의 삶에 절대적인 영향력을 행사했다. 인간이 생산한 잉여가치는 사회적 작용을 통해 서서히 부의 축적으로 이어졌다. 부의 축적은 특히 교역을 통해 가속화했는데 교역은 생존을 넘어 더 다양한 인간의 욕구를 충족하는 방향으로 발전하면서 인간의 생산 활동을 더욱 자극했다. 그리고 원시 화폐 사용으로 호혜적 교환 관계가 주변 지역으로 확대됨에 따라 부족의 대외 활동을 주관하는 부족 내부 관계의 역할이 더욱 중요해졌고 이는 보다 강력한 정치 권력의 탄생으로 이어졌다. 몇몇 사람들은 정복 전쟁으로 막강한 권력과 커다란 부를 획득하게 되었다.

국가 탄생 전의 부족 사회는 고대 비축 경제 사회로 진화해 갔다. 이 시점이 바로 인류가 최초로 일에 대하여 1차 대변곡점을 지나온 때다. 대변곡점, 즉 사회가 추구하는 가치가 바뀌고 그 영향력이 매우 커서 인간의 삶이 그 이전으로 돌아갈 수 없을 만큼 변화되는 시기였다. 대변곡점은 과거의 의미와 미래에 다가올 것들에 대한 시각을 완전히 바꾼다. 인간의 보편적인 삶이나 개인의 삶에 대한 우주관이 본질적으로 바뀌는 것이다.

금속 문명 시대, 다양한 일자리의 탄생

신석기 농업혁명에 의해 이루어진 잉여가치의 생산과 축적은 선순환적으로 작용해 고도의 기술과 보다 유기적인 사회 구성체 조직이 가능한 금속 문명 시대로 발전하는 길을 열었다.

최초로 동銅을 사용한 곳이 어디인지는 정확하게 규정할 수 없지만 기원전 6,000~5,000년경 카스피해 연안 유목민들이 자연동을 최초로 채취했을 것으로 추측된다.[5] 자연동에 주석 등을 합금하여 청동을 만드는 야금술을 장기간의 복잡한 과정을 거쳐 터득한 인류는 기원전 약 4,000~3,500년에 청동기를 본격적으로 생산하게 되었다. 청동기 합금을 위해서는 약 1,200℃가 필요했는데 당시에 이러한 기술은 2차 세계대전 이후의 핵무기 제조에 비견될 만한 최첨단 기술이었다. 금속을 다루는 기술은 이후로도 계속 중요시되었다. 따라서 청동기 제작 기술은 극소수 장인들에게만 전수되었을 것이다.

청동은 동과 달리 뛰어난 성형 완성도와 큰 강도를 지녀 인류사에 최초로 금속기의 위력을 보여 주었다. 메소포타미아 문명지인 우바이드'Ubaid 신전 터와 도시 문명지인 우루크Uruk 지역에 야금술 유지가 발견되었고, 주周나라 왕실의 관직 제도와 전국 시대 각국의 제도를 기록한 경서 『주례周禮』「고공기考工記」에 청동 제작 과정이 소개되어 있다.[6] 청동기로는 마구와 제기, 도검과 창, 도끼, 화살류 등 장식용 병장기와 거울, 핀과 같은 장신구 등을 제작했다. 이런 작업을 하는 전문적인 직공들이 탄생했고, 세공 기술도 발달해 전문적으로 금속을 가공하는 직업이 탄생했다.

청동기 시대는 2,000~3,000년으로 비교적 짧은 기간 동안 지속되었고 실생활에 사용되는 물건들은 여전히 간석기가 주종을 이루고 있었다. 비싼 제작비 탓에 인류가 청동기를 보편적으로 사용하지는 못한 것으로 보인다. 특히 농기구 등 생산력을 높이는 데는 청동기가 쓰이지 못했다. 하지만 청동 빛에 반사된 청동 거울을 배경으로 한 말을 탄 전사의 출현이나 말에 장식된 요령 소리는 이전까지 없었던 새로운 광경이었고, 이런 과시 행동이 상대방의 두려움을 자아내 복종을 받아내는 데 효과적이었다. 심리적 위축감은 구심력으로 작용하게 되고 이런 일련의 과정을 통해 인류는 더 큰 사회 구성체를 건설해 갔다. 이집트에서는 파라오가 신으로 추앙받았고 다른 문명권에서도 이런 장식 효과가 제국 건설에 중요한 역할을 하는 등 청동기가 인류사에 큰 발자취를 남긴 것은 틀림없는 사실이다.

이 시기에 인류가 벌써 원거리 교역을 했다는 증거들이 고고학 분야 곳곳에서 나타난다. 특히 보존성과 지속성이 긴 물품들이 중점적으로 출토되었는데, 장식에 필요한 물건들이 주종을 이룬다. 대표적인 물건은 귀금속과 보석류, 유리였다. 현재의 시각으로는 유리가 옥과 같은 귀한 보석과 같이 분류되어 교역되었다는 사실이 의아하다.

하지만 당시 유리는 모두가 갖고 싶어하는 귀금속이나 보석류 같은 물건이었다. 유리의 기원에 대해서는 아직 명확하게 밝혀지지는 않았지만 대략 기원전 3,000년경 메소포타미아에서 제작되어 급속하게 퍼진 것으로 보인다. 이후 유리에 대한 인류의 사랑은 오랫동안 지속되었다. 특히 기원전 1세기부터 기원후 4세기까지 로마 제국에서 제조된 유리는 획기적인 대롱 불기 기법blowing technique으로 제작되어 '로만 글라스Roman glass'라는 이름으로 세계 곳곳으로 퍼졌고 지금까지도 도처에 흔적을 남기고 있다. 삼국 시대 백제와 신라 주요 고분에서도 다양한 유리류가 출토되는 것을 보면 유리가 얼마나 보편적이고 중요한 교역품이었는지 알 수 있다.

귀중품의 소유는 사회의 계급을 구분하는 중요한 요소다. 보석류는 산지를 명확하게 확인할 수 있어 그 당시 교역 상황을 파악하는 데 중요한 역할을 한다. 사치품은 소유 자체로 권위를 드러낼 수 있어 권력자들이 선호하는 물건이었다. 보석은 자연에서 채취하여 가공을 거치는 물건이지만 유리는 최첨단 기술을 가진 장인이 인공적으로 생산하는 물건이다. 즉 이때부터 인류는 자연에서 채취하는 물건과 인간의 노력으로 생산하는 물건을 거의 동등하게 귀하게 취급하기 시작했다. 인류가 스스로 생산하는 물건에 대해 애착을 가진 것은 인류가 고도의 문명을 쌓아 올리는 데 중요한 역할을 했을 것이다. 지금도 인류는 다이아몬드를 귀하게 여기지만, 동시에 인간의 기술과 노력이 들어간 물건도 귀하게 여긴다. 수십억 원을 호가하는 슈퍼카가 그 좋은 예다. 다만 천연에서만 채취 가능한 보석류는 예나 지금이나 변함없이 사랑받는 반면, 인류가 만든 인공물은 시대에 따라 변천한다는 차이가 있을 뿐이다.

이렇게 인류는 신석기 농업혁명을 통해 잉여가치를 생산하고 축적함으로써 대전환점을 지나게 되었다. '잉여가치 생산→문명 탄생→국가 사회 건설→인류의 전통적인 일자리 창출'의 연쇄 사슬 구조가 인류가 최초로 다양하게 분업화된 일자리를 갖게 된 배경이다.

이를 바탕으로 농업 생산력이 높은 큰 강 주변 지역을 중심으로 더욱 큰 규모의 집단의 탄생이 가능해졌다. 그리고 곧 크고 강력하게 확장된 세력이 출현해 그전에는 상상하기 힘들었던 대규모 건설을 실행에 옮겼다. 인구 집중과 도시의 건설로 메소포타미아, 이집트, 인더스, 황허 지역에 인류 4대 문명이 탄생했다. 최초의 국가와 문자는 약 5,400년 전에 등장했다. 4대 문명의 탄생은 부족 사회보다 훨씬 크고 강력한 국가 탄생으로 이어졌다. 역사학자 유발 하라리Yuval Harari의 말처럼, 실체 없는 개념으로 만들어진 가상의 문화적 산물들이 인류 사회 발전의 중요한 동력으로 작용한 것이다. 잉여가치의 창출은 문화를 만들었고 문화는 다양한 사회 구성체를 만들었으며 이를 통해 인류는 다양한 일자리를 갖게 되었다.

호모 사피엔스의 역사로 보면 20~30만 년의 역사 중 불과 얼마 전인 대략 1만 년 전, 그것도 국한된 지역에서 원시 시대를 벗어나 문명이 본격적으로 시작되면서 현재 우리가 아는 인간의 일자리 대다수가 만들어졌다. 실체는 없지만 인간의 사고에 바탕을 둔 관념적 실체를 통해 인류는 더욱 큰 규모의 사회 구성체를 형성할 수 있게 되었다. 그리고 이를 단합하고 유지할 수 있는 애국심 같은 개념을 통해 '우리'의 개념을 크게 확장하고 장기적으로 유지할 수 있게 되었다. 이러한 개념 활용이 지속적으로 발전해 인류 사회의 가장 탁월한 발명품 중의 하나인 국가의 탄생을 가능하게 했다. 실체 없는 개념의 가장 대표적인 대상이 국가다. 국가는 하나의 동질성을 갖는 집단으로는 인간이 가질 수 있는 가장 큰 집단이다. 이렇게 성립된 국가는 인간에게 더 많은 노동을 요구했고 그로 인해 부족 집단 수준에서는 불가능했을 일들이 가능해졌다. 인류는 이러한 공동 작업을 통해 문화 발전 속도를 가속화하게 되었다.

다음 장에서는 선사 시대가 끝나고 국가가 탄생하면서 인류가 어떤 일들을 하게 되었고 어떤 일자리들이 만들어졌는지 살펴보자.

2장

천직으로서의 일자리

일자리는 하늘이 내려준 대사슬의 일부

전통 시대의 일자리는 천직이었다. 태어나면서 주어진 일을 평생 하는 것을 당연하게 받아들였고 국가와 사회의 모든 체제가 이러한 가치관을 바탕으로 이루어졌다. 태어나는 순간 평생 해야 하는 일이 숙명과 같이 결정되었다. 실업이 없는 완전 고용과 같은 사회였다. 이러한 현상이 나타난 것은 전통 사회에서는 생산의 원천이 인간의 노동력밖에 없었기 때문이다. 생산을 최대로 유지하는 방법은 활동 가능한 모든 인력을 생산에 참여하게 하는 것뿐이었다. 즉 인간을 대우하기 위해서가 아니라 생산력을 최대화하기 위한 사회적 필요의 필연적인 결과물로 완전 고용 사회가 나타난 것이다.

전통 사회의 특징은 순응하면서 살아가는 것이다. 전통 사회에서 자연환경은 인류에게 도전하거나 정복할 대상이 아니었다. 인류는 자연을 대상으로서 인지했지만 스스로를 자연에 순응하면서 살아야 하는 존재로 규정했다. 인간이 자연을 경외시한 것은 개인이 생존하고 성공하기 위해 반드시 필요했다. 어떤 특정한 행동을 언제 어떻게 어떤 환경에서 행해야 하고 행하지 말아야 하는지에 대한 지식이 부족했기 때문이다. 자연환경에 관련된 행동이나 기술의 급격한 변화는 극단적으로 위험한 짓으로 여겼다.

그래서 환경과 관련된 금기 사항들이 많았고 이는 자연스럽게 인간의 행동에 한계를 지어 주었다. 경험하지 못한 세계를 피하는 것은 비겁한 일이 아니라 지혜로운 것으로 여겨졌고, 두려움을 이겨 내고 도전하는 것은 강요되지 않았다. 자연환경과 상대방에 대해 무지한 상황에서 불필요한 만용을 부리는 것은 죽을지도 모르는 무모한 행동일 뿐이다. 이런 근본적인 사고는 인간이 만든 사회 체계에도 그대로 반영되었다. 태어날 때 주어진 대로 살아가는 것을 당연하게 받아들인 것이다. 이는 정치 지도자 입장에서도 굳이 손해 볼 일이 없는 태도였다.

전통 사회의 특징 또 하나는 우리가 지금까지 아는 것과 달리 자급자족이 가능했던 초기 전통 사회 부족들도 물건들을 물물 교환으로 구하는 방법을 선호하는 경향이 있었다는 점이다. 이런 현상은 거래 즉 교환을 하는 주목적이 눈에 보이는 금전적 이익을 얻으려는 것이 아니라 관계를 더욱 돈독히 하는 것이었기 때문이다. 오히려 교환되는 물건이 하찮게 여겨지기도 했다. 이는 생존이 가장 우선시되는 가치였음을 보여 주는 명확한 사례다. 물론 지역적으로 특성과 강점이 있는 물건이나, 기술이 없어 만들 수 없는 제품을 거래하기도 했지만, 양쪽 모두가 똑같이 구할 수 있는 물건도 적잖게 거래한 흔적이 종종 발견되었다. 이는 경제적인 이유가 아니라 순전히 정치적이고 사회적인 이유로 관계를 유지하기 위한 거래였다. 이런 거래의 최우선적인 목적은 필요한 경우에 동맹을 요청하거나 연대를 강화하기 위한 것이었다. 거래 상대가 위기를 맞을 때는 상대가 크게 양보했다. 장기적으로 균형을 이루고 무역을 통해 하나로 묶어 주는 것이 한 번의 거래에서 얻는 손익보다 생존을 위해 훨씬 중요했다. 인류 일자리 중에 오래된 것 중 하나인 국제 상거래가 세계 도처에 이른 시기에 나타난 것은 이런 배경에서였다.

이웃을 숙명적으로 같이 살아가는 존재로 받아들이는 인류의 사고 체계는 일자리에도 그대로 반영되어 나타났다. 상공업이나 가내 수공업을 통해 물건을 생산하는 것은 돈을 벌기 위한 목적이 아니고 사회 구성원의 일부분으로서 해야 할 일을 하는 것으로 간주되었다. 이를 통해 사회 구성원 간에 암묵적으로 합의된 수준을 뛰어넘어 부를 축적하는 것은 해서는 안 되는 부도덕한 행위로 여겨졌다. 해야 할 일과 일의 결과물에 대한 사회적 제약이 당연한 것으로 받아들여졌다.

물물 교환 대상 품목에는 보석류와 같이 기능적으로 쓸모없고 쓸데없이 비싼 신분의 상징물도 포함되어 있었다. 사치품은 일견 불필요해 보이지만 사치품이 높여 주는 품격과 지위로 인해 물질적인 이득이 보장되는 사업 기회를 잡을 수 있고 젊고 선망받는 배우자를 차지할 수 있기에 실제적인 존재 이유가 있었다. 이런 이유로 사치품을 생산하고 거래하는 것이 중요한 산업으로 자리 잡게 되었다. 생존보다 한 단계 위의 욕구를 충족시키는 방법을 인류가 찾기 시작한 것이다.

유라시아 대륙의 동쪽에서는 중국의 한漢나라가 세워지고 서쪽에서는 로마가 제국으로 성장하면서 최초로 인류 역사 전체를 아우르는 세계 무역 체계가 완성되었다. 인류의 욕망이 세계사를 만들고 이끌어 갔다.

전통 사회의 확대와
일자리의 진화

　인류 역사를 보면 '우리'와 '우리가 아닌 다른 집단'을 구분하는 것이 생존과 진화에 지대한 영향을 미친 것을 알 수 있다. 소속한 사회의 크기가 커지면서 '우리' 개념은 계속 변화·확장되어 왔다. 소속된 사회의 크기는 인간의 일자리와 일상생활과 긴밀한 관계를 가진다. 대표적인 예로 팔레스타인 요르단강 근처의 예리코Jericho를 들 수 있다. 예리코는 기원전 8,000년경에 형성되어 인류 최초의 도시로 여겨진다. 수천 명 정도가 모여 살았을 것으로 추정되는 이 도시는 요르단강의 풍부한 수자원과 온화한 기후 덕분에 보리와 밀을 풍족하게 수확할 수 있어 잉여분을 비축할 수 있는 경제적 토대를 구축했다. 농업에 적합한 환경은 사람들의 집중을 불러오고 집중된 인구는 충분한 잉여가치를 생산할 수 있는 선순환 구조를 만들어 냈다. 문명이 도시의 성립에서부터 본격적으로 시작되는 현상은 세계 모든 곳에서 공통으로 나타났다. 잉여 농산물이 비축되자 사회 구성원 모두가 생산에 관련된 일에 종사하지 않아도 되어 다양한 직업을 가질 수 있는 환경이 조성되었다. 종교나 치안 유지 같은 사회·정치적 활동뿐 아니라 일용품 및 사치품 생산 활동 등 농업과 직접적인 관련이 없는 경제 활동을 전업으로 삼아 생활할 수 있었다. 다양한 직업이 탄생하게 된 것이다.

무리 사회에서 제국까지

전통 사회는 '무리 사회→부족 사회→군장 사회→국가'로 그 크기가 확대되어 왔다.

무리 사회band society는 하나 혹은 서너 세대의 확대 가족으로, 사회·경제적으로 평등한 사회다. 무리 사회는 농경을 주업으로 하지 않는 부족으로, 사냥에 도움이 되는 몇십 명 정도의 규모였다. 성인 남성은 거의 다 같이 사냥에 참여하고 사냥에 참여하지 않는 부녀자와 어린아이는 채집으로 무리의 식량 부족을 해결했다.

신석기 농업혁명이 일어난 뒤부터 인간은 부족 사회tribe society를 이루게 되었다. 부족 사회의 규모는 수백 명이며 주로 씨족으로 이루어진 친족 집단이었다. 대부분 농사를 짓거나 농경과 목축을 겸하는 농경인들로 정착 생활을 했다. 풀링이나 호혜성의 원칙이 부족에 적용되었지만 이후 나타나는 사회에 비해 여전히 상대적으로 평등하며 경제 활동 영역도 세분화되어 있지 않았다. 정치적 지도자도 힘이 강하지 않고 전문적인 관료도 없었다. 1960~1970년대 우리 농촌 생활과 크게 다르지 않았을 것이다. 부족민과 관련된 일이 발생하면 대부분 한자리에 모여 대면으로 해결했다.

군장 사회chiefdom society는 기존 사회와는 확연히 다른 정치·경제 구조를 가진 사회였다. 가장 큰 특징 하나는 식량 생산에 직접적으로 참여하지 않는 전문가 집단이 출현했다는 사실이다. 지배 계급과 피지배 계급이 사회적으로 구분되었다. 사회가 계층화되고 구성원이 수천 명에 이르자 구성원 간의 이해관계가 복잡해지고 문제 해결을 위해 대면 토론을 하는 것이 불가능해졌다. 이를 해결하기 위해 사회 구성원이 공유할 수 있는 사회 규범이나 도덕률이 필요하게 되었다. 이는 정치적 이데올로기나 종교적인 현상으로 나타났다. 손에 잡히는 실체는 아니지만 이보다 더욱 강력하게 사회 통합을 이루어 내는 개념들도 탄생했다. 정치적 지도자인 군장의 신성화가 이루어졌고 이를 뒷받침할 종교 사제들의 역할이 부각되었으며 정치적 지배를 위한 관료 집단이 탄생했다. 이런 집단들이 사회·경제적으로 지위를 유지하기 위해 재화가 필요하게 되자 세금을 걷었다. 혈통에 따른 계급화도 진행되어 군장과 귀족 계급이 세습되었다. 군장의 존재는 고고학적 기념물이나 묘지 부장품으로 확인할 수 있다.

그리고 마침내 기원전 3,400년경 일부 지역에서 군장 사회는 국가로 발전했다. 왕의 탄생이었다. 국가는 집중된 국력을 바탕으로 대내적으로는 사회 구성원의 능력을 최대한 끌어올려 정치의 집중화와 과학기술의 발전, 무기 개선을 이루었고, 이를 바탕으로 대외적으로 주위의 군장 집단과 약한 국가들을 정복해 예속시키거나 병합시켜 거대 집단으로 발전해 갔다. 국가의 성립과 함께 우리가 아는 대부분의 기존 직업들이 탄생했다. 왕권은 사회 갈등 요소를 잠재우고 대외적으로 안정된 생활을 영위하기 위한 인간의 필연적인 결과물이었다. 강력한 왕권으로 이루어진 국가는 상당 기간 전쟁 없는 사회를 가능하게 했고 사회 구성원의 갈등도 통일된 규율에 따라 해결함으로써 비교적 효율적으로 처리할 수 있었다. 모든 국가가 구성원들에게 정의롭고 공정한 사회를 대외적으로 약속하는 것은 왕권 자체가 순수하고 선해서가 아니라 그런 왕권만이 존속하고 발전할 수 있기 때문이다. 사회 구성원에게 인정받지 못하는 왕권은 수명을 다해 새로운 왕조로 권력이 넘어가게 된다. 14세기 역사가 이븐할둔Ibn Khaldūn은 저서 『역사 서설Muqaddimah』에서 이런 단계의 변화를 잘 설명했다.

개인 입장에서 보면 초기 국가는 가끔 필요한 존재였을 뿐이다. 개인은 생존이 어려운 순간에는 국가를 필요로 했지만 세금을 부과하고 부역과 전쟁을 강요하는 국가에 예속되기보다 자유 상태로 돌아가고자 하는 욕망을 지속적으로 가지고 있었다. 신석기 농업혁명이 일어나고 국가가 성립하기까지 수천 년의 시간이 소요된 것은 이런 이유에서였다. 그래서 국가는 '국가 권력은 신성하다.'라는 신화를 만들어 국가 존재의 정당성을 주장했다. 동서양 모두에서 국가를 통치하는 세력은 하늘 혹은 신으로부터 그 정당성을 부여받아 지배하는 것으로 규정되었다. 따라서 국가에 반하는 것은 곧 하늘이 정한 법을 어기는 것이 되고 용서할 수 없는 일이었다. 이런 사회적 배경하에서 사람들의 계층이 정해지고 계층에 따른 다양한 직업도 정해졌다. 직업을 바꿀 수 있는 신분 상승은 절대권자의 총애를 얻는 극히 드문 사례를 제외하면 전쟁에 참여해 공을 세우는 방법밖에 없었다.

도시국가로 시작된 국가는 서서히 그 규모를 확장해 마침내 동양에 진秦나라, 서양에 로마라는 제국이 탄생했다. 거대한 제국을 통치하기 위해 잘 정비된 관료 제도가 완성되었고, 인간의 다양한 욕망을 충족시킬 수 있는 온갖 직업들도 정착되었다. 산업혁명 때만큼은 아니어도 인류 생활에 필요한 분야에는 다양한 기술자들이 존재했다. 비록 전체 인구에서 차지하는 비율은 극히 작았지만 나무를 다루는 기술과 금속을 다루는 분야 등에서 중요한 역할을 했다. 직업의 주요 목적은 지금과는 달리 부의 축적보다는 생활의 안정에 있었다. 이를 위해 대부분의 전통 사회 국가에서는 제품의 생산량과 가격을 고정시키고자 했다. 일자리는 부를 창출하는 수단이 아니라 커다란 사회 체계의 한 부분을 차지하는 것으로 인식되었다. 이렇게 완성된 사회 체계는 제국의 흥망성쇠와 관계없이 산업혁명 전까지 그 큰 틀이 유지되어 직업의 변동도 거의 일어나지 않았다. 우리가 전통 사회를 안정적이고 변동이 없는 평온한 사회라고 인식하는 이유는 이러한 역사적 사실 때문인지도 모른다.

동양과 서양에서 탄생한 제국을 잠시 들여다보자.

먼저 서양 세계의 로마를 살펴보자. 로마 제국의 경제 이념은 지금과 사뭇 달랐다. 생산은 중시했지만 상인의 매매 이윤이나 고리대금업의 이자 이윤은 폭리로 규정했다. 이런 가치관은 자본주의 사상이 나오기 전까지 그대로 유지되었다. 금융업을 주업으로 하였던 많은 유대인이 유럽에서 핍박을 받으며 유랑했던 것에는 이런 이유도 있었다.(물론 다른 일에는 종사할 수 없었던 유대인이 선택할 수 있는 몇 안 되는 일 중 하나이기도 했다.) 구두쇠 스크루지Scrooge로 상징되는 고리대금업자는 항상 멸시의 대상이었다. 농업을 중심으로 하는 생산 활동은 하늘의 뜻을 따르는 것으로 신성한 일이었지만, 상업은 하늘이 내려 준 결과물에 인간의 탐욕을 더하는 행동으로 보았기 때문이다. 사회가 추구하는 가치가 직업의 귀천으로 이어진 것이다. 이런 가치관은 우리나라에도 사농공상이라는 사회 계급으로 나타나 조선 시대까지도 상인의 활동을 천시했다.

로마 황제 중에는 지금의 국민 재난 지원금과 같이 로마 시민에게 곡물뿐 아니라 올리브유, 겨울 다섯 달 동안 먹을 고기를 무상으로 나눠 준 사람도 있었다. 기본적으로 주식인 빵은 항상 무상으로 공급되었다. 로마 시민의 주요 관심사는 일하는 것이 아니고 즐기고 노는 것이었으며, 필요시 군인으로 나라를 위해 전쟁에 참여하는 것이었다. 로마가 공화정에서 제정으로 바뀌는 계기를 만든 유명한 카이사르Julius Caesar도 어린 시절 망한 집안을 살리는 방편으로 군 입대를 택했다. 장군으로서의 성공, 특히 갈리아 지방의 정복은 카이사르가 종신 집정관을 넘어 1인 지배자가 될 수 있었던 권력의 원천이었다.

로마 사상의 뿌리라 할 수 있는 고대 그리스의 위대한 철학자 아리스토텔레스Aristoteles의 "재산을 소유하는 것과 일하지 않는 것, 이 두 가지야말로 인간적인 삶의 기본이다. 우리 삶에서 진정한 일은 인간으로서 존재하는 일뿐이다."라는 말을 통해 그 시대 사람들의 생각을 알 수 있다. 상업이나 대금업보다는 신성시되었던 생산 활동도 시민들이 해야 할 일이 아니고 노예가 해야 하는 것이었다. 서양 사회의 사상적 뿌리가 되는 그리스·로마 시대의 시민은 정복 전쟁을 하고 그 식민지를 바탕으로 일하지 않고 먹고사는 계급이었다. 일하는 것을 원천적으로 천하게 여겼으며, 이런 생각은 중세 시대 종교 개혁이 일어나고 신교도들이 근면한 생활을 하나님의 뜻으로 여기게 되는 때까지 이어졌다.

중국에서는 춘추 전국 시대를 거친 뒤 진나라가 중국을 최초로 통일했다. 하지만 중국의 가치는 로마와 달랐다. 기본적으로 근면하게 일하는 것을 중요하게 여겼다. 유교의 기본 핵심 사상인 성실誠實은 인간의 순수함과 근면함을 유교에서 얼마나 중요시하는지 보여 준다. 또한 부에 대한 생각도 서양과는 달랐던 듯싶다. 중국 속담에 "돈은 귀신도 부린다."라는 말이 있다. 그만큼 돈을 중요하게 여겼다. 상인 출신인 여불위呂不韋는 진나라가 최초 제국을 설립하는 데 지대한 공을 세우고 막강한 권력을 휘둘렀다. 로마 시대 최대의 부호였던 크라수스Marcus Licinius Crassus가 군사적으로 성공한 카이사르나 폼페이

우스Gnaeus Pompeius Magnus에 비해 사회적으로 천대받았던 것과 비교된다. 이처럼 중국 사회에서는 부에 대한 사회적 관념이 로마와는 확연하게 달랐던 것으로 보인다. 비록 여불위는 진시황에게 배척되어 자결했지만, 중국은 서양에 비해 비교적 자신의 능력이 있으면 부를 통해 정치적으로도 성공할 수 있었고, 사회 지배 계급이 부의 축적을 위해 상업 활동에 적극적으로 참여하는 것을 일정 부분 당연시했다. 부에 대한 실용적이고 집착에 가까운 가치관을 보여 주는 일례다.

중국 역사에는 요리를 잘해 재상까지 올라간 탕왕湯王과 이윤伊尹의 고사, 제齊나라 환공桓公과 역아易牙의 고사가 있다. 송나라 때 고구高俅라는 사람은 축국(동양의 고대 축구)으로 황제의 눈에 들어 최고 벼슬인 태위까지 올라갔다. 비록 제한적이기는 했지만 태어난 신분에 관계없이 자신의 노력으로 신분 상승을 이룬 경우가 비교적 많았다. 근대에 이르기까지 중국은 한국에 비해 훨씬 실용적인 측면이 강한 나라였다. 기마 민족과 농경 민족이 중국을 번갈아 가며 통일하고 지배하면서 기마 민족의 실용성이 자연스럽게 중국인의 사고에 스며들었을 것이다. 아버지의 지위는 대부분 아들이 이어받았고 직업도 결정되었다. 첩을 두는 것이 공인되었던 중국에서 집안 내의 지위는 어머니의 지위에 따라 결정되었다. 사회적으로 아버지가 잘못을 저질러도 그 자식이 잘못이 없으면 직위는 대개 자손에게 계승되었다.

중국 경제의 대부분은 농업에 의존했다. 경제 근간인 농업에서 기본 생산 수단인 토지는 국가에서 농민들에게 무상으로 분배했다. 초기에는 공전公田과 사전私田이 혼합된 정전제井田制가 실시되었는데,

필지를 9개로 나누고 그중 여덟 곳은 개인이 경작해 소출의 약 10퍼센트를 세금으로 내고 남은 하나의 필지를 여덟 곳을 경작하는 농민들이 공동으로 경작해 군주에게 바치는 제도였다. 장원manor 중심으로 경제가 운용되었던 로마와는 다른 양상을 띠었다. 공·사전 제도는 사회가 불안해 유랑민이 대량으로 발생하면 유지되기 어려운 제도였다. 경제 제도는 총체적 사회 구성 운영 방식에 직접적으로 영향을 미친다. 로마가 계약 중심의 법을 발달시킨 것과 달리 중국은 대대손손 긴밀하게 연결된 씨족 사회에 바탕을 둔 무형의 도덕적 규약을 바탕으로 사회를 유지했다.

알렉산드로스Alexandros 대왕의 동방 원정으로 동서양의 교류로가 인도 간다라Gandhara 지방까지 확충되었다. 그러나 동양의 한 제국 시대, 서양의 로마 시대에 이르러 유라시아 대륙은 진정으로 연결되었다. 중국 장안에서 출발해 로마까지 이어진 실크로드 덕분이다. 실크로드는 동서양을 잇는 교역로이면서 문화 이동 통로였고 인류는 지리적 사고의 지평을 크게 넓히게 되었다. 특히 실크로드상에 있는 소그드인이 상거래를 통해 부를 이뤘다. 실크로드의 주요 상거래를 장악했던 소그드인들은 어린아이가 태어나면 손에 아교를 바르고 금화를 쥐어 주었으며 입에는 꿀을 발라 주었다고 한다. 한번 들어온 돈은 놓치지 말고 달콤한 말로 상대방의 마음을 사로잡으라는 뜻이었다고 한다. 직업은 항상 사람의 가치와 행동을 규정한다.

세계사에서 가장 중요한 교역 품목 중 하나였던 비단을 만드는 일은 세계에서 유일하게 중국에만 존재하는 직업이었다. 중국은 오랫

동안 이를 국가 중요 비밀로 다루었다. 누가 비단을 최초로 발명했는지는 알 수 없지만, 『주례』의 기술에 따르면, 실을 뽑아 피륙을 짜내는 방적 업무를 '부공婦功'이라 하여 왕공王公, 사대부, 백공百工, 상려商旅, 농부 등과 함께 국가 6대 직종으로 규정하고 전문적인 관리 기구와 제도를 마련해 방적 생산을 국가적으로 통제했다. 천관天官 산하에 전부공典婦功, 전사典絲, 전시典枲, 내사복內司服, 봉인縫人, 염인染人 등 6개 생산 관리 부서를 두고, 방적 원료의 구입과 저장, 이용부터 염색과 의류 봉제에 이르기까지 분공 관리하고 전담 요원을 배치했다. 방적을 전담하는 전사인 경우, 전사관典絲官, 예하에 사士, 부府, 사史, 고賈 각각 2명과 도徒 12명을 채용해 업무를 구체적으로 분담해 수행하게 했다고 한다.[1] 이처럼 국가에서 비단 만드는 직업을 세밀하게 규정하고 직접 관리한 것을 보면 비단을 만드는 일이 중국에서 오랫동안 중요한 직업이었음을 알 수 있다.

중국에는 없는 검투사와 같은 직업이 로마에는 있었다. 초기 공화정으로 시작한 로마의 황제들이 사회 구성원들의 만족을 위해 부단히 정치적 노력을 한 결과로 생겨난 일자리였다. 반면, 일찍이 중앙집중 권력을 바탕으로 탄생한 중국의 황제는 이와 같은 직업의 필요성을 느끼지 못했을 것이다. 직업은 자연환경과 이에 순응하여 만들어 낸 문화를 바탕으로 한 사회, 그리고 그 사회 구성원인 인간의 욕망에 따라 만들어졌다.

사회 계층 사다리가 만든
중세 유럽의 일자리

로마 제국은 전기 황금시대를 지나며 토지가 소수 귀족에게 집중되면서 사회 체계가 무너졌다. 부의 원천인 토지가 거대 장원 체제로 재편되면서 소수 엘리트 계층을 제외한 모든 시민이 힘들게 일을 해야 하는 사회가 되었고, 대부분의 사람들이 토지에 구속되어 거대한 사회망에 갇혀 살게 되었다. 여기에 이민족의 침입까지 받게 되어 사회가 취약해지면서 종국에는 멸망하는 원인이 되었다.

토지를 중심으로 한 계층 사다리

로마 시대부터 중세 시대에 이르기까지 농촌의 풍경은 로마가 유럽을 점령하고 또 이민족이 침입하면서 조금씩 경관이 바뀌었으나 근본적인 큰 변화는 없었다. 흙을 개어 바른 벽과 초가지붕으로 이루어진 목조 오두막이 불규칙하게 산재해 있던 초기 농촌 풍경은 로마가 점령하면서 빌라villa로 불리는 대농장으로 바뀌었다가 이민족의 침입으로 소규모 농가가 산재하는 것으로 바뀌었다. 그러다 8세기 카롤링거 왕조 시대에 와서 장원이 성립했다. 장원은 영주가 지배하는 자급자족 공동체로 경제·행정 단위였다.

　중세 시대의 일자리도 큰 변화는 없었다. 중세 사회의 신분은 제1신분인 성직자, 제2신분인 귀족, 제3신분인 평민으로 나뉘었는데, 주로 전투를 담당했던 귀족 신분은 인구의 2퍼센트 정도밖에 되지 않았고, 평민은 대부분이 농부들이었다. 당시 유럽에서는 토지 사용 효율을 높이기 위해 삼포식 농업을 실시했는데, 경지 전체를 3등분해 봄여름 작물을 심는 땅, 가을겨울 작물을 심는 땅, 휴작하여 가축 방목에 사용하는 땅으로 사용하고 이 순서를 1년마다 순차적으로 바꾸는 윤작 방식이었다. 이에 따라 그동안 자유롭게 사용하던 목초지는 없어졌고, 대신 마을 장원에 소속되어 할당된 토지를 경작하는 사람만이 목초지 사용을 인정받고 정상적인 농민으로 대우받았다. 할당된 토지의 경작과 방목권은 마을 소속원임을 상징하는 중요한 지표였으며, 같은 일을 하는 동일한 집단의 구성원으로 인정받았다. '우리'와 '우리가 아닌 자'의 큰 차이는 어디에나 존재한다.

　중세 유럽에서 특징 있는 신분으로는 농노農奴가 있었다. 농노는 일반적으로 생각하는 노예와는 다른 계층으로, 소유자의 지배에 복종하면서도 집과 토지, 가족을 얻어 재산과 자손을 남기는 것을 허

락받은 신분층이었다. 농노는 장원 영주의 필요에 따라 강제적으로 편입되는 경우도 있었지만, 흉년이나 전쟁과 같은 사회 혼란기에 힘 있는 영주나 수도원의 보호를 받고자 스스로 선택하는 사람도 많았다. 삶을 지속하기 위한 방편으로 스스로 자유를 포기한 계층으로 보는 것이 타당하다.

중세 시대 대부분의 사람들은 토지에 매여 있었다. 중세 유럽에 서는 이를 '존재의 대사슬'이라고 표현했다. 봉건 영주에서 기사, 봉 신封臣(영주에게서 봉토를 받은 신하), 농노로 이어지는 사다리는 사회 구성 방식이면서 동시에 사람들의 일자리를 뜻했다.

식량 생산을 전적으로 자연에 의존할 수밖에 없었던 시기에 인구 증가율은 1퍼센트를 넘지 못했다. 12세기까지 유럽 대부분 지역의 인구 증가율이 0.2퍼센트였다. 하지만 인구는 꾸준히 늘었다. 인구 증가는 그에 맞는 식량의 증가, 그에 따른 에너지원의 확보가 필수적 이다. 식량과 에너지원이 자연 경제 상태에서 얻어지던 시대에는 기 계나 동력원의 혁명적인 발전이 없기에 인간과 가축의 노동력에 거의 전적으로 의존할 수밖에 없었다. 인구 증가는 경제 규모에 가장 큰 영향을 미치는 요인이었다. 완만하지만 꾸준한 인구 증가는 토지 개 간의 압력으로 작용했다. 황무지와 숲이 주요 개간 대상이었다. 유럽 은 해수면보다 낮은 플랑드르 지방(지금의 프랑스 북부, 벨기에, 네덜란드 에 걸친 지역)까지 간척했다. 지역 확대는 농업 특화를 가능하게 했고, 수공업과 상업, 운송업의 발달과 더불어 도시 확장, 도로, 다리, 항구 건설의 필요에 따라 건설업도 발달하게 되어 전체 인구 대비 비중은

작지만 농업 이외의 직업을 갖게 되는 인구가 늘어났다.

사회적 역할에 따른 일자리

중세 유럽에서 일과 일자리는 사는 지역과 사회적 역할에 따라 자연스럽게 정해졌다. 하나의 장원에는 지역 영주를 가장 상위 계층으로 하여 집사, 장원 관리인, 농노 감독관, 목장지기와 같이 영주의 녹을 받고 영주에 직접적으로 봉사하는 일이 있었고, 생산 중심 계층인 자유 농민과 농노가 있었다. 마을 운영과 영주의 부수입을 위해 선술집 주인, 방앗간지기, 화덕 관리인(제빵사)이 있었고, 땔감이나 목재 등과 같은 주요 자원의 보급지 역할을 하는 산림을 관리하기 위한 수목 관리관, 숯 만드는 사람 등이 있었다. 특히 선술집 주인들은 영주에게 정보를 제공하는 역할을 수행했으며, 가축 도살을 담당했던 도살꾼들은 사회 변동 시기에 앞장서 폭동이나 시위를 주도하기도 했다. 중세 시대 기술자로는 무두질, 도기 제작 등이 가내 수공업 형태로 있었으며, 특히 가장 중요한 기술로는 지금도 이름에 흔적이 남아 있는 대장장이smith, 목수carpenter 등이 있었다.

중세 유럽에서 시작된 특이한 직업 중 하나로 문장관herald이 있었다. 11세기가 되자 전쟁의 규모가 점차 커지기 시작했다. 소규모 전투에서는 아군과 적군의 구분이 자연스럽게 이루어져 문제가 없었으나 대규모로 발전한 전투에서 아군과 적군을 구분할 필요가 생겨났다. 이를 위해 방패나 부대 깃발에 피아 식별을 위한 부호를 달게 되었다. 전투의 필요에 의해 시작된 기호 문장紋章은 자체적으로 발달해 문장의 모양이나 색, 가계를 표시하는 방법 등 다양한 규칙이 생겨났고 소유자의 고유물이 되었다. 문장관은 이런 부호나 문양을 숙지해 판별해 내는 전문가였다. 비록 적군의 문장관이라 해도 비전투 요원으로 인정해 전투 중 공격을 받지 않았으며, 전투 중 전사하는 기사들의 유언을 기록해 가족에게 전달하거나, 평화 교섭 등의 역할을 수행해 전투원들로부터 두터운 신뢰를 받았다.

중세 시대 영주는 자신의 수익 증대를 위해 편의 시설을 설치한 뒤 그 시설을 강제로 사용하도록 해 사용료를 징수했다. 이러한 편의 시설에는 주민 생활에 없어서는 안 될 제분 수차기, 빵 굽는 화덕, 술 제조에 필요한 포도 압착기, 맥주용 맥아 양조주 제조기, 옷감 만들기에 필요한 모직물 공정용 수차 등이 있었다. 중세 영주들은 거의 모든 주민의 일상생활을 통해 자신의 이익을 추구했으며, 이 체계에 속해 있는 사람들은 그러한 역할을 묵묵히 수행하면서 살아가는 수밖에 없었다. 특히 가정에서 하기 어려운 제분 작업은 제분 수차기를 이용하게 했는데, 이는 영주에게 주요한 수입의 원천으로 전문 직인인 제분업자를 따로 두고 관리하게 했다. 주민들의 일상생활에서 가장 중요한 먹고 마시는 일이 온전히 영주의 지배하에 있었던 셈이다.

주요 농작물은 곡물로, 호밀, 밀, 보리, 귀리 등이 있었고, 채소류로는 여러 종류의 콩과 작물, 양상추, 양배추, 당근, 양파, 버섯류가 있었다. 독일에서는 맥주의 원료인 홉도 활발하게 재배했으며, 지중해 지역에서는 대대로 올리브와 포도 재배가 크게 성행했다.

목축에서도 다양한 가축이 길러졌다. 고기는 주로 돼지와 소, 양에서 얻었으며, 닭, 오리와 같은 가금류에서는 고기와 알을 얻었다. 특히 돼지는 숲에서 방목으로 많이 길러졌는데 지금도 스페인의 유명한 생햄 '하몬jamón'의 재료로 쓰이는 이베리코 돼지는 이베리아 반도의 데에사dehesa라고 불리는 목초지에서 도토리, 유채, 허브를 먹여 키우고 있다. 프랑스어 '그랑데'는 돼지 한 마리를 방목할 수 있는 삼림 면적을 나타내는 말로, 중세 시대 돼지의 숲 방목은 일반적인 현상이었다. 인간 노동을 대체하는 가축으로는 소와 말, 당나귀, 노새가 있었으며, 양은 치즈와 버터 등 유제품 원료 이외에도 털이 모직물의 원료로 쓰여 가장 쓸모가 많은 가축이었다.

청어, 대구와 같은 바다 생선과 잉어, 송어, 연어, 철갑상어 등의 민물고기도 많이 양식되었다. 생선류는 종교적으로 육식을 금지하는 수요일과 금요일, 그리고 특별한 기념일을 위해 수도원을 중심으로 양어되었다.

농경지와 마을에서 이루어지는 농업 이외에 숲도 중요한 일자리였다. 숲에서는 나무와 숯, 제철 작업을 했고 양봉업자 등은 자신의 기술을 활용해 일을 했다. 인구가 증가함에 따라 숲은 점점 밭으로 개간되어 평지로 변해 갔다. 하지만 유럽 대부분의 지역은 여전히 숲으로 덮여 있었다. 숲은 자연의 주요 보고이면서 동시에 야만의 상징이기도 했다.

3

도시 집중과
일자리의 만개

도시는 인간의 대단한 발명품이다. 도시의 존재는 인간을 단순히 한군데 모으는 것에 그치지 않고 인간의 품성과 삶의 방식, 더 나아가 사고방식까지 바꾸는 힘을 발휘했다. 도시는 당대 최고 기술의 집합체이며, 사회 구성망의 핵심 지역이었다. 또한 도시는 세계관을 나타내는 공간이기도 했다. 유럽은 천상의 도시라는 예루살렘을 건설했고, 중국 도시들은 천자의 권위와 유가의 통치 이념을 지상에 구현했다. 우리나라 서울도 풍수 도참설에 따라 터를 정했다.

도시는 인간의 모든 욕망을 최대화하고 인간의 능력을 최대치로 끌어올리는 힘도 가지고 있었다. 세계의 문명은 권력의 중심부에 가장 화려하고 큰 도시들을 탄생시켰다. 수메르 문명은 인류사에서 가장 오래된 우르, 아카드, 에리두 등과 같은 도시들을 창조했고, 한때 지구상에서 가장 부유했던 인더스 문명은 하라파, 모헨조다로 등의 도시를 건설했으며, 이집트 파라오의 도시로 기자, 사카라, 아비도스 등이 있었다. 고대 그리스·로마 시대의 아테네, 스파르타, 알렉산드리아, 그리고 예리코로 대표되는 성경 속의 도시들, 중국 황제들이 세운 장안, 셴양 등과 같은 도시들은 인류 문명을 이끌어 온 대표적인 도시들이다.

유럽에서는 로마 시대 이후 도시화가 크게 위축되었으나 10~11세기에 점진적으로 도시 집중 현상이 일어났다. 우선 농기구 성능이 개선되어 땅을 더 깊이 팔 수 있게 되었고 기후도 온난해지면서 파종 대비 수확률이 1:3에서 1:4 정도로 높아졌다. 오늘날 수확률(1:20~1:30)과 비교하면 초라해 보이지만 1:3과 1:4는 소비 가능한 양이 약 14퍼센트 정도 많아진 것으로 획기적인 생산량 증가였다. 빵을 주식으로 하는 유럽에서 방아의 성능 향상은 곡물 소비 증가에 중요한 원인으로 작용했다. 11세기부터 수력을 이용한 물레방아가 널리 사용되기 시작했으며, 캠축의 회전하는 힘을 수직으로 바꾸는 장치가 개발되어 풍력의 사용이 널리 보급되었다. 수력과 풍력의 사용으로 무기 제작에 머물렀던 철의 사용이 농기구까지 확대됨으로써 경작지 개간이 더욱 용이해져 생산량 증대로 이어졌다. 생산성의 증대로 잉여 열량을 도시에 공급할 수 있게 되자 사람들이 도시로 더욱 모여들었다. 많은 수공업자와 상인들이 모이면서 도시의 대형화가 진행되었다.

여기에 종교적으로 존경받는 성인들의 유물이 안치된 교회와 수도원도 사람을 유인하는 요인으로 작용했다. 중세 유럽의 도시는 종교에 비교적 관대했던 중국과 달리 단일 종교 공동체였다. 도시 중앙에는 광장, 시 청사, 대성당, 시장, 가도, 동업조합 건물 등 공적인 공간들이 위치해 있었다. 사적인 공간으로는 개인 주택과, 정원 등이 있었으며, 편의 시설로는 선술집, 여관, 공중 목욕탕 등이 있었다. 특히 시장은 도시민에게 중요한 활동 공간이었다. 직물 이외에도 소금, 설탕, 목재, 곡물, 밀랍, 와인, 염색 재료, 피혁 등 유럽 각지에서 운반된 상품들이 거래되었다. 또 이런 거래를 수월하게 해 주는 금융시장도 형성되었다. 유럽의 큰 은행들은 주로 이탈리아 사람들이 운영했으며, 일반 대중을 상대로 한 소액 대부업은 유대인이 주로 담당했다. 외국 상인과의 거래를 위한 거래 중개인(대부분 여관 주인), 공증인, 고리대금업자도 자연스럽게 활동했다. 시장은 고가의 외국 제품이 매매되는 것뿐 아니라 주변 농촌 사람들이 가축과 농산물을 가져와 판매하고 필요한 물품을 구입하는 공간이기도 했다. 물론 시장은 항상 먹을거리와 마실거리가 풍부한 삶의 공간이었다.[2]

도시의 모든 직업은 길드로 통한다

인구가 도시에 집중됨에 따라 자연스럽게 도시에 필요한 다양한 직업들이 생겨났다. 도시에 모여든 사람들은 주로 기술을 가진 기능공과 상업에 종사하는 사람들이었다. 1200년대 파리의 주요 직업으로는 모직물상, 재봉사, 제빵사, 기름공, 구두공, 곡물상, 전모공, 푸

줏간 등이 있었다. 지금까지 전해져 오는 장부를 보면 직업에 따라 납부해야 할 세액을 꼼꼼히 기록해 두고 있었다. 도시의 관청은 세금 징수를 위한 목적으로 인구를 공식적으로 관리했으며 이를 위해 관리를 임명했다. 공식적인 관청 이외 유럽 도시 인구는 주로 길드guild로 알려진 다양한 동업조합의 구성원들로 이루어져 있었다. 길드의 구성원들은 도시의 주요 세원이면서 동시에 도시 방어의 중추적인 역할을 담당해 도시 중산층을 형성했다. 도시는 시장으로서 소비의 주체이면서 동시에 수공업의 중심지로서 물품 생산의 근거지 역할을 했다.

모든 길드는 길드 구성원의 상호 간 이익을 도모하기 위해 만들어졌다. 상인 길드는 상거래의 자유와 상인 상호 간의 이익을 위해 만들어졌으며, 도시 경제 생활 전체를 제어하는 단체 역할을 했다. 유럽 모든 도시에 상인 길드가 형성되었으며 취급하는 품목에 따라 다양한 길드가 만들어졌다. 그중에서도 국제 상거래에서 주로 거래되던 와인, 모직물, 향신료를 취급하는 상인들과 은행의 전신 역할을 했던 환전상과 거래 중개인이 최상층을 형성했다. 마르코 폴로Marco Polo의 『동방견문록Livre des merveilles du monde』으로 대표되는 베네치아 상인들은 피렌체, 밀라노 상인들과 치열하게 경쟁하면서 지중해 제해권을 장악한 후 인도와 중국으로 활동 범위를 넓혀 갔다. 폴로의 책은 동방에 대한 유럽인의 환상을 자극했다. 특히 이슬람 국가들의 부상으로 막힌 동양과의 교역 루트를 찾기 위한 노력은 이후 대항해 시대를 견인해 인류 역사에 서양 중심의 새로운 시대를 열었다. 대항해 시대는 유럽과 아시아를 잇는 직항로 개발, 그리고 콜럼버스Christopher Columbus의 아메리카 신대륙 발견으로 이어졌다.

수공업이 발달하면서 상품 생산 활동과 품질 관리를 통해 이익을 추구하는 수공업 길드 조합이 만들어졌다. 장인 길드인 수공업 길드 조합은 다양한 분야에 걸쳐 형성되었다. 건축 업종에는 석공, 절단공, 목수, 타일공, 미장이, 지붕공, 벽돌공 등이 있었고, 종교 건축물에 스테인드글라스가 유행함에 따라 유리공까지 길드를 구성했다. 특히 9세기 로마네스크 양식 사원과 같은 기술 집약적인 석조 건물의 건축은 건설 분야에 신기술 수요 붐을 일으켰는데, 중동 지역에서 유입된 스테인드글라스 기술은 종교적 경건함과 신앙의 세계를 나타내고자 하는 바람을 타고 크게 발전했다. 금속 가공 업종에서는 화폐 주조인과 금은 세공사가 가장 높은 대우를 받았으며, 그 외에도 일용품을 생산하는 놋쇠 가공부터 못, 칼, 자물쇠 등에 이르기까지 23개에 달하는 다양한 길드가 형성되었다. 직물업과 피혁업에는 원재료를 가공해 최종 완제품을 완성하는 과정까지 직능별로 전모공(양털깎이), 직조공, 축융공, 염색공, 재봉사, 무두공 등이 있었으며, 특히 이탈리아에는 여성들로만 구성되어 여성이 장인이 될 수 있는 금모자공, 견직물공, 금사공 등이 있었다. 지금까지 세계 의류 패션 사업을 선도하는 피렌체 같은 곳은 울 방직 길드가 있어 일찌감치 패션 사업의 메카가 되었다. 식음료 관련업에는 도시민들의 먹고 마시는 즐거움을 위해 고기를 다루는 푸줏간, 맥주 양조업자, 제빵사 등이 있었으며 이발사, 여관 주인, 세탁 여공과 우리네 북청 물장수를 연상케 하는 물 행상인 등이 조합원 숫자가 많은 길드였다.

길드는 생산과 품질 관리 활동을 넘어 직인을 도제 형태로 양성하는 역할도 했다. 기술 교육을 통해 특정 직업의 기술자를 양성한 것이다. 가장 높은 직위는 마스터이다. 도제 제도를 통한 기술자 양성은 현대에도 기자 양성이나 의사 양성과 같은 과정에 그 흔적이 남아 있다.

길드가 단순히 직인을 양성하고 동종업계의 이익만을 대변한 것은 아니었다. 길드는 교육에도 중대한 공헌을 했다. 11세기부터 14세기에 걸쳐 이탈리아, 영국, 프랑스 등에서 법학, 의학, 신학을 배우는 학생과 이를 가르치는 교사가 길드를 형성하면서 대학이 탄생했다. 세계 최초 대학인 볼로냐 대학이나 옥스퍼드 대학, 파리 대학도 길드에서 출발했다. 길드는 또한 이후 도시 자치권 획득 운동과 도시 경제 발전에 큰 역할을 담당했다. 도시가 지식을 생산하고 나누는 중요한 공간이 되어 간 것이다. 대학이 발전함에 따라 교재를 생산하는 필기 전문직인 사자생寫字生도 증가했다. 부유한 왕족과 고위 성직자를 위한 고가의 채색 기도서를 제작하는 전문 직인도 출현했고, 인쇄소와 출판업자 길드도 지식을 확대·생산하고 공유하는 세계에서 중요한 역할을 담당했다. 특이하게도 내과 의사는 대학 의학부 교육을 통해 양성되었지만 외과 의사는 이발사의 도제 방식을 통해 양성되었다. 화가는 조각가, 채색 사본 화가, 책 사본 제작자 등과 함께 성 루가Saint Luke를 수호성인으로 하는 화공 길드를 구성했다. 악기 연주자와 음유 시인은 악사 단체를 조직하여 길드의 일원이 되었다. 이처럼 중세 길드는 사람이 살아가는 모든 분야에 있어 촘촘히 형성되었으며 이런 조직이 주축이 되어 도시 사회를 형성하고 이끌어 갔다.

길드는 도시에 존재하는 거의 모든 직업을 통제했다. 직업의 종류를 통제했을 뿐 아니라 마치 인도의 카스트와 같이 직업군 내에서의 서열이 곧 사회적 지위를 의미했다. 외국에서 유입되거나 불의의 사회적 변화를 따라가지 못한 일부 사람들은 길드에 속하지 못하고 도시의 어두운 부분을 형성했다. 이런 사람들은 최하층으로 전락하는 경우가 많아 도시의 불안 요인이 되었다. 중세에 복장은 바로 속한 계층을 나타내는 수단이었다. 빈민과 범죄자 외에 유대인, 창부, 나병 환자 등은 도시민과 구별되는 복장과 장식품 규정을 적용받았다. 도시에 적응하지 못한 일부 성직자나 대학생들은 선술집에서 음주나 각종 노름에 돈을 탕진해, 여러 가지 폭력적 상황을 불러오기도 했다. 양질의 일자리에서 밀려나면 사회 불안 요인이 되는 것은 지금이나 중세나 마찬가지다.

몽골 제국에서 이루어진 전 인류의 접촉

중국은 중세 유럽만큼은 아니지만 업종별로 조합이 형성되어 있었다. 폴로는 그의 저서 『동방견문록』에서 광둥 지역과 지금의 항저우 지역의 부유한 상인들에 대해 "수많은 상인들이 막대한 상업 거래를 통해 상상할 수 없는 부를 누리고 있으며 그들의 가족들은 일을 전혀 하지 않고 사치스럽고 우아한 삶을 살고 있어 마치 왕과 같은 생활을 하고 있다."라고 묘사하고 있다. 항저우는 몽골 제국이 멸망시킨 남송의 마지막 수도였다. 몽골은 비록 대량 학살을 통해 거대 제국을 이룩했으나 "서에서 머리에 황금 쟁반을 이고 중국에 도착할 수 있다"는 말이 있을 정도로 실크로드를 안정화시켜 동서양 통행의 자유와 안전을 보장했다. 몽골 제국이 지배하는 동안 유지되었던 이런 통행의 자유와 안전, 그리고 몽골 지배 세력의 종교에 대한 관대함은 당唐나라 시대보다 더욱 활발하고 직접적인 문명 교류를 가능하게 함으로써 인류 역사 발전에 기여했다.

14세기 이탈리아 프란체스코회 가톨릭 선교사 오도리코 다포르데노네Odorico da Pordenone가 당시 원元나라를 방문하고 쓴 글에서 항저우를 "베네치아처럼 두 호수 사이에, 그리고 운하와 초호礁湖 사이에 자리잡은 세계에서 가장 위대한 도시"라고 묘사했다. 그는 한족, 몽골인, 불교도, 네스토리우스교도, 무슬림 등 다양한 민족들이 함께 거주하는 것을 보고 몽골 통치에 대해 감탄을 금치 못하면서 "그렇게 많은 인종이 한 권력의 통제 아래 평화롭게 살 수 있다는 사실이 내게는 세상의 가장 위대한 경이 가운데 하나로 보인다."라고 썼다.[3] 인류 역사를 보면, 최초 서방 세력인 알렉산드로스 대왕이 동방 원정을 통해 인도까지 도달해 간다라 문명을 탄생시켰으며, 로마 시대에는 초원 기마 민족인 훈족의 아틸라Attila가 서양을 공포에 떨게 했다. 한·로마 제국 시대에 실크로드가 완성되어 동서양이 연결되었지만 한나라와 로마가 직접적으로 접촉하지는 못했다. 진정한 의미에서 동양 문명과 서양 문명, 이슬람 문명까지 포함하는 전 인류적인 접촉은 몽골 제국에서 최초로 이루어졌다.

노비제라는 사회 모순을 안고 있었던 조선

조선 시대 우리 조상들은 대부분이 농민으로, 그 당시 세계 다른 나라들과 크게 다르지 않았다. 하지만 지금의 우리에게 생소한 특이한 직업이 몇몇 있었다. 조선 시대에는 대부분의 직업이 사적인 영역의 일이 아닌 관청과 연계된 일들이었다. 동서활인원 소속의 한증막은 한증승汗蒸僧이라고 불리는 스님들에 의해 운영되었고, 부랑자 시신 수습을 위해 매골승埋骨僧이라는 이름의 승려들이 조정의 급료를 받고 일했다. 여성들의 특이한 직업으로는 한때 TV 드라마로도 방영되어 잘 알려진 다모茶母라는 직업이 있었다. 주로 관비나 궁정에서 일하던 의녀들이 맡았던 일로, 지금의 여자 형사와 같은 일을 했다. 일견 선망의 직업이었을 것 같은 다모는 여자 노비들이 맡았던 직책으로, 본인의 의사와는 별개로 관아의 명을 받고 숙명적으로 해야 하는 일이었다.[4]

지금의 종로통에 있었던 육의전은 중세 유럽의 상인 길드와 비슷한 점이 있었다. 왕으로부터 취급하는 상품의 독점 판매권을 받아 조세를 납부하고 금난전권禁亂廛權을 행사해 다른 조직이 상업 활동을 하지 못하도록 제약했다. 하지만 정조 이후 금난전권이 폐지되면서 더 이상 발전하지 못하고 역사 속으로 사라져 국내 상업 발전에 기여하지는 못했다. 그리고 지금의 변호사 역할을 하여 소송을 대리했던 외지부外知部도 있었다. 지금은 누구나 선망하는 직업인 변호사와 의사는 조선 시대에는 모두 중인들이 주로 담당했던 직업으로, 사회적으로 그리 환영받지 못했다.

조선 시대는 사대부 양반들이 지배했던 세상이어서 전문 기술직은 천하게 취급받았다. 중세 유럽에서 의학부와 법학부 같은 실용 학문이 상급 대학에 주요 학과로 일찌감치 자리 잡은 것과는 대조된다. 실용적인 지식들이 생활 곳곳에 편리를 더해 줄 때 그런 기술이 축적되어 사회는 발전한다.

철저한 신분 사회였던 조선 시대에 다른 나라에서는 찾아보기 힘든 제도가 하나 있다. 바로 노비 제도다. 물론 당시 노비 제도는 전 세계에 보편적인 현상이었으나 우리처럼 동족을 노비로 세습시키는 것은 매우 특이한 경우였다. 이에 대해 17세기 실학자 유형원柳馨遠은 "중국에도 노비는 있으나 우리와 같이 죄없이 태어난 자식까지 대대로 노비로 삼는 법은 없다."라고 하면서 조선 시대 노비 제도의 부당함을 지적했고, 이익李瀷은 이보다 한 발 더 나아가 노비 제도 폐지를 주장했다. 보통 다른 나라에서는 전쟁 포로나 다른 민족의 사람을 금전으로 사들여 노비로 활용하는 경우가 대부분이었는데, 조선은 특이하게 동족의 세습 노비가 공인되는 사회였다.

그리고 노비는 전체 인구의 40퍼센트로 추정될 만큼 큰 비중을 차지하고 있었다. 따라서 노비는 토지와 더불어 조선 시대 최대의 자산이었다. 노비의 자산 가치는 도망친 노비를 잡아 본래의 주인에게 돌려주는 추노推奴라는 직업이 있을 정도로 컸다. 사노비는 국가에 대한 의무가 없고 오직 주인에 대한 의무만 있었기 때문에, 사노비 수를 늘리려는 사대부와 왕권 사이에는 항상 팽팽한 긴장감이 조성되었다. 이런 힘겨루기에 따라 노비의 신분이 때로는 부계를 따르는 종부법, 때로는 어머니의 신분을 따르는 종모법, 때로는 부모 어느 한쪽이라도 노비이면 자식도 노비가 되는 양천법으로 계속 변했다.

조선 시대 노비 제도 실상은 우리의 상식을 뛰어넘었다. 세종 때 영웅대군 이염李琰은 무려 1만 가구의 노비를 소유하고 있었다. 당대 최고의 석학으로 추앙받는 퇴계 이황李滉도 양천(양인·천민 간) 결혼 제도를 통해 300명이 넘는 노비를 소유했으며, 36만 평이 넘는 대토지를 후손에게 남기고 간 대지주였다. 신분제에 있어 노비는 의무만 있을 뿐 권리는 없었다. 세계 과학·철학사에서 박학자 중의 박학자이자 인간 지성이 확장될 수 있는 한계에까지 나아간 인물로 추앙받는 아리스토텔레스도 노예는 일을 위한 도구이며 황소처럼 길들이는 동물로 간주되어야 한다고 주장했다. 지금의 시각으로 보면 이해할 수 없는 사회 제도도 지배적인 제도로 정착되면 그 당시에는 당연시되는 것이 인류 역사에서는 일반적인 현상이었다. 태어난 신분이 평생을 따라다니는 족쇄였다. 조선은 이런 노비 제도를 19세기까지 유지했다. 사회 모순은 국가 발전을 가로막는 장애가 분명하다.

인류사의 새로운 여명, 산업혁명을 향해

전통 사회에서 대다수는 청소년기 없이 7~8세가 되면 곧바로 일의 현장으로 투입되었다. 인간 개인의 의지는 받아들여질 틈이 없었다. 유럽에서는 수도원에서 공부를 시작하거나, 집안 농사일을 하거나, 도제 교육을 위해 수공업 장인의 도제로 들어가 인생을 시작했다. 동양에서는 태어난 집안의 신분과 일을 그대로 이어받아 삶의 현장에 바로 투입되었다. 중세 유럽에서는 사람들의 삶의 중심에 종교가 있었고 동양에서는 공동체의 규범이 있었다. 인간의 자유의지보다는 사회 결속을 위한 얽매임이 인간의 삶을 구속했다.

그래도 전통 사회에서는 사회적 유대감이 강했다. 외로움과 소외는 전통 사회에서는 존재하지 않았다. 현대 사회에서도 농촌에는 아직 이런 장점들이 남아 있다. 그리고 끊임없이 일해서 성공해야 한다는 압박도 현대에 비해 비교적 적었다. 『총, 균, 쇠Guns, Germs, and Steel』(1997)의 저자 재러드 다이아몬드Jared Diamond는 또 다른 저서 『어제까지의 세계The World Until Yesterday』(2012)에서 전통 사회에서 인류가 처했던 여러 가지 상황을 분석한 바 있다. 다이아몬드는 전통 사회에는 지금의 시선으로 보면 끔찍한 영아 살해나 노인 유기 같은 행위들도 있었지만, 대가족 제도를 통해 상호 간 유대감을 강화하고 위험에 대비하면서 보다 나은 삶을 위해 추론 능력을 키워 인과 관계를 찾아내는 두뇌 능력을 발전시킴으로써 인류가 지속적으로 번성할 수 있었다고 말한다. 여전히 인류는 전통 사회로부터 인류의 미래에 가치 있는 것들을 배울 수 있다. 특히 중요한 것은 인간의 유대감과 상호 존중을 배우는 것이다.

르네상스가 시작된 15세기에 유럽은 팽창하기 시작했다. 가장 먼저 대항해 시대를 연 것은 포르투갈과 스페인이었다. 포르투갈은 아프리카 서부 해안을 따라 가나, 나이지리아, 카메룬을 거쳐 1486년에는 나미비아까지 갔다. 후추, 금, 상아, 아프리카 노예가 주 교역품이 되었다. 1497년 바스쿠 다가마Vasco da Gama는 희망봉을 돌아 인도 코지코드에 도착했다. 1492년 콜럼버스는 스페인 여왕 이사벨 1세의 지원하에 산타마리아호를 타고 아메리카를 발견했다. 마침내 인류는 역사에서 지구의 모든 대륙을 최초로 인지하게 되었다. 르네상스가 시작된 유럽은 이후 과학기술과 사회의식의 커다란 변화를 겪으면서 산업혁명이라는 인류의 2차 대변곡점을 향해 나아갔다.

3장

일자리의 또 다른
대변곡점, 산업혁명

운명에서 강요된 선택으로

신석기 농업혁명이 일어난 뒤 약 1만 년 정도가 지나자 인류는 마침내 제2의 혁명적 상황을 맞이하게 되었다. 산업혁명을 거치며 일과 일자리에서 제2의 대변곡점에 도달한 것이다. 산업혁명은 영국에서 인류 최초로 자연에 존재하는 천연 에너지(인력, 동물, 물레방아 수력 등)가 아닌 인위적으로 생산한 에너지(초기 증기기관)를 사용해 기계를 작동시키는 대규모 생산 체계를 갖춘 공장이 출현한 것을 그 기점으로 볼 수 있다. 산업혁명이 가져온 변화는 그때까지 인류가 경험하지 못했던 전혀 새로운 사회의 출현을 의미했다. 이런 총체적인 변화를 영국의 저명한 역사학자 아널드 토인비Arnold Toynbee는 1884년 옥스퍼드 대학 강의 중 처음으로 '발전'이나 '변화', '혁신'이 아닌 '산업혁명Industrial Revolution'이라 명명했다. '산업'혁명이라 명명되었지만, 산업에 국한되지 않고 인류의 일상을 송두리째 바꾼 세상의 총체적인 변혁이었다. 이후 과학기술의 지속적인 발달에 따라 2차, 3차 커다란 변화가 잇따르자 최초에 일어난 변화를 1차 산업혁명이라 칭하게 되었다.

왜 산업혁명을 신석기 농업혁명 이후 제2의 대변곡점이라고 할 수 있는가?

산업혁명 이전 인류의 생산성과 인구는 연간 약 0.2퍼센트 정도의 성장률을 보이다 산업혁명 이후 1.5퍼센트로 급격하게 높아졌다. 이는 경제와 인구가 단순히 양적으로 성장한 것뿐 아니라 질적인 변화를 일으킬 정도의 성장이다. 특히 이 수치가 아직 산업화되지 못한 다른 국가들까지 포함한 세계 평균 성장률임을 감안하면, 산업화된 국가의 성장은 가히 상상을 초월하는 수준이었다. 인구 증가는 경제 발전 속도와 일정하게 비례했다. 산업혁명 이전 시대는 인간의 노동력과 극히 한정된 도구, 가축의 노동력을 활용해 주거 공간 주변의 자연을 개발하는 것만이 유일하게 생산력을 높일 수 있는 방법이었고, 그 생산력은 무엇보다 인간의 노동력에 좌우되었다. 그에 따라 생산력 증가와 인구 증가는 비례해서 더딘 속도로 발전했다. 그런데 이런 속도가 산업혁명을 통해 급격히 증가해 인류는 극적인 생산 확대를 이루었다. 도표에 나타난 바와 같이, 산업혁명 이후 인구도 기하급수적으로 증가했지만 1인당 소득 역시 거의 같은 속도로 증가했다. 인구와 소득이 빠른 속도로 동시에 늘어난 것은 인류 전체 생산 능력이 전체적으로 얼마나 빠르게 증가했는지를 보여 주는 지표다. 산업혁명은 인류의 경제 활동 규모를 완전히 새로운 경지로 끌어올렸다.

신석기 농업혁명을 통해 인류의 사고가 1차 대변곡점을 맞이했듯

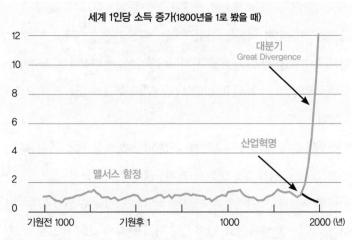

세계 1인당 소득 증가(1800년을 1로 봤을 때)

대분기
Great Divergence

산업혁명

맬서스 함정

기원전 1000   기원후 1   1000   2000 (년)

자료 : Gregory Clark (2007)[1]

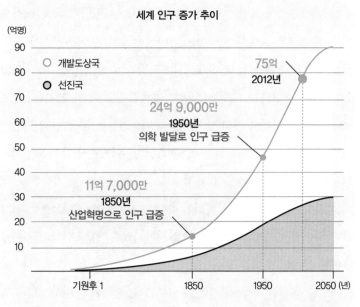

세계 인구 증가 추이

(억명)

○ 개발도상국
● 선진국

75억
2012년

24억 9,000만
1950년
의학 발달로 인구 급증

11억 7,000만
1850년
산업혁명으로 인구 급증

기원후 1   1850   1950   2050 (년)

자료 : 유엔인구분과위원회(2012)[2]

이, 산업혁명도 인류 사고에 커다란 영향을 미쳤다. 전통 사회 속에서 안주하고 살았던 인류는 산업혁명을 통해 근본적인 사고 체계의 변화를 경험하게 되었다. 전통 사회에서의 삶이 숙명적이고 소명적이었다면, 산업혁명 이후 인류에게 삶은 인간의 한계에 대한 도전으로 바뀌었다.

산업혁명이 인류 역사 전반에 끼친 영향은 어떤 말로 표현해도 부족할 것이다. 인간에게 일과 일자리는 더 이상 하늘이 내려 준 것이 아니게 되었다. 자연과학과 기술의 끊임없는 발달로 이전에 없던 많은 일자리가 만들어졌고, 일자리는 사회 변화에 따른 강요된 선택이었을지라도 인간과 신의 약속이 아닌, 인간과 인간 간의 계약에 의한 것이 되었다. 산업혁명 이후 산업 사회에서는 다양한 기술을 바탕으로 특정 기술을 보유한 사람이 생산의 주역으로 등장했다. 이에 따라 생산 활동에는 필요한 기술을 갖춘 사람들이 선별적으로 선택되었고, 이를 뒷받침하는 사회 시스템에 필요한 전문직 일자리들이 생겨났다. 이전 세계에서 사회 생산력을 끌어올리는 방법은 인간 노동력의 총합을 최대로 끌어올리는 것뿐이었지만, 이제는 인간의 노동력과 새로운 에너지 및 기계를 효율적으로 사용하는 것으로 바뀌었다. 이에 따라 모든 인간에게 일자리가 주어지던 사회가 선별적으로 일자리가 주어지는 사회로 자연스럽게 전환되었다. 인간 선택의 시대로 들어선 것이다.

자연을 대하는 인류의 관점도 바뀌었다. 숭배와 경외의 대상이었던 자연은 이제 정복하고 활용할 대상으로 변했다. 산업혁명을 제2

의 대변곡점이라고 부를 수 있는 것이다. 산업혁명은 단순하게 동력원과 기계의 발명으로 이루어진 것이 아니고, 서양의 르네상스 시기부터 시작된 여러 사회 현상들의 총합체로 봐야 한다. 지금부터 산업혁명이 어떤 경로를 통해 발생했는지 몇몇 중요한 분야를 중심으로 보다 자세하게 살펴보자.

산업혁명이 가능했던
시대적 배경

과학적이고 합리적인 사고로의 전환, 과학혁명

중세의 종교적 사상에 얽매여 있던 유럽 사람들은 아이러니하게도 십자군 전쟁을 통해 이슬람 세계로부터 자신들의 그리스·로마 시대 학문을 역수입함으로써 과학적이고 합리적인 사고에 눈을 뜨게 되었다. 흔히 르네상스라고 불리는 이 시기에 인간은 자연 현상을 엄밀하게 관측하고 설명하기 위해 합리적인 사고를 함으로써 기존의 목적론적인 과학 이론을 벗어나 과학적 사고방식을 확립했다. 객관적 관점으로 세상을 보게 된 인간은 스스로에게 무한한 발전 가능성을 열어 주었다. 가장 대표적인 성과가 지동설과 진화론이다. 지동설은 지구를 '우주의 중심'에서 '우주에 존재하는 무수한 천체 중의 하나'로 변화시켰고, 진화론은 인간을 '신의 창조물'이 아닌 '자연 선택에 따른 결과물'로 인식하게 만들었다. 두 사건은 근본적으로 인간 존재를 신이 정한 한계에서 벗어나게 함으로써 인간의 생각을 근본적으로 바꿔 놓았다.

지동설의 제창자는 니콜라우스 코페르니쿠스Nicolaus Copernicus였다. 그는 지금의 폴란드 토룬의 한 부유한 상인 집안에서 태어났다. 고향에서 크라쿠프 대학을 다녔는데, 당시 유럽 대학의 교육 과정은 4년 동안 일반적인 학문과 예술을 공부한 후 신학, 의학, 법률 중 하나를 전공하는 것이었다. 코페르니쿠스는 그리스 철학자들의 학문을 주로 공부했다. 대표적으로 스콜라학파의 원류인 아리스토텔레스의 우주론과 세상이 물, 불, 공기, 흙이라는 네 가지 원소로 이루어졌다는 4원소설, 그리고 유클리드 기하학, 수학, 천문학 등을 공부했다. 그러나 코페르니쿠스는 결국 아리스토텔레스 시대부터 이어져 오던 지구 중심설을 부정하고 목적론적 세계관에 대한 도전했다. 태양을 비롯한 천체들이 지구를 중심으로 도는 것이 아니라, 오히려 지구가 태양의 주위를 돈다는 파격적인 주장을 했다. 코페르니쿠스의 지동설은 당시 활발해지기 시작한 인쇄 매체를 타고 널리 퍼짐으로써 혁명적인 영향력을 발휘했다. 이를 계기로 2,000년 넘게 이어져 오던 사변적 사고에서 벗어나 근대 과학에 획기적인 전환이 일어났다는 점에서 '코페르니쿠스적 전환'이라는 표현도 등장했다.

망원경 관측을 통해 지동설의 증거를 확인한 이는 이탈리아 천문학자 갈릴레오 갈릴레이Galileo Galilei였다. 갈릴레이는 유럽의 과학혁명 기간 중 나타난 걸출한 천재로, 알베르트 아인슈타인Albert

Einstein은 갈릴레이를 현대 과학의 아버지라고 칭송한 바 있다. 갈릴레이는 모든 사물을 실험적인 검증을 통해 받아들였다. 직접 개발한 망원경으로 목성을 관찰해 위성 4개를 발견했고 토성의 고리도 발견했다. 그는 금성의 위상 변화를 토대로 코페르니쿠스의 지동설이 옳다는 것을 확인했다. 갈릴레이가 위대한 이유는 독실한 기독교 신자로서 한때 수도자가 되겠다는 생각까지 했음에도 직접 관찰한 결과를 믿고 지동설을 지지하고 이에 대한 책까지 썼기 때문이다. 선입견에 매몰되지 않은 채 객관적 사실에 입각해 판단하고 신념에 따라 행동하는 것은 인류 역사에서 진정한 진보를 이루게 한 원동력이었다. 신학적 도그마를 벗어나 비판적으로 사고하는 것이 과학 발전의 근본적인 요인이다.

17세기 과학혁명의 대단원은 아이작 뉴턴Isaac Newton의 『프린키피아Philosophiæ Naturalis Principia Mathematica』(1687)에 의해 이루어졌다. 만유인력 법칙으로 알려진 중력의 힘과 물체의 운동에 관한 3가지 법칙을 수학적으로 계산함으로써, 우주에서 천체들이 어떻게 운동을 하는가를 과학적으로 밝혀냈다. 이는 그때까지 인류가 범접할 수 없는 별개의 세계였던 우주 공간이 우리가 살고 있는 지구 공간과 동일한 물리 법칙이 적용되는 세상임을 밝힌 것으로, 인간의 사고를 지구 너머 우주로 확장시키는 데 결정적 역할을 했다. 뉴턴은 또 미적분학을 발견해 무한의 개념을 다룰 수 있는 토대를 제공했고, 이를 바탕으로 열역학 등 실용적인 학문이 발달하고 동력원인 엔진이 발전하는 등 산업혁명에 핵심적인 역할을 했다.

진화를 사실로 확신시킨 것은 찰스 다윈Charles Darwin이었다. 비글
호를 타고 세계를 돌아볼 기회를 얻은 다윈은 세심한 관찰과 기록을
바탕으로 깊은 사고를 거쳐 마침내 1859년 『종의 기원On the Origin of
Species』을 발표함으로써 자연 선택에 의한 진화론을 확립했다. 보수
언론과 신학자들의 맹렬한 반대에도 그는 자신의 주장을 굽히지 않
았다. 1882년 4월 19일 세상을 떠나면서도 "나는 죽음 앞에서 일말
의 두려움도 갖고 있지 않다."라는 말을 남겼다. 아이러니하게도 그
는 독실한 기독교 신자로 평생을 살았다. 하지만 자신이 발견한 진
실을 결코 외면하지 않았다. 다윈은 현재 잉글랜드 성공회 성당인 웨
스트민스터 사원에 묻혀 있다. 아마도 누구나 한 번쯤 읽어 봤을 『종
의 기원』 마지막 문단의 감동을 다시 한 번 느껴 보자.

수많은 종류의 식물들이 자라나고 있고, 덤불에서 노래하는 새들과 여
기저기를 날아다니는 곤충들 그리고 축축한 땅 위를 기어 다니는 벌
레들로 가득 차 있는 뒤얽힌 둑을 지긋이 관찰해 보면 참으로 흥미롭
다. 또한 서로 너무나도 다르고, 매우 복잡한 방식으로 서로 얽혀 있
는, 정교하게 구성된 이런 형태들이 모두 우리 주위에서 일어나는 법칙
에 의해 탄생되었다는 사실을 떠올려 보면 흥미를 느끼지 않을 수 없
다. 이 같은 법칙들은 넓은 의미에서 보자면, 번식을 동반한 성장, 번식
과 거의 동일한 것으로 간주되는 대물림, 외부적 생활 조건의 직간접
적인 작용과 사용 및 불용에 의한 가변성, 생존 투쟁을 초래하는 높은
개체 증가율, 자연 선택의 결과로 나타난 형질 분기와 덜 개량된 형태

들의 멸절을 포함한다. 우리가 생각할 수 있는 최고의 대상인 고등 동물은 이 법칙들의 직접적 결과물로서 자연의 전쟁 및 기근과 죽음으로부터 탄생한 것들이다. 처음에 몇몇 또는 하나의 형태로 숨결이 불어넣어진 생명이 불변의 중력 법칙에 따라 이 행성이 회전하는 동안 여러 가지 힘을 통해 그토록 단순한 시작에서부터 아름답고 경이로우며 한계가 없는 형태로 전개되어 왔고 지금도 전개되고 있다는, 생명에 대한 이러한 시각에는 장엄함이 깃들어 있다.[3]

과학혁명은 사람들의 세상을 보는 인식과 방법에 혁명적인 변화를 가져왔다. 이런 변화는 사회를 근본적으로 변화시켜 근대 사회를 열었다.

계몽주의라는 사회사상적 토대

과학 분야의 혁명적 발전과 함께 인류의 사고 체계를 바꾸게 한 계기는 사회사상에서 나타났다. "나는 생각한다. 고로 존재한다."라는 말로 유명한 르네 데카르트René Descartes는 저서 『방법 서설Discours de la méthode』(1859)을 통해 자율적이고 합리적인 주체의 근본 원리인 합리론을 최초로 확립했다. 이에 맞서 영국의 프랜시스 베이컨Francis Bacon은 "아는 것이 힘이다."라는 말을 남기며 경험론을 내세웠다. 두 사상가의 업적은 신에 의존했던 인간의 기존 사고방식을 합리적인 인간 이성 체계로 정립한 것이다. 두 사람의 합리론과 경험론은 독일의 이마누엘 칸트Immanuel Kant로 통합되고, 이후 영국의 데이비드 흄David Hume, 그리고 고전경제학의 대표적인 이론가 애덤 스미스Adam Smith로 이어졌다. 특히 스미스의 『국부론An Inquiry into the Nature and Causes of the Wealth of Nations』(1776)은 자본주의와 자유무역에 대한 이론의 기초를 제공했다.

토머스 홉스Thomas Hobbes, 존 로크John Locke, 장자크 루소Jean-Jacques Rousseau로 이어지는 사회 계약설은 '사회'란 실체가 있는 존재가 아니라, 구성원들의 계약에 의해 형성되고 유지되는 인공적인 허상이라는 생각을 확실하게 심어 주었다. 이는 구성원들이 합리적인 계약을 통해 사회를 바꿔 나가면 다양한 사회 문제를 해결할 수 있고 더 나은 사회를 건설할 수 있다는 신념을 심어 주었고 민주주의 혁명의 동력이 되었다.

신에 의해 주어진 세상이 아니라 인간 자신의 결정으로 사회를 만들 수 있다는 생각은 천부적으로 주어진 중세의 세상과는 다른, 산업혁명으로 만들어진 세상에 걸맞은 사상으로, 산업혁명에 정당성을 부여하고 혁명을 앞당겼다. 전통 사회에서 인간은 사회의 거대한 사슬의 한 부분을 차지하면서 태어난 신분에 따라 개인의 인생을 살았다. 그러나 새롭게 출현한 산업혁명 이후 사회에서 인간은 개인의 의지에 따라 사회 내에서 부를 축적하기 위한 활동을 수행하고 이를 후대에까지 물려주는 삶을 살아가게 되었다. 특히 사유재산 개념의 확립은 이후 인간의 사고에 큰 변화를 가져왔고, 지금까지도 인류사에 가장 강력하게 영향을 미치는 개념으로 자리 잡았다.

근면한 경제 활동으로 구원받는다는 종교관

로마 시대부터 이어져 오던 부富에 대한 가치관은 장 칼뱅Jean Calvin과 프로테스탄트 종교 개혁가들의 '부지런함에 대한 새로운 해석'에 힘입어 변하게 되었다. 그들은 부지런하게 노력하는 것이야말로 내세에 신에게 선택받고 구원받을 수 있는 징후라고 주장했다. 원래 영어에서 '산업의, 산업적인'이란 뜻의 단어 'industrial'은 '근면한'이란 뜻의 'industrios'에 어원을 두고 있다. 산업혁명으로 이루어진 시장 시대에 근면함은 경제 활동을 하는 인간이 지녀야 할 필수 요건이 되었다. 칼뱅과 프로테스탄트 종교 개혁가들은 욕심이 많은 인간의 이기적인 본성에 근면함이 더해지면 물질적 진보를 이룰 수 있다고 믿었다. 이러한 신념은 로크와 스미스 같은 계몽주의 사상가들의 사상과 더불어 자본주의 시장 형성과 1차 산업혁명의 정당성을 확보해 주었다. 전통 사회와 달리 부의 추구가 신의 의지와 맞닿아 있으며, 근면한 경제 활동은 현세는 물론 내세의 천국까지 보장해 준다는 사상이 된 것이다. 독일 사회학자 막스 베버Max Weber는 저서 『프로테스탄트 윤리와 자본주의 정신Die protestantische Ethik und der Geist des Kapitalismus』(1905)에서 산업혁명 진행 중에 구교를 믿는 프랑스, 이탈리아, 스페인 등의 지역과 신교를 믿는 영국, 독일, 네덜란드 지역의 경제 발전을 비교·분석하면서 신교가 산업 발전에 긍정적 영향을 미쳤음을 설파했다. 이는 사회 구성원의 가치 기준이나 문해율, 즉 사회 구성원 개개인의 사고와 이해 능력이 사회 경제 발전에 직접적인 관계가 있음을 나타내는 연구 중 하나다.

재산권의 확립

신이 모든 것을 소유하고 신의 대리인인 왕이 재산 관리를 대신하는 시대에 재산권은 신이 허용하는 한도에서만 행사할 수 있는 피동적인 대상물이었다. 자신의 의지와 관계없이 언제든지 빼앗길 수 있는 불안한 상태이다 보니 재산을 늘리고자 하는 노력도 적극적으로 하지 않았다. 그러던 중 1688년 영국에서 최초로 명예혁명Glorious Revolution을 통해 재산권에 대한 합의가 왕과 시민 간에 이루어졌다. 이에 따라 왕이 자의적으로 시민의 재산을 침해하지 못하게 되었다. 동시에 종교적 가치관의 변화에 따라 재산권이 신성불가침의 권리라는 인식이 전 유럽으로 확대되었다.

재산권 제도의 확립은 재산을 소유하고 늘리고자 하는 개인의 욕망을 만족시켜 주는 것뿐 아니라, 재산의 용도를 쉽게 이해할 수 있는 가시적 형태로 고정시켜 자산 거래와 경제적 가치 파악을 용이하게 하고 자산을 효율적으로 사용할 수 있게 했다. 또한 재산권 소유에 대한 투명성이 증대되었고, 자산 소유자 간의 신뢰를 바탕으로 한 상호 교류를 통해 안전한 거래를 하게 해 주었다. 즉 재산권의 확립은 시장경제가 주축이 되어 생산 활동을 신장시키기 위한 필요 불가결한 전제조건이다. 또 재산권이 공식적으로 인정됨으로써 활발한 경제 활동에 필요한 사회 제도를 확립할 수 있는 기틀이 마련되었고 개인의 노동 욕구를 자극해 경제 활동에 적극적으로 임하도록 북돋았다.

인클로저가 유발한 풍부한 도시 노동력의 탄생

1차 산업혁명은 많은 노동력을 한곳에 모아야만 가능했다. 기존에 산재해 있던 가내 수공업이나 길드 방식의 생산이 아닌 집중화된 수직적 규모의 경제로 전환하는 것이 필수적이기 때문이다. 산업혁명이 발생한 영국에서는 18세기 중반에서 19세기 초반에 걸쳐 인구의 대다수를 차지하고 있던 농촌 인구가 토지로부터 유리되어 도시로 몰려들었다. 그 원인은 15세기 말에서 17세기 중반까지 지속적으로 일어난 1차 인클로저enclosure 때문이었다. 인클로저란 자신의 소유지는 물론 개방 경지나 공유지, 미개간지까지 울타리를 쳐 자신의 사유지라고 선언한 지주들의 움직임을 말한다. 1차 인클로저는 모직물 공업의 발달로 양털 가격이 상승한 것이 원인이었다. 양털 가격이 상승하자 봉건 영주 소유자들이 자신의 소유지에 양을 키우기 시작하고 공동 경지에 울타리를 쳐 방목을 하게 되면서 소작농과 영세 농민들이 땅에서 쫓겨나게 되었다. 이를 두고 영국 정치가 토머스 모어Thomas More는 "일반적으로 작고 온순하다고 알려진 양들이 이제 너무 탐욕스럽고 사나워져 인간 자체를 잡아먹는다."라고 말한 바 있다. 농촌에서 더 이상 살 수 없게 된 빈농들은 도시로 모여들어 유휴 노동 인력, 요즘으로 말하면 산업 예비군이 되어 도시 빈민이 되었다.

2차 인클로저는 18세기 후반에서 19세기 전반에 걸쳐 지주들 사이의 토지 교환을 통해 대농장제가 진행되면서 일어났다. 산업혁명 초기 인구 증가에 따라 식량 수요가 증가하자 농업 경영 합리화와 새로운 농기구의 발달이 촉진되었고, 지주들은 산재해 있던 토지를 서로 맞교환하면서 대단위 농지로 전환시킴과 동시에, 소유관계가 정립되어 있지 않던 농민 보유지를 편입시켰다. 농민들은 관습적으로 이어져 왔던 토지 이용권에서 완전히 배제되었고 농민의 토지 유리화 현상이 가속화되었다.

1~2차 인클로저를 거치며 농촌의 빈농과 소농들은 조상 대대로 살아왔던 토지로부터 쫓겨남으로써 자신의 노동을 팔아 살아가는 노동자 집단을 형성하게 되었다. 인클로저는 이후 산업화된 거의 모든 나라에서 일어나는 현상이 되었다. 1960년 한국에서도 많은 사람들이 고향을 떠나 도시로 몰려들었으며, 덩샤오핑鄧小平의 개혁·개방 정책 이후 1980~1990년대에 대량으로 발생한 2억 명이 넘는 중국 농민공도 동일한 현상이었다. 천직으로 여겼던 일로부터 유리되어 본인의 선택이 가미된 직업 전환이 전 세계적 차원에서 대규모로 진행된 것이다.

동력원과 기계들의 발명

1차 산업혁명의 심장은 증기기관이다. 증기 압력을 이용해 움직이는 장치는 이미 1세기에 알렉산드리아의 헤론Heron이 '아이올로스의 공aeolipile'이라는 증기 기구를 구상한 기록이 있다. 하지만 노예의 노동력이 사회의 주 에너지원이던 당시에는 큰 관심을 끌지 못했다. 그러다가 토머스 뉴커먼Thomas Newcomen이 1712년에 첫 번째 상업 증기기관을 설치하면서 사람들의 관심을 받았다. 뉴커먼의 기관은 1775~1800년에 1,000대가 넘게 설치되어 주로 탄광과 공장에서 사용되었다. 1775년 제임스 와트James Watt는 매슈 볼턴Matthew Boulton의 자금 지원 아래 열효율이 낮은 뉴커먼 증기기관을 상업적 활용도가 높은 증기기관으로 개발했다. 와트는 단순히 증기기관만 개발한 것이 아니라 동업자인 볼턴과 함께 증기기관을 당대 최고의 히트작으로 만들었다. 당시에는 다소 생소했던 할부 구매 시스템을 갖춰 장기간 분할 납부를 가능하게 함으로써 구매자의 초기 도입 비용 부담을 줄여 준 것이다. 와트는 기술력과 자본력에 더한 참신한 마케팅 방법으로 새로운 시장을 개척하는 데 성공해 자신의 증기기관을 산업혁명의 심장으로 만들었다.

다용도로 쓸 수 있는 효율 좋은 증기기관의 탄생과 함께 이를 활용하는 기계들도 발명되어 면직공업과 제철산업, 기계공업, 운송업에 획기적인 변화가 일어났다. 면직공업의 경우, 기존의 방적기는 손으로 조작하는 수직기였는데 1785년 에드먼드 카트라이트Edmund

Cartwright가 증기기관과 방적기를 결합한 역직기power loom를 개발함으로써 면직물 대량 생산의 길을 열었다.

그리고 철도가 탄생했다. 1804년 영국의 리처드 트레비식Richard Trevithick이 최초로 증기 기관차를 선보였다. 조지 스티븐슨George Stephenson은 1829년 이를 보완하고 발전시킨 '로켓호'로 리버풀-맨체스터 구간을 완주하여 증기 기관차를 실용화함으로써 운송 수단에 획기적 변화를 가져왔다.

인쇄술의 발달과 지식의 보급

중국에서 발명한 제지술은 고구려 출신 당나라 장군 고선지高仙芝가 서방 정벌을 위해 751년에 벌인 탈라스 전투를 계기로 아랍 세계에 전파되었다. 이후 제지술은 중앙아시아 사마르칸트와 바그다드, 이집트 알렉산드리아를 거쳐 오랜 시간이 걸려 마침내 12세기 중반 이후 스페인, 프랑스, 이탈리아, 독일, 영국에까지 전파되었다. 제지술이 전파되자 값싼 기록물 생산이 가능해졌다. 종이가 사용되기 전까지 유럽에서 사용했던 양피지로 된 책은 아름다운 서체와 다양한 색상으로 꾸며져 주요 재산 목록이 될 정도로 예술품에 가까운 사치품이었다.

제지술은 1440년경 독일 구텐베르크Johannes Gutenberg의 인쇄술과 결합해 그 효용이 극대화되었다. 종이와 인쇄술의 만남으로 그동안 엘리트층이 지식을 독점해 오던 현상이 사라졌다. 종교 개혁가 마르

틴 루터Martin Luther는 누구나 신의 말씀을 직접 듣고 이해해야 한다는 신념을 가지고 있었다. 이를 위해 라틴어로 되어 있는 성직자의 아름다운 성경 대신 누구나 쉽게 소유할 수 있는 지역 언어로 된 성경이 대량으로 필요하게 되어 인쇄물에 대한 수요가 증가했다. 또 새롭게 제작된 지역 언어 성경은 문해율을 낮추어 대중에게 지식이 널리 퍼지는 계기가 되었다. 성경 출판에 주로 활용되던 인쇄기는 롤러 방식의 증기 인쇄기로 개량되었고, 이후 윤전기의 발명으로 인쇄 속도가 획기적으로 높아져 책을 대량으로 찍어 낼 수 있게 되자 지식의 출판 비용이 크게 줄었다. 유럽은 1750년대에 이미 1,000명당 연간 도서 소비량이 140여 권을 넘어섰다.

세계 최초로 금속 활자를 개발한 우리는 사정이 어떠했을까? 안타깝게도 우리나라에는 조선 시대까지 정식 서점이 없었다. 서점이 없었다는 것은 서적 유통 자체가 없었다는 이야기다. 책을 구하기 어려웠기 때문에 책의 가격도 일반인은 근접하기 어려울 정도로 비쌌다. 구텐베르크보다 78여 년 빠른 1377년에 『직지심체요절直指心體要節』을 금속 활자로 인쇄한 것은 자랑스럽지만, 그보다 중요한 것은 그러한 발명품이나 기술이 우리 삶에 어떤 영향을 미치고 역사 발전에 기여했는가다. 증기기관도 기원전에 이미 발명되었음에도 18세기에 와서야 비로소 효용을 발휘했듯이, 기술을 받아들일 준비가 되어 있지 않은 사회에서는 기술이 발명되어도 그저 기록으로만 남을 뿐이다. 제지술과 인쇄술이 발달했던 18세기 유럽에서 지식을 습득한 노동자의 출현은 산업혁명을 더욱 가속시켰다.

2

산업혁명이 일으킨
여러 변화들

대규모 일자리의 탄생

산업혁명으로 기존과는 전혀 다른 새 일자리들이 대량으로 탄생했다. 산업혁명 이전에는 수천수만 명이 동질의 소속감을 가지고 같은 목적을 위해 한자리에 모여 무언가를 하는 것은 전쟁 말고는 없었다. 산업혁명은 대규모 공장 제조업을 통해 전쟁과 같은 '파괴' 행위가 아니라 수만 명이 협동해서 부가가치를 생산하는 활동을 가능하게 했다. 대표적인 산업을 살펴보자.

① 철도산업

철도산업은 1차 산업혁명의 핵심 사업이었다. 스티븐슨이 개발한 증기 기관차 로켓호가 철도 공모전에서 리버풀-맨체스터 구간을 평균 시속 19킬로미터로 완주하며 우승한 것은 철도산업에 투기 현상을 불러일으킬 정도로 인기를 끌었다. 이후 철도산업은 세계로 퍼져 나갔다. 철도산업을 1차 산업혁명의 핵심 사업이라고 하는 이유는, 투자되는 자본의 규모가 절대적으로 크기도 했지만, 동시에 종사하는 노동자의 수와 자질 또한 기존 전통 사회에서는 배출하기 어려운 수준을 요구했기 때문이다. 성공적인 철도산업을 위해서는 수직적인 관료 조직의 구성과 운영이 필수적이다. 따라서 글을 읽고 쓸 줄 아는 인력이 필요했고, 이러한 인력은 요소요소 필요한 노동력을 제공하기 위해 분업화된 한 가지 업무를 수행하도록 해야 했으며, 그 위치에서 일자리가 창출되었다. 기존의 도제 교육을 통한 노동자 배출은 철도산업의 수요와 필요를 따라갈 수 없었다. 대량 생산에 필요한 자질을 갖춘 노동자 교육을 위해 공교육이 필수적이었던 셈이다.

철도산업은 영국에서 가장 먼저 산업화에 성공하고 미국에서 꽃을 피웠다. 대량 생산과 대량 소비를 기본으로 하는 산업 사회에서 운송은 필수적인 요소였다. 미국은 철도가 가져다줄 이점을 파악하고 광대한 국토에 철도망을 구축하게 되는데, 이를 위해서는 많은 어려움을 극복해야 했다. 미국 동부 지역에 1846년에 설립된 펜실베이니아 철도 회사의 경우처럼, 거대 조직을 구성하고 운영해 본 경험이 없는 인류에게 이는 크나큰 도전이었다. 험난한 지형에 선로를 까는 것도 전례 없는 어려움이었지만, 철도망을 관리하고 사고에 대비하며 정해진 운행 시간을 지키는 것은 더더욱 어려웠다. 출발 지역과 도착 지역의 표준 시간이 다른 경우, 운행 시간이 지역에 따라 정확하게 지켜

지기 위해 고도의 수학적 계산도 필요했다. 철도가 상용화되던 시기 유럽에서는 여러 뛰어난 수학자들이 이런 문제를 해결하려고 노력했고 그것이 바탕이 되어 신뢰성 있는 일정이 보장되고 사고도 방지할 수 있게 되었다.

철도 회사를 운영하는 데 가장 큰 어려움은 기존에 찾아보기 힘든 수직화된 조직의 관리였다. 미국 철도 전체에서 약 10퍼센트 정도의 비중을 차지하고 있는 펜실베이니아 철도 회사는 1891년 직원 수가 약 11만 명에 달했다. 당시 미군 전체 병력이 4만 명 정도였으니 이것이 얼마나 어마어마한 규모였는지 알 수 있다. 회사 재정 규모도 미국 정부 지출의 약 25퍼센트에 달할 정도로 큰 액수였다. 이를 효율적으로 관리하는 것은 인류가 지금까지 해 본 적이 없던 새로운 수준의 관리 능력을 요구했다.

미국은 철도를 놓기 위해 초기에는 유럽 자본을 유치해야 했다. 이때 유럽 자본을 유치한 지역이 지금의 월스트리트로, 이를 기점으로 월스트리트는 세계적인 금융 허브가 되었다. 이는 1차 산업혁명에서 철도산업이 얼마나 큰 비중을 차지하는지 상징적으로 보여 준다. 지금까지 미국 정계에 영향을 미치는 카네기 가문의 시조 앤드루 카네기Andrew Carnegie가 펜실베이니아 철도 회사 직원으로 시작했다는 이야기는 유명한 일화 중 하나다.

철도 회사는 규모 면에서만 1차 산업혁명의 핵심 역할을 한 것이 아니었다. 거대한 내부 조직을 효율적으로 구축하고 업무를 세세하게 규정해 노동자 업무를 관장하는 시스템을 구축함으로써 거대 회사 조직의 하향식 관료제 조직을 최초로 완성했다. 초기 철도 회사와 전신 회사 모델을 따라 대형 도매업체, 식료품 체인 회사 등 여러 산업 분야에서 대형 회사들이 출현했고 브랜드 제품의 사용이 일상화되었다. 브랜드 제품 사용의 일상화는 기존 소규모 가내 수공업을 몰아냄으로써 개인의 독립적인 소규모 일자리들을 모두 사라지게 만들었다.

② 방직산업

산업혁명을 이끈 최초의 대량 생산 제품은 면직물이었다. 산업혁명 전까지 면직물 생산은 인도가 세계에서 가장 경쟁력 있는 국가였다. 대다수 면직물을 인도에서 수입하던 영국은 이런 무역 불균형을 해소하기 위해 노력했는데 산업혁명을 통해 이를 극적으로 반전시키는 데 성공했다. 영국은 산업혁명을 계기로 면직물 최대 수출국으로 올라섰고 영국 식민지로 전락한 인도는 영국 면직물 제품의 최대 수입국이 되었다. 인도 독립운동가 마하트마 간디Mahatma Gandhi가 인도 내에서 직접 생산한 면직물을 사용하는 것을 저항 운동의 중요 요소로 택한 데는 이러한 배경도 있었다. 제임스 하그리브스James Hargreaves의 제니 방적기, 리처드 아크라이트Richard Arkwright의 수력 방적기, 그리고 이 둘의 장점을 살린 뮬 방적기가 잇따라 발명되면서 영국은 면직물의 품질과 생산량 면에서 세계적으로 절대 우위를 차지하게 되었다. 18세기 말과 19세기 초 영국의 수출품 중에 면직물이 차지하는 비중은 절반이 넘었다. 산업혁명을 상징하는 산업으로 발전한 것이다.

방직·방적산업은 그 자체로 많은 사람을 고용했으며, 이와 연관된 보조 산업들 역시 많은 일자리를 창출했다. 특히 방적 기계를 생산하고 수리하는 산업은 많은 이들에게 고용의 기회를 제공했다. 기계산업 자체가 하나의 큰 산업군으로 성장한 것이다.

③ 철강산업 · 석탄산업

증기기관과 방적기, 철도산업, 대양을 오가는 증기선 등의 핵심 소재는 철강이었다. 산업혁명은 세계적인 철 수요를 부추겼고 영국, 독일, 미국 등은 이에 맞추어 철강산업을 발전시켰다. 최초로 철강산업이 국가 기간산업으로 발전한 나라는 산업혁명의 발생지인 영국이다.

기존 철강산업은 연료를 목탄에 의존했다. 이 때문에 제철소는 입지가 산림 지역으로 한정되었고, 18세기 초가 되면서 삼림 자원이 고갈되어 제철산업에 지장을 초래했다. 이 문제는 에이브러햄 다비Abraham Darby가 석탄을 원료로 만든 코크스로 선철을 뽑아내는 방법을 고안함으로써 해결했다. 이후 헨리 코트Henry Cort가 교반 및 압연법을 개발해 봉철의 대량 생산 길을 열었다. 이어진 철도 시대에는 제철공업의 중요성이 더욱 커졌다. 19세기 중반 영국은 세계 선철 생산의 절반을 차지했고 가장 많은 제철을 수출하는 국가가 되었다. 현대에도 여전히 철강 생산 능력은 국가 경쟁력의 중요한 지표 중 하나다.

제철산업과 증기기관의 활용도가 높아지면서 자연히 석탄산업도

세계 10대 철강 생산국

순위	국가	2019년(백만 톤)	2018년(백만 톤)	생산성 증감(%)
1	중국	996.3	920.0	8.3
2	인도	11.2	109.3	1.8
3	일본	99.3	104.3	-4.8
4	미국	87.9	86.6	1.5
5	러시아	71.6	72.0	-0.7
6	한국	71.4	72.5	-1.4
7	독일	39.7	42.4	-6.5
8	터키	33.7	37.3	-9.6
9	브라질	32.2	35.4	-9.0
10	이란	31.9	24.5	30.1

자료 : 세계철강협회[4]

세계 철강 생산 비중(2019)

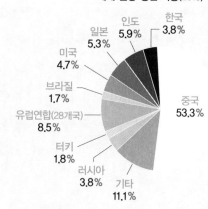

한국 3.8%
인도 5.9%
일본 5.3%
미국 4.7%
브라질 1.7%
유럽연합(28개국) 8.5%
터키 1.8%
러시아 3.8%
기타 11.1%
중국 53.3%

자료 : 세계철강협회[5]

크게 발전했다. 영국은 19세기 가장 풍부한 석탄 매장량을 자랑하고 있었으며, 동시에 가장 많은 석탄을 채굴하는 국가였다. 석탄의 급격한 사용 증가는 '런던 포그London fog'로 알려진 대기 오염 문제를 낳기도 했다.

경관과 일상생활의 변화

1차 산업혁명은 도시와 농촌 모든 곳의 경관을 바꾸어 놓았다. 도시는 빽빽한 도심과 공동 주택, 연립 주택, 고층 빌딩, 다층 공장과 시커먼 굴뚝으로 뒤덮이게 되었다. 농촌 지역은 1, 2차 인클로저를 통해 드넓은 목초지와 대규모 농장으로 탈바꿈해 식량 생산의 근거지가 되었고, 쫓겨난 농민들이 도시로 몰려듦에 따라 도시 노동자의 공급처 역할도 하게 되었다. 산업혁명으로 도시와 농촌의 경관이 바뀌었을 뿐 아니라 기계공업, 토목공업, 식료품 가공업, 제지, 유리 제작, 양조, 광업, 조선업 등 일상생활과 밀접한 관계에 있는 산업에도 많은 발명과 개량이 이루어졌다. 그 시대 사람들의 생활 수준을 개선하는 효과도 컸다.

1차 산업혁명은 증기기관과 방적기 같은 산업 현장에 필요한 대형 기계들의 발명으로 그치지 않았고, 인류의 삶을 풍족하게 해 주는 많은 물건들도 덩달아 발명되었다. 2013년 영국 언론《텔레그래프The Telegraph》에 따르면, 영국 역사상 가장 중요한 발명품 50가지 중 22

가지가 1750~1860년에 발명되었다. 대표적인 산업 기계로 방적기, 수압기, 증기기관, 전기 모터, 수축 차륜 등이 있었으며, 생활을 편하고 풍족하게 해 주는 칫솔, 초콜릿 바, 통조림, 근대적 소화기, 여객 철도, 사진 등도 발명되었다. 1845년 독일에서는 카를 필리프 피슬러Carl Philipp Fissler가 주방 기기 생산에 최초로 증기기관을 도입해 국내에도 많은 애용자를 가지고 있는 주방 기구 브랜드 휘슬러를 창립했다. 이처럼 산업혁명이 가져온 생산력의 증대는 인류가 좀 더 나은 생활을 영위할 수 있는 여러 물건들을 개발하고 발전하게 하는 원동력으로 작용했다. 생산력의 증대, 잉여가치의 대량 축적은 인간 삶의 여러 부분에서 건강을 증진시키고 여가 생활을 풍요롭게 해 주었으며 의식주 개선에도 기여했다.

이와 동시에 3차산업에 대한 수요도 폭발적으로 늘어났다. 영국에서 산업혁명이 진행되면서 나타난 직업 변동을 보면, 절대 숫자는 생산 활동에서 크게 늘어났지만 비율로 보면 3차산업의 서비스 전문직이 가장 많이 늘어났다. 1710년에 전체 산업에서 차지하는 비중이 8.7퍼센트였던 서비스 전문직은 1870년에 가면 23퍼센트로 거의 3배 가까이 늘었다. 생산과 상거래의 발달은 이해관계자를 대규모 발생시켰고 필연적으로 이해관계 조정에 필요한 회계사, 변호사 등과 같은 전문직의 수요가 늘어났으며, 국가 관료 체계가 비대화됨으로써 관리들과 이와 관련된 직종의 일자리도 폭발적으로 늘어났다.

산업혁명의 초기에는 런던에서 급격한 임금 인상 현상이 발생하기도 했다. 생산력의 확대가 노동자에게 골고루 분배된 것이다. 하지만 이런 임금 인상 현상은 잠시 동안으로만 그치고 임금은 곧 하락했다. 하락한 임금은 미국에서 세계적 경제 공황이 발생하고 이를 극복하기 위한 노력이 이어지고 2차 세계대전이 끝난 뒤 전후 황금시대가 올 때까지도 상승하지 않았다. 기득권 세력은 사회 구조를 자신들에게 유리한 방향으로 끌고 갔는데, 이는 산업혁명이 지속되면서 좀 더 정밀화되고 구체화되다가 마침내 법의 형태로 고정되었다.

표준화된 노동력을 배출하는 공교육의 탄생

모든 국민을 대상으로 시행되는 공교육의 역사는 그리 길지 않다. 인쇄술의 발달과 제지술의 도입으로 값싼 종이의 생산이 가능해진 사회적 환경 변화는 공교육의 탄생을 가능하게 한 필수조건이자 전제조건이었다. 거대해지고 복잡해진 산업 활동 체계에서 효율적으로 일할 수 있는 표준화된 노동력이 필요해진 것도 공교육 탄생의 배경이 되었다. 산업혁명 이후 자본주의 사회에서 발생한 공교육의 목표는 학생들을 전문적인 산업 노동자로 키우는 것이었다. 또 새로운 시스템에 적응해 효율적으로 과업을 수행하는 것도 중요하지만, 많은 사람이 모여 일하는 생산 현장을 안정적으로 운영하기 위해 규정과 명령에 잘 따르도록 훈련시키는 것도 공교육의 또 다른 목표였다. 창의적인 사고나 인간적 가치는 중요하지 않았다. 교육생 간에 동질감을 느끼고 서로 배려하도록 하기보다는 경쟁을 부추기는 방식이 강조된 것은 어쩌면 당연한 결과였다. 학교 교육의 목표는 뚜렷했다. 노동자가 상부의 지시 내용을 습득할 수 있게 문맹을 없애고, 지시를 내리는 상사에게 절대적으로 복종하게 하는 것이다. 이 두 가지를 구체적으로 달성하기 위해 학교는 공장과 같은 체계를 갖추게 되었다. 객관적 기준에 따라 학생들을 줄 세우는 것이 훌륭한 교육 방식이라고 끊임없이 주입되었다.

산업화가 가장 빨리 진행된 미국과 유럽에서 1830~1890년대에 전 국민을 대상으로 하는 무상 공교육이 출현하고 확산되었다. 미국 공교육의 목표는 1917~1933년에 스탠퍼드대학 교육대학원 학장을 역임한 엘우드 커벌리Ellwood Cubberley의 "학교란 인생의 다양한 요구에 부응해 원자재(어린이)가 가공되고 만들어지는 공장"이라는 말에 잘 나타나 있다. 미국제조업협회 회장이었던 시어도어 서치Theodore Search는 "공교육에 있어 가장 뛰어난 제품은 우리의 산업과 상업의 지도를 따르는 숙련된 손과 훈련된 마음"이라고 선언했다.[6]

공교육의 확산은 산업혁명의 지속적인 성공 요건 중 하나가 되었다. 글을 아는 노동 인구가 탄생한 것은 산업혁명으로 촉발된 증기기관 철도와 공장경제의 복잡한 운영 체계를 받아들이고 체계화할 수 있는 노동력이 필요했기 때문이다. 경제학자이자 사회학자인 제러미 리프킨Jeremy Rifkin은 저서 『3차 산업혁명The Third Industrial Revolution』(2011)에서 1차 산업혁명의 요체를 교육을 통한 사회 커뮤니케이션 향상과 석탄을 중심으로 한 에너지 체계라고 정의했다.

기계의 등장으로 인한 불쾌함과 두려움

산업혁명은 인간 노동력에 의존하던 기존의 생산 활동을 기계로 대체하면서 대규모 생산을 가능하게 했다. 하지만 순조롭게만 진행된 것은 아니다. 기계가 인간의 일자리를 없앨 것이라는 두려움은 영국에서 러다이트luddite 운동이라고 불리는 것으로 표출되었다. 초기 직조 기계가 발명되었을 때 발명가들은 직조공들의 공격을 피해 도망 다녀야 했다. 기계화가 일자리를 없앨 것이라는 두려움이 최근의 현상만은 아닌 것이다. 아인슈타인도 기계가 인간을 압도할 것이라고 1931년 경고한 바 있다.

하지만 산업혁명 이후 인간은 지금까지 예측하지 못한 경로를 통해 수없이 많은 일자리를 성공적으로 만들어 왔다. 사회를 보는 기존 관점으로 보면 불가능하거나 보이지 않았던 부분이 새로운 연쇄 고리를 만들면서 사회를 구성하고 이 과정에서 새로운 일자리들이 만들어졌다. 이를 면직물 생산 관점에서 한번 살펴보자. 전통 사회에서는 평생 몇 벌의 옷으로 살던 사람들이 이제 계절별로, 그리고 새로운 유행에 맞추어 새 옷을 입게 되었다. 이 덕분에 시장에서 판매가 불가능해 보이는 물량의 제품도 소화하게 되었고 기존 제품의 수요도 커지게 되었다. 기계화가 불러온 생산성 향상 부분을 이런 수요가 흡수함으로써 공장 노동자들의 일자리가 늘어났다. 이와는 별개로, 소비력이 있는 계층이 생기자 레저 활동에 관심을 보이는 이들이 많아졌고 그에 따라 여행 관련 산업이 태동했다. 여행을 기획하고 여행객을 모집하는 여행사, 여행에 필요한 운송 수단 관계자, 숙식과 관련된 산업이 커지면서 기존에 없던 새로운 일자리들이 창출되었다. 대략적으로 보면 전통 사회의 농업 위주 일자리가 산업혁명으로 제조업 일자리로 대체되었고, 이후 서비스업으로 전환된 것이다.

물론 그때까지 이런 혁명적 변화를 한 번도 경험하지 못했던 인류에게는 이런 과정이 부드럽고 유쾌하지만은 않았다. 산업혁명 초기에는 상품이 절대적으로 부족했던 까닭에 풍부한 상품과 서비스가 많은 인류에게 보다 나은 삶을 제공한 것이 사실이다. 그러나 산업화가 진행될수록 대량 소비를 유도하는 대량 생산은 인간을 위한 활동이 아닌 자본을 위한 활동이 되어 지구 자원을 약탈적으로 낭비하는 모순을 낳았고, 어제보다 많은 양의 제품을 생산하고 유통하고 소비하는 것만이 사회를 지속적으로 발전시키고 유지시키는 유일한 방법이 되었다. 이런 과정은 많은 시행착오와 사회 불안을 겪으면서 전개되었고, 세계적 차원에서 끔찍할 정도의 상황이 반복되기도 했다.

새롭게 인식한 부의 개념

산업혁명은 인간이 개발한 과학기술을 기반으로 인간의 직업이 창조되는 여정이 시작된 출발점이다. 전통 사회에도 과학기술이 있었지만 본래 있던 직업을 조금 더 개량하는 수준이었다면, 산업혁명에 이르러서는 인간의 과학기술이 이전에 존재하지 않았던 새로운 일자리를 창출했다. 이는 신석기 농업혁명 이래 1만 년 만에 이루어진 새로운 대변곡점이었다. 1차 산업혁명은 전국 규모의 시장과 국민국가를 태동시켰다. 인구가 기하급수적으로 증가하기 시작했고 도시화가 급속하게 진행되었다.

산업 구조가 1차 산업혁명 때와 같이 개편되는 데는 기존 전통 사회에서는 상상할 수 없는 막대한 초기 투자 비용이 필요했다. 증기기관을 이용해 대형 공장을 건설하고 운영하는 것은 물레방아나 풍차를 이용해 제품을 생산하는 것과는 비교가 되지 않았다. 특히 철도산업은 어느 산업보다 막대한 비용이 필요한 산업이었다. 1차 산업혁명 기간에 공장들이 경쟁력을 갖추려면 집중화와 대형화가 필수적이었다. 막대한 자본의 필요는 생산 과정에서 인간 노동에 대한 근본적인 변화를 가져왔다. 전통 사회에서 장인이 사용하던 생산 도구는 장인의 노동력을 보조하는 역할을 했으며 그렇게 생산된 결과물의 가치 역시 장인이 소유했다. 하지만 이제 공장의 노동자는 자본가가 투자한 기계가 생산하는 것을 도와주는 역할을 하게 되었고 생산된 가치는 자본가가 인정하는 수준, 즉 임금을 제외하고는 모두 자본가에게 귀속되었다. 막대한 자본의 투자는 막대한 이윤으로 돌아왔다. 높은 경제 성장과 이전에는 상상하기 어려웠던 부의 창출은 계몽주의 경제학자들을 자극했다. 이제 자본주의가 모든 가치에 우선하는 사회가 되어 갔다. 산업혁명이 가장 먼저 시작된 영국에서도 인클로저가 사람들의 인식을 변화시킨 뒤로 토지 매매가 사회적으로 공인되었다. 공유지는 없어지고 그에 따라 인간의 부에 대한 개념도 완전히 바뀌었다.

여기에서 주목해야 할 점이 있다. 산업혁명 이전에는 인류가 만들어 낼 수 있는 부에는 한계가 있었다. 자연에 인간의 노동력을 투자해 거둘 수 있는 정도가 최대치였다. 하지만 산업혁명을 계기로 인간은 부 자체를 창출하고 축적할 수 있는 기술을 보유하게 되었고 이를 통해 엄청난 부가가치를 창출하게 되었다. 그리고 이를 개인이 소유하고 상속할 수 있는 사회 시스템도 개발해 냈다. 시공간을 뛰어넘어 부를 대규모로 축적하는 것이 가능해진 것이다. 이런 시스템은 효율을 앞세워 부의 대규모 창출과 축적을 더욱 가속화했다. 만약 기술은 발전했는데 사회 시스템의 변화는 없었다면 새롭게 만들어진 부는 어떻게 되었을까? 부의 생산을 늘리는 것은 기술이 중심이 되지만 생산된 부를 나누는 것은 사회 구성원들이 합의한 사회 시스템에 달려 있다. 인류는 지금까지 항상 미지의 세상을 만들어 오면서 발전해 왔다. 우리에게 익숙하고 당연하게 받아들여지는 것들은 우리 스스로 만들어 낸 개념적 존재일 뿐이다. 지나고 보면 그렇게 될 수밖에 없는 필연처럼 보이는 것들도 사실 순간순간 인간의 선택에 의해 만들어졌다.

산업혁명은 기존 유럽 사회를 떠받치고 있던 길드 중심의 사회 구조를 근본적으로 바꾸어 놓았다. 산업혁명이 시작되고 단 한 세대만에 길드 조직은 붕괴되었고 대다수 장인들은 공장 노동자로 전락했다. 독립적인 자영업자 집단과 농민들도 대규모 공장 노동자로 대체되었다. 공장은 새로운 삶의 터전이 되었다. 열악하지만 같은 일을 하는 동질감을 느낄 수 있는 일터는 많은 사람들에게 새로운 일자리를 제공했다. 특히 사회적 약자인 노동자들은 노동조합을 통해 자신들의 권리를 주장하고 연대감을 고취했다. 사람들은 사회적으로 하나의 목적을 위해 일할 때 존재 가치를 더욱 실감하고 무언가 큰 일을 하고 있다는 자부심을 느끼게 된다. 이는 인류 역사와 항상 함께했던 현상이다. 노동조합을 통한 동질감 회복과 사회적 신분 향상은 인류가 최초로 일자리를 통해 외연을 확장하고 공통의 목적을 달성한 긍정적 사례다. 국가적인 전쟁에 참여하거나 사회적 변혁에 참여하는 것, 작게는 공동체에서 모여 하나의 목적을 위해 노력하는 모든 일들이 같은 역할을 한다. 앞으로 우리 일자리를 좋게 만드는 일은 더욱 중요한 일이 될 것이다.

2차 산업혁명과
자본주의의 심화

2차 산업혁명은 19세기 후반에서 20세기 초까지 이르는 시기에 산업 구조가 경공업 중심에서 중공업을 포함한 좀 더 다양한 분야로 확대된 것을 일컫는다. 2차 산업혁명은 외연기관이 내연기관으로, 방적산업이 여러 분야의 제조업으로, 거대 철도 운송업이 민간 영역의 건축업으로, 그리고 전기를 활용한 분야의 신산업 분야로 확대되었다. 또 영국에서 시작된 산업혁명의 물결이 유럽 전역과 미국, 아시아로도 퍼지게 되었다. 따라서 거시적으로 보면 1, 2차 산업혁명은 동질 성격의 산업 구조가 세계적으로 확산·심화되는 과정이라고 볼 수 있다. 2차 산업혁명 시대 주요 산업은 석유, 자동차, 통신, 전기 설비, 건설, 부동산이었다. 그에 따라 직업도 훨씬 세분화되어 다양한 직업이 생겨나기 시작했다.

2차 산업혁명의 핵심 기술

2차 산업혁명의 핵심 기술 변화는 전기, 내연기관 기술, 그리고 토목·건설업으로 요약할 수 있다. 특히 내연기관 기술은 2차 산업혁명의 중요한 축인 자동차산업을 성장시키는 핵심 기술이다. 헨리 포드Henry Ford가 'T' 모델을 개발하면서 시작된 자동차의 대중화는 인간의 활동 범위를 완전히 바꾸어 놓았다. 가고자 하는 곳을 자유롭게 갈 수 있는 능력은 인류의 오랜 꿈이었는데, 비행기와 자동차, 동력선의 등장은 이런 꿈을 실현시켜 주었다. 이동의 자유와 새로운 세계에 대한 동경으로 여행 관련 산업이 본격적으로 등장했다. 대륙 간이동, 호텔 등의 숙박업 등 여행 관련 서비스업, 프랑스혁명으로 촉발된 외식산업 등이 전 세계적으로 유행했다. 기존에 없던 일자리가 생겨나면서 많은 사람들이 새롭게 탄생한 산업에 진입했다.

2차 산업혁명 시기 또 하나의 큰 축은 전기의 사용이다. 미국의 토머스 에디슨Thomas Edison으로 대표되는 전기 관련 산업은, 인류를 최초로 어둠으로부터 해방시킨 전등을 비롯해 축음기, 냉장고 등으로 이어졌으며, 특히 세탁기의 발명은 여성들의 삶을 극적으로 변화시켰다. 에디슨이 설립한 전기 회사는 이후 제너럴일렉트릭의 모태가 되어 미국을 대표하는 거대 회사로 성장했다. 또한 영사기와 라디오, 전화의 발명으로 인간의 커뮤니케이션 능력의 한계가 크게 확장되었다. 현대 사회의 모든 변화와 발전은 전기 없이는 불가능했다.

건축·토목업을 이끈 것은 미국 대륙 횡단 고속도로를 시작으로 유럽에도 분 고속도로 건설 붐이었다. 고속도로 건설은 토목 기술의 발전을 바탕으로 하기 때문이다. 실제로 비즈니스 활동을 만들어 내고 새로운 일자리를 창출하는 산업으로서 건설업계는 독보적인 역할을 했다. 2차 산업혁명 기간에 도시는 철도와 고속도로 덕분에 편평한 교외 주택지와 공업 단지를 조성할 수 있었다. 이에 따라 부동산 산업도 사회에서 하나의 큰 축을 차지하게 되었다. 고속도로의 건설은 대도시 주변의 부동산 가격을 상승시켰고, 사람들에게 번잡한 도심에서 벗어난 교외의 쾌적한 삶을 제공했다.

1, 2차 산업혁명으로 인간은 화석 연료 시대에 접어들었다. 석탄을 거쳐 석유를 주 에너지원으로 하는 산업 체계로 전환되었다. 석유는 단순한 에너지원으로 그치지 않고 다양한 용도로 사용되면서 인류의 삶의 방식을 바꾸어 놓았다. 우리가 먹는 대부분의 식량은 석유 없이는 생산이 불가능하게 되었다. 재배하는 데 사용하는 비료와 농약뿐 아니라 우리 식탁에 도달하기까지 식료품의 원거리 수송이 전적으로 석유에 의존하기 때문이다. 석유는 운송과 식료품 외에도 의류, 난방과 같은 우리 일상생활에 빠짐없이 사용되었다. 지금의 인류 문명은 수억 년 전 석유의 형태로 축적된 태양 에너지에 전적으로 의존하고 있다. 우리의 일자리도 당연히 화석 연료 에너지 시스템에 부속되었다. 석유 가격의 변화가 곧 세계 경제를 좌우했으며, 화석 연료가 폭등하면 곧바로 물가 폭등에 따른 구매력 하락이 뒤따랐다.

모든 것을 상품화하는 자본주의

산업혁명은 자본주의를 탄생시키고 발전시켰다. 자본주의의 특징은 모든 것을 상품화한다는 것이다. 이전 전통 사회에서 상품은 극히 한정된 품목이었고 시장도 이 한정된 품목을 거래하기 위해 존재했다. 하지만 자본주의 사회가 되면서 유무형에 관계없이 인간과 관련된 모든 것이 상품화되고 시장에서 거래되었다. 시장의 거래도 사용가치를 위한 것이 아니라 이익을 실현하기 위한 목적으로 이루어졌다. 이에 따라 이런 상품을 생산하고 유통하는 곳에 일자리가 생겨나고 그곳에 필요한 사람을 선택적으로 고용하는 것이 자본주의 체제 속에서 일자리가 만들어지는 방식이 되었다.

인간이 실험한 또 다른 일자리 창출 방식으로 사회주의가 있다. 사회주의 체제에서는 인간이 필요로 하는 물품의 생산과 분배가 필요한 곳에 일자리가 인위적으로 만들어졌다. 사회주의는 이론적으로는 합리적으로 보였지만 인간의 욕망을 제대로 만족시키는 방법을 찾지 못해 결국 실패한 실험으로 끝났다. 인간의 천성을 무시하고 이론적으로만 접근해서는 좋은 일자리가 만들어지지 않는다. 최소한 자본주의는 인간의 이윤 추구 욕망을 충족시켜 주었다. 앞으로 우리가 찾고자 하는 인류의 일자리를 위해 소중하게 새겨야 할 경험이다.

자본주의는 승승장구했다. 하지만 자본주의는 효율 추구가 가지고 있는 근본적인 모순을 내재하고 있다. 효율을 위한 끊임없는 혁신은 종국에는 비용이 거의 들지 않는 단계에 접어들게 되고, 이는 이익 실현을 위해 존재하는 시장의 붕괴를 가져올 수 있다. 경제학자 존 메이너드 케인스John Maynard Keynes는 20세기 초 이미 이 문제를 파악하고 그의 소논문 「손주 세대의 경제적 가능성Economic Possibilities for Our Grandchildren」(1930)에서 "기술이 생산성을 극대화시키면 인간의 노동량을 극적으로 감소시킨다."라고 기술했다. 효율이 자본의 속성인 이윤 창출을 더 이상 불가능해지게 만드는 아이러니가 발생하는 것이다. 이 시기에 기존 사회 시스템을 고집한다면 인류는 큰 어려움에 봉착할 것이다. 우리가 아는 일자리가 더 이상 존재하지 않을 것이기 때문이다. 하지만 이 시점은 동시에 인간에게 일에 대한 새로운 지평이 열리게 되는 시기이기도 하다. 인류가 이 시대를 어떻게 대응하고 준비하느냐에 따라 인류를 노동에서 영원히 해방시키는 계기로 만들 수도 있기 때문이다. "기술 발전의 궁극적인 목표는 소수의 부 독점이 아니라 대다수 인류의 행복"이라는 명제에 동의할 수만 있다면 가능하다.

1, 2차 산업혁명을 보면 우리 일자리가 과학기술 발달에 따라 변한다는 것을 알 수 있다. 1차 산업혁명의 핵심 과학기술은 외연기관(증기기관)과 방적기다. 여기에 필요한 공장 노동자라는 직업의 일자리가 탄생했다. 그리고 대단위 물품의 이동을 담당할 운송업 종사자들이 생겨나게 되었다. 영국에 처음 철도가 깔리고 평균 시속 19킬로미터 정도로 기차가 달리게 되었을 때, 지금으로 보면 별것 아닌 속도이지만 그 당시 사람들에게는 광속과도 같이 느껴졌을 것이다. 일자리 변화가 과학기술 발전에 따라 변화되는 것은 아직까지도 이어지고 있

다. 때로는 좋은 쪽으로, 때로는 안 좋은 쪽으로.

2008년 7월 세계 경제 위기는 산업혁명 이후 화석 연료를 바탕으로 시작되고 발전해 온 경제 시스템이 더 이상 인류에게 풍족한 세상을 약속하지 못한다는 신호와도 같았다. 그 사회로 가기 위해 남은 마지막 단계를 지금부터 살펴보자.

4장

세계화와 일자리 변화

시장 자유화 압력과 양극화

3차 산업혁명 이후 인류의 생산 능력은 빠르게 배가되었다. 생산력이 높아지면서 양질의 일자리도 같이 늘어났고 종류도 다양해졌다. 새로운 과학기술의 발달은 새로운 산업을 탄생시켰고 자연스레 그와 연관된 일자리들이 생겨났다. 특히 그동안은 제조업 중심, 남성 중심 일자리 사회였다면, 이제 서비스업을 중심으로 한 다양한 사무 직종이 늘어나 여성들도 경제 활동에 본격적으로 참여하게 되었다. 세탁기, 냉장고, 청소기 등으로 대변되는 백색 가전의 발전은 여성의 사회 참여를 더욱 용이하게 해 주었다. 특히 2009년 교황청은 가정용 세탁기가 여성을 가사 노동에서 해방시키는 데 가장 많이 기여한 물건이라고 발표하기도 했다. 1940년 미국 농촌전력화사업청Rural Electrification Authority이 발표한 통계에 따르면, 세탁기의 보급으로 17킬로그램의 빨래를 세탁하는 시간이 4시간에서 41분으로 단축되었다.

하지만 3차 산업혁명 시대에 접어들면서 생산력 향상과 일자리 사이에 괴리가 발생하기 시작했다. 생산력은 빠르게 늘어나는데 좋은 일자리는 비례해서 늘어나지 않았다. 고용 없는 성장이 시작된 것이다. 왜 그런 일이 생겼던 것일까?

3차 산업혁명에 대해 명확하게 합의된 학문적 정의는 없지만, 이 책에서는 대략 1970년 초부터 진행되어 온 변화를 중심으로 3차 산업혁명이라 규정하고, 이 기간 동안 인류가 세계화와 시장 자유화를 촉진하는 사이 우리 일자리는 어떻게 변해 왔는지를 살펴본다.

3차 산업혁명의
핵심 기술

　3차 산업혁명의 핵심 기술은 인간 경제 활동의 '자동화 도입'과 인터넷으로 대표되는 '통신혁명'이다. 자동화는 크게 로봇을 통한 공장의 '생산 자동화', 컴퓨터를 이용한 '사무 자동화'의 두 축이 있다.

정신노동 일자리의 근간을 뒤흔든 컴퓨터

　자동화는 컴퓨터의 발명과 더불어 시작되었는데, 컴퓨터는 '사고하는 기계'라는 면에서 인간이 지금까지 만들어 낸 어떤 물건과도 다른 것이었다. 초기에는 단순한 사칙 연산을 하는 기계로 출발한 컴퓨터는 2차 세계대전 때 독일군의 암호 체계인 에니그마enigma를 해독해 연합국 승리에 결정적 역할을 했던 영국 수학자이자 암호학자

앨런 튜링Alan Turing에 의해 비약적으로 발전했다. 튜링은 사칙 연산을 위한 기존의 기계식 계산기를 뛰어넘는 추상적 계산기 모형의 기반이 되는 튜링 머신Turing machine을 고안했는데, 이것이 컴퓨터의 논리적 모델이 되었다. 그리고 헝가리 출신 수학자 존 폰 노이만John von Neumann이 현재의 컴퓨터 구조와 같은 CPU, 메모리, 프로그램으로 구성된 범용 컴퓨터 구조 모델을 확립했다. 이를 바탕으로 1946년 최초의 전자식 적분 및 계산기인 에니악ENIAC을 거쳐 1949년 현대 개념의 컴퓨터 에드삭EDSAC이 개발되었다. 이후 컴퓨터는 회로 소자의 발전(진공관→트랜지스터→집적회로→고밀도 집적회로)과 더불어 비약적인 발전을 거듭했다. IBM과 매킨토시 양사에 의해 견인된 컴퓨터의 발전은 PC(개인용 컴퓨터)의 대중화로 인간 세상 곳곳으로 들어왔다.

1, 2차 산업혁명으로 화석 연료를 바탕으로 한 기계들이 인간의 육체노동을 대체했다면, 컴퓨터의 등장은 기계가 인간의 정신노동을 대체하기 시작했음을 의미한다. 이제 컴퓨터 없는 세상은 상상하기 어렵게 되었다. 지금까지의 컴퓨터 발전도 눈부시지만, 앞으로는 AI(인공지능)로 불리는 컴퓨터와 인류의 관계 설정이 아예 인류 미래 생존과 번영 문제의 핵심이 될 것이다.

컴퓨터의 발전과 함께 3차 산업혁명이 절정으로 치달을 즈음, 컴퓨터끼리 연결해 정보를 공유하는 인터넷인 '월드 와이드 웹world wide web, www'이 개발되었다. 원래 월드 와이드 웹은 세계 여러 대학과 연구기관에서 일하는 물리학자들이 서로 신속하게 정보를 교환하고 공동으로 연구하기 위해 고안된 것이다. 컴퓨터를 통한 통신은 기존의 통신 수단이 할 수 없었던 문자, 사진, 동영상, 음성 등 모든 데이터 통신을 가능하게 했다. 단순한 음성과 간단한 부호 통신에서 데이터 통신으로 발전한 것은 통신 자체의 효용을 근본적으로 변화시켰다. 월드 와이드 웹은 가상의 공간에서 인간의 모든 사회적, 개인적 활동을 가능하게 함으로써 인간에게 실제 공간과는 또 다른 세계를 제공했다. 컴퓨터 연결을 통해 만들어진 가상의 공간도 이미 인간 삶의 질을 결정짓는 수준까지 도달해 있다.

비행기와 컨테이너선이 실현한 '지구촌'

3차 산업혁명 기간 동안 인류는 고도의 운송 수단을 발전시켰다. 창공을 나는 것은 인류의 오랜 꿈이었다. 15세기 천재 예술가이자 과학자인 레오나르도 다빈치Leonardo da Vinci도 비행기 모형의 스케치를 남긴 바 있다. 비행에 대한 인류의 꿈을 실현한 것은 그리 오래되지 않았다. 비행기 개발에 결정적인 계기를 만든 것은 바로 내연기관의 발명이었다. 라이트 형제는 내연기관을 갖춘 두 개의 날개를 지닌 동력 비행기를 완성해 1903년 마침내 인류의 오랜 꿈을 실현했다. 비록 형 윌버 라이트Wilbur Wright는 59초, 오빌 라이트Orville Wright는 12초에 지나지 않은 짧은 비행을 했지만, 동력을 갖춘 물체를 인간의 의지대로 조정해 비행하는 데 처음으로 성공했다.

비행기는 1차 세계대전에 군용기가 투입되면서 급속하게 발전했다. 1927년에는 찰스 린드버그Charles A. Lindbergh가 뉴욕에서 파리까지 무착륙으로 대서양을 횡단하는 데 성공했고, 2차 세계대전 때는 제트 엔진과 로켓 엔진 등 고속 엔진이 개발되어 이런 엔진을 장착한 전투기와 미사일이 전쟁에 투입되었다. 이후 지속적인 발전을 거쳐 1950년대에는 제트 비행기가 등장했고 1970년에는 '보잉 747'로 대표되는 대형 민간 항공기 시대가 도래했다. 제트 비행기의 속도와 대형 동체를 채택한 비행기들이 연달아 출시되자 인간의 이동은 많은 제약에서 벗어났다. 1519년 페르디난드 마젤란Ferdinand Magellan이 배로 출발해 세계 일주를 하고 다시 스페인으로 돌아오기까지 약 3년의 시간이 걸렸다. 2010년 항공운송기구Air Transport Organisation 사무총장 코스타스 야트루Kostas Iatrou는 상업 항공사만을 이용해 암스테르담을 출발해 60시간 47분 만에 세계 일주에 성공했다. 겨우 이틀 반 나절이면 우리가 살고 있는 지구를 한 바퀴 돌 수 있는 세상이 된 것이다.

이동 시간의 단축은 인류의 사고를 지구 단위로 확장시켰다. '지구촌global village'이 등장한 것이다. '나'에서 출발하여 친족, 부족, 국가로 확장되어 왔던 인간의 자아 확대는 마침내 지구에까지 이르렀다. 모든 인류가 나와 같다는 생각은 지리적 거리를 극복함으로써 더욱 확신으로 굳어졌다. 한번 확대된 자아의식은 앞으로 지구를 넘어 더욱 넓어질 것이다.

인간 이동의 자유와 더불어, 대형 컨테이너선의 발명도 화물 수송에 획기적인 전기를 마련했다. 1957년 미국 시랜드SeaLand에 의해 처음 운영되기 시작한 컨테이너선은 기존의 벌크선에 비해 하역의 수고와 횟수를 줄일 수 있고 하역 작업의 기계화가 가능해 정박 기간을 단축시킴으로써 수송 능력이 2배 이상이 되었다. 그 외 다양한 기능(냉장, 냉동, 도난 방지를 위한 보안 장비 등)을 부가함으로써 고가의 화물을 안전하게 운송할 수 있게 되었고 화물 제작비도 대폭 절감되었다. 또 철도 수송으로 직접 연결될 수 있는 장점 등으로 화물 수송력을 증대시켜 현재 전체 무역 거래의 90퍼센트 이상을 수송하고 있다. 대규모 제품이 과거와 같은 방식으로 운송된다면 물동량 증가에 따른 부담으로 인해 지금과 같은 국제간 거래는 불가능했을 것이다. 인간 이동에 대한 제한이 없어지고 화물 수송에 대한 능력이 증대함에 따라 3차 산업혁명 기간 중 세계화와 시장 자유화의 물질적 토대가 완성되었다.

세계화가 일자리에 끼친
악영향

1, 2차 산업혁명에서는 일자리가 주로 제조업에서 대거 창출된 반면, 3차 산업혁명 기간에는 주로 서비스업에서 새로운 일자리들이 생겨났다. 인류는 1차 산업혁명을 거치며 1만 년 동안 삶의 터전으로 삼았던 토지에서 유리되어 노동자가 되었고, 다시 산업혁명 이후 채 150년이 되지 않아 공장에서 벗어나 새로운 형태의 일자리를 갖게 되었다. 1934년 발생한 대공황과 2차 세계대전을 이겨 낸 인류는 2차 산업혁명 막바지인 1950~1970년에 대다수 노동자가 생산력 향상과 비례하는 소득 증대를 경험하는 '기적과 같은 동반 성장'의 시기를 누렸다.(그래프 참조) 이는 인류 역사에서 극히 예외적인 사례였다.

서유럽 국가들은 2차 세계대전 이후 미국의 지원 아래 가장 먼저 경제를 회복해 선진국 그룹을 형성했고, 일본은 2차 세계대전 패망 이후 한국 전쟁을 바탕으로 단시간에 선진국 대열에 합류했다. 한국

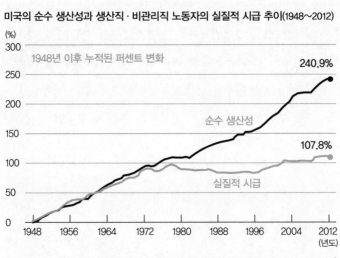

미국의 순수 생산성과 생산직·비관리직 노동자의 실질적 시급 추이(1948~2012)

(%)
300
1948년 이후 누적된 퍼센트 변화   240.9%
250
200
순수 생산성
150   107.8%
100
실질적 시급
50
0
1948 1956 1964 1972 1980 1988 1996 2004 2012
(년도)

자료: 미국 노동통계국(BLS), 경제분석국(BEA), 경제정책연구소(Economic Policy Institute)[1]

을 비롯한 아시아 네 마리 용(한국, 대만, 홍콩, 싱가포르-사실 한국을 제외한 다른 셋은 중국민이다.)은 모두 식민지의 아픈 경험이 있었음에도 후발 주자의 핸디캡을 극복하고 2차 세계대전 이후 유일하게 산업화에 성공한 나라들이 되었다.

하지만 3차 산업혁명이 컴퓨터와 인터넷, 비행기, 컨테이너선 등의 신기술을 활용해 인류 전체 생산력을 크게 높였지만 안타깝게도 사람들의 삶의 질을 기대하는 수준만큼 향상시키지는 못했다. 일을 해서 살아가는 사람들에게 모든 것이 활기차고 풍요가 끝없이 계속될 것 같던 시기는 1970년을 최고점으로 서서히 기울기 시작했다. 가장 큰 원인은 양질의 일자리 창출이 지속적으로 이루어지지 못한 데 있었다. 그 원인은 인류가 지구 전체의 빈곤을 없애고 안정적인 경제 발전을 위해 만든 또 다른 발명품인 '국제기구'들이 3차 산업혁명 기간 동안 급속하고 광범위하게 '세계화'와 '시장 자유화'를 추진하는 잘못된 정책을 계속 운용했기 때문이다. 국제기구들은 설립 취지와는 달리 오히려 선진국과 개발도상국 간의 불균형을 심화시키고 부를 소수에 집중시키는 정책을 시행했다. 도대체 무엇이 문제였는지 알아보자.

세계화라는 통합의 물결 속에 간과된 것

'세계화globalization'란 국가 간의 장벽을 없애고 세계 각 나라 국민들이 긴밀하게 연결되고 하나로 통합되는 것이다. 연결되고 통합된다는 것은 시장의 통합을 의미한다. 시장이 국가별로 존재하던 것이 이제는 지구 전체가 하나의 단일 시장으로 묶인 것이다. 자본의 이동이 자유롭게 허용되며 기업인의 이동에도 제한이 없어짐으로써 진정한 의미의 통합된 시장이 실현되었다. 다국적 기업이 본격적으로 출현했으며 국제적인 금융망이 형성되어 국가로 한정되었던 시장이 세계 규모로 확장되었다. 이를 가능하게 한 것은 3차 산업혁명이었다. 커뮤니케이션의 발달과 교통수단, 특히 항공산업과 조선업(대형 화물선, 컨테이너선)의 발전은 기존 기업들이 지역적 한계를 넘어 지구를 하나의 시장으로 삼는 데 기여했다.

주류 경제학자들은 세계화 덕분에 자본과 함께 노동도 국경을 초월해 이동하게 됨으로써 결국 전 세계 모든 사람에게 이득이 된다고 주장했다. 하지만 여기에는 중요한 가정이 필요하다. 공정한 룰과 약자에 대한 배려가 고려되어야 하는 것이다. 그러나 우리가 이미 경험했듯이 그러한 고려가 이루어지지 않은 채 시장이 국제적으로 확장되는 것은 자본가에게는 유리하게 작용해도 노동자에게는 불리하게 작용할 수밖에 없다. 자본은 거대해질수록 그 힘도 같이 커졌다. 오히려 더 급속도로 커졌다. 노동이 자본과 동등한 수준의 힘을 갖기 위해서는 이론적으로 세계 모든 노동자들이 시장에 대한 모든 정보를 공유할 수 있어야 하고 단결권과 단체 행동권이 노동자 개개인의 의사에 따라 완전하게 보장되어야 한다. 이는 이론적으로는 가능할지 모르지만 현실에서는 불가능한 가정일 뿐이다. 실제 현실에서는 경제학의 아버지 애덤 스미스가 시장의 균형을 만드는 '보이지 않는 손'을 주창한 이래 완전 자유 경쟁 시장은 단 한 번도 존재하지 않았다. 기울어진 공간에서 승리자는 불을 보듯 뻔했다.

한계에도 불구하고 순항한 브레턴우즈 체제

세계화는 2차 세계대전 이후 연합국이 중심이 되어 세계 경제 재건을 목표로 체결한 국제 무역 조약 및 협정 등에서 그 기원을 찾을 수 있다. 물론 2차 세계대전 이전에도 전 세계를 상대로 사업을 전개한 몇몇 사업체가 있었지만, 이는 제국주의 관점에서 국가 차원의 식민지 경영을 위한 조직이었고, 시장의 세계화와는 본질적으로 달랐다. 2차 세계대전 중인 1944년 미국 뉴햄프셔주 브레턴우즈에서 44개 연합국 대표들이 참석해 전후 국제 통화 질서를 규정하는 협정을 체결했다. 미국 달러화를 축으로 하는 조정 가능한 고정환율 제도를 도입하고, 이를 관장하는 기구로 세계은행World Bank과 IMF(국제통화기금)를 창설하며, 국제 상거래 활성화를 위한 무역 협정 기구인 GATT(관세 및 무역에 관한 일반 협정)를 체결하기로 의결했다. 이렇게 탄생한 환율 체제를 협정 체결 장소의 이름을 따 '브레턴우즈 체제Bretton Woods system'라고 불렀다.

2차 세계대전의 원인이 제국주의 확장 정책의 귀결이었다는 것을 생각해 보면, 세계은행과 IMF의 설립은 두 번의 세계대전과 세계적 경제 공황을 경험한 인류가 나름대로 고민한 결과물이었다. 세계은행은 "우리의 꿈은 빈곤 없는 세계"라는 모토를 내걸었고, IMF는 세계 차원의 경제 위기를 극복해 안정을 유지하고자 했다. 하지만 이런 훌륭한 원칙은 전 세계 모든 국가에 적용하기 위한 것이 아니었다. 전후 미국 중심의 세계 경제 체제 구축과 서유럽 재건이 초점이었다. 시작부터 한계를 가지고 출발한 셈이다. 그렇지만 경제 기반이 거의 없는 전쟁 직후의 상황에서 미국 국무 장관의 제언으로 실시된 마셜 플랜Marshall Plan을 통해 유럽인들에게 양질의 많은 일자리가 제공되어 국지적인 성공을 거두었다. 이는 냉전 시대 미국이 소련에 대해 우위에 설 수 있는 밑바탕이 되기도 했다.

GATT는 무역에 관한 국제 협정으로, 핵심 내용은 무역 활성화를 위해 회원국 중 최혜국의 대우를 다른 나라에 차별 없이 적용한다는 것이었다. 즉 한 국가가 무역 정책을 실시할 때 상대 국가에 따라 관세 등을 차별적으로 적용해서는 안 된다는 것이다. 이 역시 이론적으로는 좋은 정책이었지만 실제 경제에 적용하기 위해서는 세밀한 조정이 필요한 정책이기도 했다.

브레턴우즈 체제에서 설립된 이런 국제기구들과 그 정책들은 위와 같은 한계를 가지고 있었음에도 2차 세계대전 직후 투자 자본이 부족했던 유럽 국가에 자본을 공급하고 생산된 제품을 공정하게 거래하는 데 기여함으로써 1970년대까지 비교적 성공적으로 세계 경제 발전에 이바지했다. 초기 IMF의 기초 전제는 "시장은 종종 제대로 작동하지 않는다."였다. 즉 '보이지 않는 손이 완벽하게 작동하는 시장은 실제로 존재하지 않기 때문에 시장에 개입할 기구가 필요하다.'라는 생각을 기반으로 했다. 비교적 공정하고 공동의 이익을 실현하기 위한 이런 생각의 바탕에는 냉전이라는 세력 대결 구도가 자리 잡고 있었다. 비동맹국이나 중도적인 입장의 국가들을 자기 진영으로 끌어들일 정치적 필요가 있었던 것이다.

거대 자본의 위세에 휘둘리는 국제기구들

하지만 1980년대 중반부터 소련이 개혁·개방 정책을 펼치고 냉전이 끝날 기미가 보이자 두 기관은 더 이상 이런 정치적 요구에 따를 필요가 없어졌다. 두 기관의 운영 방침과 방향이 극적으로 바뀌어, 시장 관리자이던 그동안의 입장에서 철저한 자유시장 옹호주의자로 변신했다. '시장은 실패할 수 있다.'는 생각과, 일자리 창출에서 정부와 공공의 역할을 강조했던 생각들이 1989년 '워싱턴 합의Washington Consensus'로 대체되었다. 워싱턴 합의는 IMF와 세계은행, 미국 재무부 사이에 이루어진 합의로, 네오콘neocons으로 대표되는 신자유주의자들의 주장이 여과 없이 반영되었다. 정부와 공적 부문은 비효율적이고 낡은 것으로 치부되었고 사적 부문의 무한한 자유가 유일한 정의正義로 규정되었다. 사유재산권 사용에 제한을 두던 것을 철폐하고자 했고, 국가간 자본 이동을 자유롭게 하는 여러 제도들을 추구했으며, 시장에 대한 정부 개입의 축소를 지향했다.

워싱턴 합의 이후 IMF와 세계은행은 원래의 설립 취지와는 다르게 약자에 대한 관심을 보이지 않았고 '자유시장'이라는 이데올로기를 개발도상국에 이식하는 데 집중했다. 두 기관은 소위 G7이라 불리는 서방 선진국 7개국 정부의 의지, 보다 엄밀하게 이야기하면 그 국가들의 사적 거대 자본을 위해 움직였고 대안적인 전략들은 무시했다. 그 결과 세계 곳곳의 격차는 더욱 벌어졌고 경제 위기는 더욱 깊어지고 잦아졌다. 이 협정 이후 IMF의 핵심 어젠다는 '시장은 때때로 실패한다.'에서 '각국의 재정 긴축'과 '민영화', '시장 자유화'로 일변했다. 대상 국가에 대한 전문가의 고려 없이 이런 정책을 기계적으로 적용하는 것은 세계적 거대 자본을 위한 시장을 형성하는 것 외에 아무런 긍정적인 작용을 할 수 없었다. 힘 없고 돈 없는 사람들과 막강한 권력과 자본을 가진 사람들을 같은 링 위에 올려놓고 약자에 대한 보호 규정도 없이 무한 격투기를 하게 하는 것과 같았기 때문이다. 오히려 대다수 국민들에게 마이너스 효과를 일으켜 부익부 빈익빈 현상이 가속화할 수밖에 없었다.

위기가 발생한 해당 국가들에게 IMF가 대표적으로 강력하게 권고하는 민영화에 대해서 알아보자. 개발도상국에서 민영화 대상은 대개 국가 기간산업으로, 모든 국민에게 필수적인 서비스를 제공하는 공기업이 대부분이다. 이런 기업들이 민영화되는 것은 국민들이 거대 독점 기업의 희생양이 된다는 의미다. 물론 효율을 높인다는 명목의 구조조정을 통해 소수의 불필요한 인력이 정리되고 비능률이 약간이나마 해소될 수도 있겠지만, 그로 인해 발생하는 실업이 초래하는 사회적 비용, 그리고 독점에 따른 기업 이윤 추구가 가져올 전 국민의 부담을 생각해 보면 효과는 극히 미미하다. 민영화를 통해 일자리가 늘어나는 사례는 없다. 오히려 민영화는 좋은 일자리를 효율적으로 파괴한다. 1980년대 대처 전 총리 시절의 영국을 보면 민영화가 얼마나 광범위하게 양질의 일자리를 없앴는지 극명하게 알 수 있다. 특히 민영화 대상 기업이 외국 자본에 팔릴 경우 그 심각성은 더욱 크다. 외국 자본은 그 나라의 사회적 책임에서 훨씬 자유롭기 때문에 무리한 구조조정을 통해 대량의 실업을 유발하고 기업의 발전과 노동자의 이익을 고려하지 않은 채 눈앞의 단기 이익을 위해 여러 수단을 통해 부를 국외로 유출하기 때문이다. 무분별한 민영화로 노동자들이 해고되고 많은 기업들이 헐값에 인수·합병되어 국부가 심각하게 유출되었다.

　IMF 시절을 겪은 우리나라를 되돌아보라. IMF의 민영화 정책으로 누가 쉽게 이익을 챙겼는가? 아직도 완전하게 해결되지 않은 론스타Lone Star Funds의 '외환은행 먹튀 논란'이 대표적인 사례다. 지금까지와 같은 IMF의 정책은 경제적으로 어려움에 처한 국가의 경제를 오히려 더 힘들게 만들어 해당 국가 국민들을 고통스럽게 했다. 모든 민영화가 나쁜 것은 아닐 것이다. 하지만 민영화가 필요한 경우 일자리 창출이 가능한 정책과 동시에 속도를 조절하면서 민영화가 이루어져야만 일자리를 지키면서 경제를 성장시킬 수 있다.

　IMF가 밀어붙였던 재정 긴축은 또 어떤가? 경제가 후퇴하는 시기가 되면 경제 주체(기업, 가계, 정부) 중 시장에 자금 유동성을 공급할 수 있는 것은 정부뿐이다. 실제로 선진국은 경제 후퇴가 시작되면 금리를 인하하고 국가 재정을 확대해 시장에 활기를 불어넣는 정책을 시행했다. 코로나19COVID-19와 같이 국가 경기를 크게 위축시킬 수 있는 상황이 되면 미국이나 유럽, 일본 각국에서 유례없는 경기 부양책을 쓰는 것이 정상적이다. 하지만 IMF는 위기를 맞은 약소국가들에게 완전히 반대의 정책을 권고했다. IMF 권고대로 긴축 재정과 고금리 정책, 시장 자유화를 선택한 국가들에서는 국가가 안전망을 구축하기도 전에 대량의 실업 사태가 발생했고 사람들이 빈곤으로 내몰렸다. 경기가 후퇴하는데 재정을 통해 새로운 일자리가 창출되지도 않았고 고금리 정책으로 기업들이 도산하게 되자 일자리들이 급속하게 사라졌다. 그 결과 많은 나라가 사회적, 정치적 혼란에 빠져

들었고, 상황은 IMF의 권고가 있기 전보다 오히려 더 악화되었다. 자본력이 막강한 다국적 기업에게는 새로운 시장이 열리는 셈이었지만 (국내 기업들의 도산으로 인해 공급 시장에 공백이 발생하면) 국민들에게는 이득은커녕 고통을 겪는 일밖에 돌아오지 않았다.

하지만 더욱 안 좋은 것은 IMF의 이런 정책이 대상 국가에 따라 차별적으로 적용되었다는 점이다. IMF를 겪은 한국도 이를 뼈아프게 경험했다. 1997년 12월 우리나라가 국가 부도 위기에 처해 어쩔 수 없이 IMF 구제 금융을 신청하게 되었을 때, IMF는 그 대가로 우리에게 철저한 긴축 경제와 대규모 구조조정, 금융시장 개방을 요구했다. 즉 우리나라도 금융 부문에서 본격적인 강압에 의해 세계화가 진행된 것이다. IMF의 처방은 우리로서는 당연한 처사로 인식되었고, 그야말로 전 국민이 뼈를 깎는 고통을 분담해야 했다. 다행히 단기간에 IMF 체제를 벗어났지만 그 시대의 고통은 한국인에게 거의 트라우마와 같은 기억으로 남았다. 그런데 2008년 미국의 금융 위기가 닥쳤을 때 IMF의 처방은 전혀 달랐다. 같은 현상을 두고 다른 조치를 취한 것이다. 일반적인 경제 이론들은 경기가 후퇴하거나 침체되면 국가 재정을 풀어 경기 활성화를 독려하도록 권장하고 있다. IMF는 미국에게는 그렇게 하도록 했다. 대형 은행들에게 구제 금융이라는 명목으로 국가 재정이 대거 지원되었다. 하지만 IMF는 한국을 포함한 제3세계 국가가 위기에 처하면 극심한 재정 통제를 요구하고 이미 발생한 국가 채무를 국민에게 떠넘겼다. 이런 국제기구가 어느 국가에 채무를 제공할 때 그 나라 국민의 의사를 물어보고 동의를 받은 뒤 진행했다는 이야기는 들어 본 적 없다.

IMF는 원천적으로 책임이 없는 국민에게 버젓이 상환을 강요한다. IMF가 상환을 요구하는 채권은 대부분 세계적인 대형 은행의 돈으로 잘사는 나라의 부자들 돈이다. 이 돈이 어떤 과정을 거쳐 채무가 되었는지는 묻지 않고 국가와 국민을 압박해 회수해 간다. 결국 그 국민들의 희생으로 채무는 상환된다. 우리나라 경우를 봐도 IMF가 서민들에게는 너무 큰 고통이었고 그 기간 동안 부의 양극화는 심화되었던 반면, 부실 채권 발생에 책임 있는 그 누구도 불이익이나 신체상 제재를 받지 않았다. 부자들은 오히려 더욱더 많은 부를 챙기는 기회로 활용했다. 개인이 채무 불이행에 빠지면 그 개인의 인생이 처참하게 무너지는 것과는 너무 대조적이다. 세계화 명목으로 세계 체계와 통합된다는 것이 일반 국민들에게, 또 우리의 일자리에 무엇이 좋은지 진지하게 고민해야 한다.

이런 국제기구들의 자금은 전 세계 국민들의 세금을 모아 형성된 것이고, 애초에 이 국제기구들은 세계 경제 발전을 위해 노력하려는 취지로 설립되었는데 왜 이런 일이 벌어지고 있을까? 이에 대해 정확히 알아보기 위해서는 현재 국제기구들이 안고 있는 근본적인 문제가 무엇인지 생각해 봐야 한다. 가장 먼저 이 국제기구들의 정책을 누가, 무엇을 위해 결정하는지 살펴봐야 할 것이다. 어떤 기구든 결정을 내리는 사람들의 관점과 이해관계에 따라 의사 결정이 이루어지기 때문에 이 부분을 살펴보면 그 기구의 성격을 파악할 수 있다. IMF나 세계은행은 전후 서유럽 부흥이 성공한 이후 주로 개발도상국을 상대로 활동했다. 그럼에도 그 기구의 대표들은 IMF는 유럽에서, 세계은행은 미국에서 맡아 왔다. 이러한 구조 탓에 그 기구들은 자연스레 선진국의 금융 체계에 복무했고, 개발도상국의 입장이나 이해관계는 주요 관심사가 아니었다. IMF와 세계은행, 그리고 GATT의 후임인 WTO(세계무역기구)의 결정은 이해관계 직접 당사자인 선진국의 통상 관계자(기업, 통상 관계 장관)와 금융 관계자(은행, 금융권 관계자, 재무 장관)의 영향력을 배제하기 어렵다.

냉전 이후 워싱턴 합의가 세계 경제 운영 기조의 핵심이 되었고, 3차 산업혁명을 통해 지구가 더욱 통합되면서 국제기구들은 더욱 광범위한 영향력을 갖게 되었다. 그 결과 우리가 목도하다시피 가난한 사람들의 희생을 바탕으로 부유한 사람들에게 이득을 안겨 주는 역작용을 정당화하는 국제 구조가 형성되었다. 이 와중에 개발도상국에서 발생한 대량의 실업 사태는 예견된 불행이었다. 개발도상국 노동자 입장은 전혀 고려 대상이 되지 못하기 때문이다.

세계 정책에 대한 국가의 대응 전략이 국가 경제 발전과 국민 생활에 얼마나 직접적으로 큰 영향을 미치는지는 구소련 해체 이후의 러시아와 중국을 비교해 보면 알 수 있다. 거의 비슷한 시기에 IMF의 방안을 무비판적으로 수용했던 러시아는 지금도 소련 시절에 기록한 최고 GDP(국내 총생산)를 회복하지 못하고 빈부 격차는 오히려 심화되고 있다. 풍부한 자원과 고급 과학기술 인력을 보유하고 있음에도 급격한 민영화와 시장 자유화, 금융 자유화를 무비판적으로 받아들인 결과다. 이에 비해 중국은 자주적 경제 정책을 천명하고 실천해 왔다. 2004년 중국이 제안한 '베이징 합의Beijing Consensus'는 급격한 금융 자유화, 시장 자유화 대신 점진적, 단계적 경제 개혁, 무분별한 민영화를 배제하고 경제와 사회 발전에서 효율성과 평등의 동시 추구(도시와 농촌, 연해와 내륙, 경제와 사회, 인간과 자연 사이의 조화와 균형 추구), 화평굴기和平崛起의 대외 정책(각 국가와 평화로운 대외 관계 발전을 위한 타국 주권 존중과 내정 불간섭 원칙) 등을 주요 내용으로 했다. 기존 체제 위에 신경제를 건설하고 이를 통해 많은 인구가 절대 빈곤 상태에서 벗어났다. 중국은 2020년을 중국민의 완전한 빈곤 탈출脫貧 원년으로 선포했다. 모든 중국 인민이 최저 생계 생활에서 벗어났음을 공식적으로 발표한 것이다. 물론 아직 중국이 해결해야 하는 많은 문제들이 있지만, 이미 중국은 세계 2위의 경제 대국이 되었으며 GDP 면에서 10년 안에 미국을 추월할 태세다. 중국은 아이러니하게도 세계화된 무역 경제 시스템을 활용해 경제 발전에 성공했다. 우리는 진정한 세계화가 누구를 위해 어떻게 전개되어야 하는지 역사적인 증거들을 목도한 셈이다.

세계화가 진행될수록 악화되는 노동 조건

국제기구들이 요구하는 방식의 세계화가 종종 혜택으로 작용하는 경우도 있다. 하지만 세계화로 인해 생기는 불균형에 비하면 그 혜택이 크다고 할 수 없다. 선진국의 입장만 강요된 지금의 세계화는 개발도상국에게 애초의 약속대로 좋은 일자리를 가져다주지 못했다. 오히려 가진 자와 못 가진 자의 빈부 격차를 심화시켰으며, 빈곤의 악순환에서 헤어나지 못하는 많은 사람들에게 희망을 주지 못했다. 오히려 빈곤층의 절대 숫자는 늘어나고 있다.

서방이 주도한 세계화는 선진국 자신들의 시장은 보호하면서 개발도상국의 시장만 개방하는 방식과, 선진국의 자국 농산물에는 보조금을 지급하면서 개발도상국의 농민들에게는 보조금 지급을 없애라고 요구하는 방식 등을 관철시켜 개발도상국의 농업 기반을 완전히 붕괴시켰다. 1995년에는 GATT의 마지막 협상(우루과이 라운드)에 따라 체결된 "교역 조건"을 통해 세계에서 가장 가난한 나라가 수출하는 제품의 가격을 가난한 나라가 수입해야 하는 제품 가격보다 낮게 만들어 오히려 가난한 나라들이 살기 어렵게 만들었다.[2] 이런 방식하에서 가난한 나라는 수출입이 늘어날수록 오히려 빚만 더 쌓일 수밖에 없다. 한때 쌀 수출국이었던 필리핀이 완전한 쌀 수입국으로 전락한 것은 미국 농산물 정책에 따라 쌀 시장을 완전히 개방한 이후부터였다. 이로 인한 가장 큰 피해는 필리핀 농민과 취약 계층 몫이 되었다. 한번 무너진 산업을 재건하는 건 쉽지 않다.

우리나라는 김영삼 정부 이래 지속적으로 선진국형 세계화 정책을 추구해 오고 있다. 수출 비중이 크기 때문인 것도 있겠지만, 거대 다국적 기업의 이익을 대변하는 집단의 잘못된 호도에도 그 원인이 있을 것이다. 대기업의 수출 효과가 전 국민에게 낙수 효과로 나타날 때는 좋은 정책이다. 다음에 좀 더 자세히 기술하겠지만 낙수 효과는 산업화 초기에 잠시 나타나는 반짝 효과에 불과하다.

약 20년에 걸친 급속한 세계화는 일자리의 국경 간 이동에 제한을 없앤 것이 가장 큰 결과물이다. 거대 다국적 기업들은 IT나 콜센터 같은 분야는 인도에, 제조업 제품은 중국과 베트남 등 동남아시아에서 생산하고 전 세계적으로 유통했다. 이 과정에서 모든 나라 노동자들이 국경을 넘어 전 세계 노동자들과 경쟁하는 구도가 형성되었고, 이는 노동자들의 노동 조건을 악화시키는 요인이 되었다.

세계화 자체가 문제라는 것은 아니다. 지금과 같은 방식의 세계화가 문제라는 것이다. 세계화를 통한 생산 방식의 혜택이 전 인류에게 골고루 돌아가야 좋은 일이다. 일자리가 없는 개발도상국 노동자들에게 일자리를 제공한 세계화가 무슨 문제냐고 항변할 수 있다. 하지만 개발도상국에 생긴 일자리는 원래 있던 곳의 일자리보다 더 나은 일자리가 아니고 원래 있던 일자리를 없앰으로써 생긴 대체 일자리일 뿐이다. 자본 효율을 위해 공장을 옮기는 자본가들이 개발도상국 노동자들에게 기존 노동자들보다 나은 노동 조건을 제공할 리는 없다. 일자리가 사라진 선진국의 사회 불안은 지구 전체에 큰 영향을 미치게 된다. 일례로 미국의 45대 대통령 선거를 보면 안다. 삶이 팍팍해진 노동자들은 진실보다는 조작된 선동에 현혹되기 쉽고 잘못된 정보를 바탕으로 한 선택은 때때로 최악의 상황을 불러올 수 있다. 그리고 그 영향은 전 세계에 미친다.

소수를 위해 다수가 희생하는 세계화의 현주소

문제는 세계화가 어떤 원칙하에 진행되느냐에 있다. 세계화에 힘입어 경제 발전에 성공한 한국을 포함한 동아시아 국가들을 살펴보면 어떤 방식의 세계화가 진정으로 대다수 인류에게 도움이 되는 방식인지 유추해 볼 수 있다. 경제 발전에 성공한 일본, 한국, 대만 등과 최근에 후발 주자로 떠오르는 중국과 같은 나라들을 살펴보면, 각국 정부가 주도적으로 정책을 수립하고 시행하면서 발생할 수 있는 문제들을 세심하게 제거하며 문호를 개방해 온 것을 알 수 있다. 일본은 전후 국가 재건 과정에서 운 좋게 한국 전쟁의 혜택도 받았지만 기본적으로 관료가 중심이 되어 철저한 계획경제를 시행했고, 우리나라도 경제·사회 발전 5개년 계획에 따라 과감한 정책들을 주체적으로 시행함으로써 가장 소득이 낮은 국가에서 세계 10위권의 경제 규모를 갖춘 국가가 될 수 있었다.

세계화는 특정 국가의 특정 세력을 위한 정책을 수행하는 집단이 IMF, 세계은행, WTO로 대표되는 국제기구들을 장악할 때 문제가 된다. 이 기구들이 정하는 규칙은 자연스럽게 특정 집단을 위한 것이 되고 그 혜택을 받게 되는 소수를 제외한 대다수는 피해자가 된다. 미중 무역 마찰이 발생할 때 이런 기구들이 일방적으로 미국의 손을 들어 주게 되면 중국의 공장들이 큰 타격을 받는 것으로 그치지 않는다. 중국의 수출이 감소해 전 세계 중국 제품 소비자들과 중국 노동자들이 큰 손해를 보게 되고 세계 경제는 후퇴하게 될 것이다. 중국의 유휴 생산력과 실업자는 세계적으로 임금과 물가 하락의 압력으로 작용하게 되고, 이런 현상이 디플레이션을 수반하게 되어 공장들이 문을 닫으면 일자리가 없어진다. 이런 과정에서 수혜를 입는 세력은 미국의 극소수 관계자들뿐이다.

무역과 금융 등의 경제적인 면만을 보는 좁은 시각으로 세계화에 접근하면, 인간이나 인간의 일자리보다 자본의 이익을 위해 봉사하게 되고 필연적인 불평등에 따른 경기 침체가 온다. 경제가 잘 작동하기 위해서는 사회가 신뢰를 바탕으로 안정되어야 한다. 불평등이 심화되면 민주주의가 훼손되고 경기는 활력을 잃는다. 세계화가 올바른 방향으로 작동하기 위해 지금의 국제기구들은 바뀌어야 한다. 2차 세계대전 이후 서방의 관점에서 제정된 많은 규칙과 관습이 바뀌어 개발도상국의 발언권이 더 강화되어야 한다. 그리고 기구들의 의사 결정 과정과 실행 과정이 개방적이고 투명하게 공개되어야 한다. 우리가 알고 있는 대형 국제기구들은 대부분 밀실에서 중요한 결정이 내려지고 시행되고 있다. 많은 사람들에게 지대한 영향을 끼치는 기구들이 이런 관행을 유지하는 것은 소수의 이익에만 부합될 뿐이다. 세계화가 좋은 일자리를 창출하고 많은 사람들에게 도움이 되기 위해서는 각국이 직접 자신들의 선택을 결정하고 세계가 인정하는 가운데 점진적으로 이루어져야 한다. 서방 선진국에 의해 만들어진 표준 모형을 맹목적으로 강요하는 방식이 되어서는 안 된다. 진정한 세계화의 목표는 가난한 사람들에게 희망을 주고 삶의 질을 향상시키며 성공의 기회를 제공할 수 있는 최소한의 인간다운 삶을 실현해 주는 것이 되어야 한다.

자유시장의
허상

세계화는 필연적으로 시장 자유화를 요구한다. 자본주의 사회에서 자유시장의 기원은 근대 경제학의 아버지로 불리는 스미스에서 찾을 수 있다.

시장의 자율에 맡겨야 최선의 결과가 나온다?

스미스는 『국부론』에서 "사람들은 각자의 이기심으로 일을 하지만 각자의 이기심은 결국 모두의 이익에 부합되는 결과를 가져오기 때문에 정부가 규제를 하지 않고 시장의 자율에 맡겨 두면 모두에게 최선의 결과가 도출된다."라고 했다. 시장 자유화를 지지하는 사람들이 자유시장이 왜 최선인가를 주장할 때 흔히 하는 말이다.

스미스가 『국부론』을 쓴 1776년 당시는 산업혁명 태동기로 인류가 대량의 상품을 시장에서 취급해 본 경험이 없을 때였다. 봉건 사회에서는 사람들이 개인의 자유의지대로 할 수 있는 일이 없었다. 모든 일을 왕이나 영주의 통제를 받아야 했는데 이는 효율의 측면에서 봤을 때 좋지 않았다. 생산할 품목과 양을 승인받고 정해진 방식대로 정해진 가격에 팔아야 하는 사회 제도에서는 인간의 욕망을 충족하면서 효과적으로 경제 발전을 이루기는 어려웠으며 더군다나 대량의 상품을 취급하기에는 불가능했다.

이런 사회적 배경에서 스미스는 인간의 이기심이 결국 사회 전체에는 공익으로 작용하기 때문에 인간 개개인의 의지에 시장을 맡겨 두면 가장 합리적으로 사회가 작동할 것이라고 주장했다. 여기에는 중요한 전제가 요구된다. 앞에서도 간략하게 이야기했지만 시장에 참여하는 모든 사람에게 완전하고 투명하게 정보가 공유되고 완전 경쟁이 있을 때만 사회가 그렇게 돌아가는 것이다. 시장의 참여자는 이익을 실현하기 위해 노력한다. 상대방보다 조금이라도 많은 이익을 얻기 위해서는 상대방이 갖지 못한 무언가를 갖는 것이 유리한데 가장 대표적인 것이 '정보'다. 하지만 정보는 근본적으로 모든 사람들에게 투명하게 공유될 수 없다. 또한 완전 경쟁이 이루어지는 시장은 이상적인 상황에서만 가능하다. 시장 참여자마다 정보 취득 능력이 다르고 자본력이 다르고 조직 구성 능력이 다른 사회에서, 시장 참여자들이 모두 동등하게 완전 경쟁을 한다는 것은 상상 속에서나 가능한 일이다. 이런 현실을 무시하고 자유시장이 현실의 문제점을 타개해 줄 것이라고 믿는 것은 기만에 가깝다.

자유시장도 초기에는 기존 봉건 사회 시스템에 비해 비교적 잘 작동했다. 하지만 경쟁과 인수·합병 등을 통해 살아남은 거대 자본과 막강한 정보력을 겸비한 다국적 기업이 새로운 시장 개척을 위해 세계화를 진행할 때 시장 자유화는 경제 개발 후발 국가나 그 나라 국민들에게는 저항할 수 없는 쓰나미가 되었다.

무역 자유화의 편중된 혜택

세계화와 더불어 요구했던 시장 자유화는 크게 두 가지 축이 있었는데, 하나는 금융시장 및 자본시장에 대한 것이고 하나는 무역 장벽에 대한 것이다. 시장 자유화를 강하게 요구했던 미국도 19세기 말 초기 산업 발전기에 철저한 보호주의 정책을 폈으며, 2차 세계대전 이후 경제 성장에 성공한 동아시아(한국 포함)의 경우에도 무역시장 개방 전 철저하게 자국 산업을 보호하면서 개방한 나라들만이 무역 자유화로 인한 혜택을 보았다.

원론적으로 시장 자유화와 무역 자유화는 자원의 가치가 낮은 나라에서 가치가 높은 나라, 즉 비교 우위를 활용해 소득을 높이는 것으로 인식된다. 하지만 현실에서는 오히려 강대국의 다국적 기업에게 시장을 개방함으로써 자국의 생산 기반을 상실하는 경우가 대부분이었다. 무역 장벽을 해체하는 일은 신중의 신중을 기해 해당 국가의 상황을 면밀히 살펴가면서 실시해야 한다. 대책 없는 시장 자유화는 해당 국가의 취약한 산업 기반을 파괴함으로써 일자리를 모두 없앤다. 이렇게 없어진 일자리는 다시 생기기 어렵다. 결과적으로 무역 자유화는 본래의 취지와 달리 선진국의 특수 이익 집단(다국적 기업)을 위한 보호 방편이 되었다.

현대는 어느 한 국가가 고립되어 살 수 없다. 세계화와 같이 시장 자유화와 무역 자유화도 속도를 잘 조절하고 각국의 특성을 상호 인정하면 좋은 결과를 가져올 수 있다. 역사를 살펴봐도 한국이나 대만, 중국의 경제 성장처럼 현실적으로 경제 발전에 도움이 될 수 있다. 국제 시장뿐 아니라 국내 시장도 마찬가지다. 다국적 기업이 배제된 국내 시장이라도 정부의 개입 없이 순수하게 민간의 자유 시장 논리에 맡겨 놓는다면 국제적 상황과 크게 다르지 않다. 국내 시장 참여자도 대기업이 있고 중소기업이 있으며 소비자가 있다. 시장 참여자 주체들은 같은 능력을 소지한 채로 완전 시장하에서 작동할 수 없다. 공정한 경제 기반을 위해서는 시장에 대한 정부의 개입이 필수적이다.

자본시장 자유화의 이중 잣대

자본시장 자유화는 무역 자유화보다 더더욱 섬세하게 다루어져야 한다. 자본시장 자유화는 개발도상국에만 그치지 않고 선진국에조

차 심각한 문제를 초래했다. 유럽 선진국은 미국의 압력에 굴복하여 1970년에 금융시장을 개방했으나 규제 완화에 따른 위기에 처했다. 그나마 유럽은 나름 극복할 여력이 있어 난관을 헤쳐 나갔다. 하지만 개발도상국은 금융시장 개방 후 금리가 올라감으로써 극심한 경기 침체에 빠졌다. 가까스로 지키고 있던 농업 같은 분야에서도 종자와 비료 구입에 필요한 자금을 감당하지 못해 완전히 붕괴되었다.

자본시장 자유화에서 특히 문제가 되는 것은 핫머니hot money다. 핫머니는 단기 차익을 챙기기 위해 외국에서 들어오는 자금을 말하는데, 단기 이익 실현이 목적인 이런 투기성 자금이 장기 투자에 들어갈 리가 없다. 더 심각한 문제는 핫머니는 높은 금리를 요구하고, IMF는 해당 국가에 단기 차입금만큼의 외환 보유고를 확충할 것을 요구한다는 점이다. 대부분 국가에서 외환 보유고는 미국 정부 채권 형태로 보유한다. 문제는 핫머니는 금리가 15퍼센트 이상인 경우가 대부분이고 미국 정부 채권 금리는 4퍼센트대라는 점이다. 그러면 해당국가는 민간에서 15퍼센트 금리의 자금을 가져오고 정부는 4퍼센트대의 채권을 매입함으로써 11퍼센트에 해당하는 금리차 손해를 본다. 개발도상국이 오히려 선진국에 자금 이익을 주는 셈이다. 자본시장 자유화에서는 자금 차입 주체가 민간이 되고 정부는 간섭하지 못하게 하며, 정부는 그에 상응하는 외환 보유고를 충당할 것을 요구받는다.

지금까지의 경험으로 보건대 자본시장 자유화가 해당 국가의 실제적 경제 발전에 기여했다는 증거는 어디에도 없다. 자본시장 자유화는 선진국들의 특수 이해관계 집단들(대형 은행, 자본가)의 이익에 봉사했을 뿐이다. 이에 대해 노벨 경제학상 수상자 조지프 스티글리츠Joseph Stiglitz는 "정부의 개입을 철폐하고 세금을 낮추고 가능한 한 인플레이션을 낮게 유지시키고 외국 기업인을 초청하라는 IMF의 권고를 받아들여 경제 개발에 성공한 나라는 없다. 오히려 이와는 반대로 움직였던 동아시아 국가들(한국, 일본, 대만, 중국 등)과 싱가포르, 말레이시아 등은 외국인 투자 남용을 억제함으로써 성공적인 경제 발전을 이루었다."라고 말했다.[3]

거대 자본들은 앞에서 살펴보았던 사회 통합과 안정을 위해 선사 시대 추장들이 했던 풀링과 같은 역할, 즉 사회 이득이 커지면 가난한 사람들이 이익을 챙기고 위기가 오면 부유한 사람들이 고통을 부담하는 사회 통합의 원칙과는 정반대의 역할을 하고 있다. 잘못된 금융시장 자유화는 성장도 이루지 못하고 오히려 대다수 사람들을 빈곤으로 내몬다. 일자리가 창출되지 못하고 오히려 기존 일자리가 파괴된다. 위기가 닥치면 IMF는 서방 투자자들을 보호하는 데 신경을 써 정작 본인들이 도와야 할 국가의 국민은 잊어버린다. 경제 실물과 실업에는 관심이 없고 온통 숫자에만 매달려 자신의 고유 업무를 망각한다.

우리나라도 생생히 기억하고 있다. 1997년 아시아 금융 위기 당시 IMF의 잘못된 압력에 의해 금리를 25퍼센트로 올렸다. 당시 미국 중앙은행인 연준(연방준비제도Federal Reserve System)은 미국 경제가 과열될 것을 우려해 금리를 0.25퍼센트에서 0.5퍼센트로 올리려고 했는데 클린턴 대통령은 경기 침체를 우려해 반대하고 있었다. 반면에 한국은 IMF로부터 25퍼센트 금리에서 추가로 금리를 인상해야 한다는 압박을 받고 있었다. 금리가 높으면 외국 자본이 들어와 통화가 안정된다는 논리였는데, 채무 비율이 높은 한국 기업에게는 독약과 같았다. 금리를 올릴 때 가장 먼저 기업들의 상환 능력을 고려해야 한다는 것은 경제학의 기본 상식이다. 결국 고금리 정책은 기업들을 파산으로 몰아넣었고 그에 따라 은행 부실도 커지고 시장 수요를 감소시킴으로써 경기를 안정화시키기는커녕 경기 하락을 가속화시켰다. 대규모의 일자리 파괴가 뒤따랐음은 물론이다. 세계화와 시장 자유화를 주장하는 데 어마어마한 이중 잣대가 있었던 셈이다.

자본주의를 지탱하는 주요한 규칙은 항구적인 것이 아니고 사회 구성원이 상호 합의해 만들어 가는 것이다. 규칙을 정하는 데 중요하게 작용하는 것은 이해 당사자 간의 힘의 균형이다. 가장 합리적이고 사회 정의에 맞기 때문에 규칙으로 정해지는 것이 아니다.

시장 자유화 논리에 날개를 달아 준 신자유주의 경제 체제

냉전이 끝나고 세계가 새로운 질서를 구축해 갈 때 가장 중요한 어젠다는 '자유시장 수호'였고 사회는 지배적으로 이런 통념을 받아들였다. 하지만 자유시장이 절대적인 선을 가지고 있다는 이런 통념은 일의 대가로 살아가는 대부분의 사람들을 벼랑으로 몰아갔다. 부는 극단적으로 편중되었고, 이를 시정하고자 하는 정부의 노력은 시장을 왜곡하고 효율을 떨어뜨린다는 논리에 힘을 펴지 못했다. 이는 명백하게 이율배반적인 논리다. 지구상에 존재하는 어떤 시장이든 그 시장이 움직이는 규칙을 만들고 시행하는 것은 정부다. 이런 정부가 시장의 규칙을 만드는 것을 하지 못하게 하는 것은 자기 기득권을 지키려는 상위 기득권층의 이데올로기에 불과하다.

시장 자유화 논리가 강력한 힘을 갖게 된 데는 1980년대 영국의 대처 총리와 미국 레이건 대통령에 의해 시행된 신자유주의neoliberalism 경제 체제에 기인한다. 1980년 신자유주의 경제로의 이행은 기업 경영자들이 기존에는 투자자, 직원, 소비자, 대중의 이해관계를 조화시키는 활동에 힘쓰던 것을 오직 주주 이익 극대화에 집중하는 활동만 하도록 바꾸는 계기가 되었다. 이를 위해 국영 기업의 민영화가 급속하게 진행되었고, 주주 이익 극대화를 위한 시장 자유화가 강조되었다. 오로지 주주 이익만을 위해 행해지는 기업 활동으로 기업에서 일하는 노동자와 그 생산품을 소비하는 대중은 불이익을 받게 되었다. 소수 부자들과 다수 노동자의 힘의 격차를 더욱 가속화해 노동자 자신의 일자리에 대한 통제력을 상실하게 만들었다.

자유시장과 더불어 강력하게 추진되었던 민영화도 효율적이지 않다는 것이 여러 사례에서 증명되었다. 대표적으로 민간 주도의 자유시장이 얼마나 비효율적이고 고비용을 요구하는지 미국의 경우를 보면 알 수 있다. 미국은 의료비가 GDP에서 차지하는 비중이 OECD(경제협력개발기구) 중에 가장 높지만 훨씬 적은 비중의 비용을

국가별 GDP 대비 경상 의료비 비교(2019년 잠정치 기준)(단위 : %)

OECD 평균	한국	영국	일본	프랑스	미국
8.8	8.0	10.3	11.1	11.2	17.0

자료 : OECD[4]

지출하는 유럽 국가들에 비해 훨씬 부진한 성과를 내고 있다. 한국과 비교해 봐도, 한국은 2019년 코로나19 대응 능력에서 미국 의료 시스템보다 월등함을 여실히 보여 주었다. 민영화는 공익에 대한 고민 없이 오직 자본의 이익을 추구하는 방식으로 변질되기 쉽다. 많은 미국 동포들이 아프면 한국을 찾는 이유가 여기에 있다. 거의 완전히 민영화된 시장이 가장 효율적이라면 가장 적은 비율의 비용으로 가장 수준 높은 의료 서비스를 제공하는 사회가 되어야 맞지 않을까?

자유시장이라는 허구의 이데올로기가 얼마나 불평등하고 사회 정의에 부합하지 않는지 보여 주는 대표적인 미국 판례가 있다. 2010년 미국 연방대법원은 '시민연대Citizens United 대 연방선거관리위원회FEC' 사건에서 기업의 언론의 자유에 손을 들어 주었다. 판결의 주요 내용은 선거에 대해 기업-법인도 개인과 동등한 수준의 언론의 자유를 가져야 한다는 것이었다. 겉으로 드러난 내용을 보면 문제 될 게 없는 판결이다. 하지만 선거 기간 중 법인에게 개인과 동등한 수준의 언론의 자유를 보장하면 개인은 선거에 대한 의견을 다수의 사람들에게 전달하는 데 있어 법인에 뒤처질 수밖에 없게 된다. 더군다나 미국과 같이 후원금을 바탕으로 선거를 치르는 나라에서 기업-법인이 어느 한 후보를 지지하면 자신들과 다른 의견들을 막강한 자본의 힘으로 쉽게 압살할 수 있고, 이런 도움을 받아 당선된 후보는 향후 활동에서 후원금을 낸 기업-법인의 영향을 받을 것은 자명하다. 양자 간 힘의 불균형을 인정하지 않고 자유를 이야기한다면 모든 분야에서 같은 결과가 나올 것이다. 지금까지 상대적으로 소수의 부자들 및 거대 기업들은 자신들의 힘을 발휘해 경제·정치적 입지를 다져왔으며 자신들에게 유리한 규칙을 만들어 왔다. 이런 현실을 무시하고 자유를 지지하는 것은 실제로는 자유를 지지하는 것이 아니라 힘을 소유하고 있는 사람들을 지지하는 것이다.

세계적 금융 위기로 표출된 시장 자유화의 본질

경제력을 바탕으로 소수의 기득권을 유지하는 일은 월스트리트의 행태에서 쉽게 찾아볼 수 있다. 월스트리트는 자신들에게 불리한 법이 생겨나는 것을 적극적으로 막고, 만약 막지 못하게 되면 법이 시행되지 못하도록 집요하게 방해 공작을 했다. 2008년 금융 위기 이후 미국은 대형 은행을 규제하기 위해 2010년 도드·프랭크법을 제정했다. 금융 위기 당시 파산 위험에 처한 대형 은행들을 그대로 둘 경우 경제 전반에 끼치는 파급력이 너무 크다고 판단한 미국 정부는 구제 금융이라는 명목으로 공적 자금을 투입했다. 도드·프랭크법은 이렇게 세금을 투입해 회생시킨 금융 회사들을 감독하기 위한 법이었다. 하지만 이 법은 시행하기도 전에 거의 무력화되었다. 그마저도 도널드 트럼프가 대통령에 당선되자 행정 명령 형태로 신속하게 효력을 상실시켰다.

금융기관의 규제 실패는 잦은 경제 위기로 나타난다. 자유시장의 미명 아래 힘 있는 자들을 지지하는 것은 단기간 부자들에게 이익을 줄 수 있지만 중·장기적으로는 시장이 정상적으로 작동하는 것을 방해해 시장의 축소와 경기 후퇴를 불러오고 대다수 국민이 고통을 겪게 된다. 물론 경기 후퇴 중에도 부자들은 다른 방식의 이익을 추구할 수 있을지 모르지만 그런 방식으로 지속 가능한 발전을 이룰 수는 없다.

1980년 신자유주의 경제학을 배경으로 시작된 자유화는 결국 2008년 세계 금융 위기로 터져 나왔다. 금융 위기의 직접적인 원인은 투명하지 못한 방식의 금융 수법에 있었다. 부동산 가격은 당연히 계속 오를 것이라는 전제하에 집을 사려는 사람들 누구에게나 대출을 해 주고, 그렇게 발생한 채권을 우량 채권과 혼합해 판매함으로써 위험을 감춘 것이다. 즉 신용 평가사, 대형 투자은행, 대출 중개업자 등의 합작이 있었기에 가능했다. 이는 사실 피라미드 사기(폰지 사기) 행각과 다를 바 없었다. 이것이 바로 우리에게도 엄청난 시련을 가져다준 미국 서브프라임 모기지subprime mortgage 사태다. 이로 인해 한국 사람들이 얼마나 많은 고통을 겪었는지를 상기해 보면, 상위 1퍼센트 이익을 위해 시행하는 정책들이 얼마나 많은 사람들을 삶터에서 몰아내는지 알 수 있다. 대출 이자에 대한 자율권은 그 속을 들여다보면 약탈적 금융 수법의 일환일 뿐이다. 대출 이자 자율화는 결국 돈 많은 사람들은 낮은 이자율을 적용받고 돈이 가장 필요한 하위 계층의 사람들은 높은 이자율을 적용받게 된다. 금융 규제 자율화가 가져온 결과는 경제를 성장시켜 일자리를 창출하는 것이 아니라 수시로 나타나는 경제 위기와 실업의 일상화다. 시장 자유화는 결국 힘 있고 돈 있는 소수의 사람들이 정부기관의 감독에서 벗어나 보다 편하게 부당 이익을 취하려는 방편이다.

시장은 그 자체로 완전하게 작동하지 않는다

자유시장이 기업 친화적이란 말도 허구에 가깝다. 실상은 '기업 자의적'이란 말을 '기업 친화적'이란 말로 호도하고 있는 것이다. 기업 친화적 환경이란 새로운 스타트업들이 시장에 진입하고 성장할 수 있으며 기존 기업들도 경쟁을 통해 소기업에서 대기업으로 성장할 수 있는 환경을 말한다. 1978년 이후 한국과 미국에서 시장에 신규로 진입하는 기업 수는 지속적으로 하락하고 있고 오히려 퇴출하는 기업의 수가 많아지고 있다. 자유시장이 기업 친화적이라는 말은 사실 대기업과 대형 금융기관들이 정부의 정당한 규제를 벗어나 기업 자의적으로 시장을 지배하겠다는 표현과 다름없다. 몇몇 대기업에만 유리한 시장 환경은 기업 친화적이기는커녕 오히려 기업 배타적이다.

정부 규제와 뚜렷하게 대립되는 개념으로 사용되는 '자유시장'

은 사실 불투명한 상황에서 부당한 이익을 취하고자 하는 사람들에게 유용하다. 현재의 사회·경제 체제하에서는 리스크가 발생하면 일반 대중과 기업 종업원이 전적으로 부담하게 되며, 기업가와 자산가의 재산이 손해나는 일은 좀처럼 일어나지 않는다. 2008년 미국 금융 위기 때 많은 사람들이 살던 집에서 쫓겨나고 일자리를 잃었지만 대형 은행들과 부자들이 그로 인해 경제적 피해를 입은 사례는 거의 없었다. 자유시장의 운용과 운용에 필요한 주체, 재산권에 대한 규정 등은 정부가 정하는 것이지 천부적인 것이 아니다. 정부는 사회 구성원 모두에게 경제 발전의 결과가 돌아가도록, 인간이 창의성을 활용해 적극적인 경제 활동을 하도록 진정한 자유시장을 만들어야 하는 의무가 있다. 자유시장과 정부는 대립되는 개념이 아닌 것이다. 지금

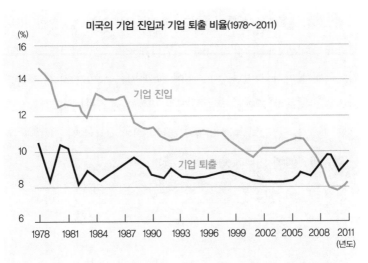

미국의 기업 진입과 기업 퇴출 비율(1978~2011)

자료: 미국 인구조사국(USCB), 사업 동력 통계(BDS)[5]

과 같은 개념의 자유시장을 옹호하면 오히려 불평등의 확대를 가져와 부자와 일반 노동자의 분배 격차를 더욱 확대시킬 것이며 양질의 일자리는 더욱 빨리 사라질 것이다.

지금까지는 자본주의가 인간이 고안해 낸 가장 효율적인 경제 시스템이었다. 하지만 동시에 자본주의 자체가 끊임없이 경기 후퇴에 빠지며 불안정하게 작동했다. 스티글리츠를 비롯한 많은 석학들이 시장경제 활성화를 위해 정부의 감독과 규제가 필수적이라고 주장하는 근거다. 정부의 역할이 없는 시장은 경기 후퇴와 불경기에 빠질 가능성이 상존한다. 시장은 그 자체로 완전하게 작동하지 않는다.

3차 산업혁명을 통해 인류는 세계 시장을 하나로 묶고 지구에 사는 인류가 하나의 공동체임을 알게 되었다. 이제 지구상에서 경제 활동을 하는 어느 누구도 고립되어 살아갈 수 없다. 내 일자리 변화는 미국, 중국, 유럽, 아시아, 아메리카, 아프리카에 있는 누구와도 바로 영향을 주고받는다. 우리 모두는 긴밀하게 서로 연결되어 있는 네트워크상에 살아가고 있다. '지구촌'에 살고 있는 것이다. 이제 우리는 인류를 하나의 가족으로 보고 공동의 번영을 생각하며 살아가야 하는 시대에 접어들었다. 인류의 3차 대변곡점이 될 4차 산업혁명을 통해 인류의 미래가 어떻게 변해 갈지 살펴보자.

5장

4차 산업혁명 시대의 일자리

인간을 대체하는 최첨단 기계들

요즘 많은 사람들이 일자리의 미래를 걱정하면서 4차 산업혁명에 대해 이야기한다. 4차 산업혁명은 이제 우리 사회에 중요한 화두로 등장했고 이미 우리는 그 변화의 영향을 받으며 살아가고 있다. 4차 산업혁명은 18세기에 시작된 산업혁명의 마지막 대단원이 될 가능성이 크다. 자연에 거의 전적으로 의존해 살아오던 인류는 약 3세기라는 짧은 기간 동안 과학기술의 발전을 바탕으로 지구를 빠르게 변화시켜 왔다. 기술은 기하급수적으로 발전해 왔다. 그러한 발전의 바탕에는 컴퓨터의 발달이 가장 중추적인 역할을 했다.

컴퓨터는 무어의 법칙에 근접해 급속하게 발전해 왔다. 무어의 법칙이란 '컴퓨터는 약 24개월마다 성능이 2배씩 향상되고 가격이 반으로 떨어진다.'는 것이다. 기하급수적 발전은 초기에는 발전 속도가 느려 보일 수 있지만 시간이 갈수록 엄청나게 빠른 속도로 발전한다. 예를 들어 지구 바다 전체를 덮을 수 있는 수초가 있는데 매일 2배씩 성장할 수 있고, 처음 성장하기 시작한 때부터 바다 전체를 덮을 때까지 100년이 걸린다고 가정하면 마지막 해수면 50퍼센트를 덮는 데는 하루면 족하다. 에니악이 나오고 나서 컴퓨터 발전 역사 70년을 보았을 때 기술의 기하급수적 발전은 대략 맞아 온 법칙이다.

컴퓨터 발전 속도뿐 아니라 전반적인 기술 발전과 새로운 기술의 패러다임을 사회에서 받아들이는 속도도 10년마다 두 배씩 빨라지고 있다. 인간의 창의성과 노력을 바탕으로 과학기술을 발전시켜 지구를 변화시켜 온 인류는 일-노동에 대한 근본적인 변화의 신기원에 다다르기 일보 직전이다. 왜 4차 산업혁명이 기존의 1~3차 산업혁명과 근본적으로 차이가 나는 대전환점일까? 그리고 4차 산업혁명이 마무리되고 나면 인류의 삶은 어떻게 변화할까?

4차 산업혁명의 핵심 기술은 AI(인공지능), 나노 기술, 생명공학, 그리고 고속의 통신 기술이다. 이 기술들은 개개로 존재하기보다 하나로 융합되어 인류의 미래를 결정할 것이다. 그리고 이 기술들의 발전은 인류가 다시 한 번 거대한 변곡점을 지나게 됨을 의미한다. 미국의 컴퓨터과학자이면서 미래학자인 레이 커즈와일Ray Kurzweil은 특히 가까운 미래에 AI가 인간의 지능을 뛰어넘는 시점이 올 것이라고 예측하고 이 시점을 '특이점singularity'이라고 명명했다.[1] 이 시점이 오면 우리가 아는 세상의 모든 기준이 바뀔 것이다. 어제까지와는 전혀 다른 세상의 출현! 인류사의 새로운 지평! 그렇다면 무엇이 인류의 역사를 그렇게 만든다는 것인가? 그리고 그 변화는 인류에게 어떤 결과를 가져다줄 것인가?

핵심 기술 중에서도 인류 미래에 가장 극적인 변화를 가져올 기술은 단연 AI다. AI는 그 어떤 다른 기술보다 우리 삶을 송두리째 바꿀 수 있는 잠재력이 있다. 4차 산업혁명의 핵심으로 떠오르는 AI부터 이야기해 보자.

AI는 인류에게
축복인가, 재앙인가?

AI는 4차 산업혁명의 가장 중요한 핵심으로 규정된다. 인류가 지구 먹이 사슬에서 최상위를 차지한 것은 우리 조상들이 진화에서 뇌를 선택했기 때문이다. 뇌를 진화시킨 인류는 도구를 발명해 생존 능력과 생산성을 높이는 물적 토대를 구축했고, 보이지 않는 가상의 무언가(개념)를 생각하는 능력을 키움으로써 문명을 발달시킬 수 있는 사고력을 갖게 되었다.

인류는 한 장소에 많은 숫자가 모여 협동과 분업을 통해 다양한 작업을 수행함으로써 사회 구성체를 탄생시켰고 오늘날과 같은 문명을 창조했다. 뇌를 가진 동물은 많지만 뇌의 상상력을 통해 무언가 보이지 않는 것을 실체로 믿을 수 있는 동물은 인간이 유일하다. 인간이 가진 뇌의 이런 능력에 대해 미국 시인 뮤리얼 루카이저Muriel Rukeyser는 "세계는 원자가 아니라 이야기로 이루어져 있다."라고 표현했다.[2] 진화를 통해 뇌를 발달시킨 인류는 자신의 뇌를 닮은 기계를 창조했다. 초기 단순한 계산기에서 출발한 컴퓨터가 이제 AI로 발전해 여러 분야에서 인간과 경쟁하기 시작했으며, 특정 분야에서는 이미 인간을 뛰어넘는 수준까지 와 있다. 인간은 뇌를 발달시킴으로써 지구 먹이 사슬 구조의 최상층을 점할 수 있었다. 지구 생태계의 지배 구조는 결국 인간의 뇌의 능력에 의해 결정되었다. 인류와 경쟁하거나 혹은 인류의 지능을 뛰어넘을 AI의 탄생이 가능하다고 판단되는 이 시점에, AI에 대한 이해 없이 새롭게 도래할 세상을 이야기하는 것은 무의미할 것이다. 이 점이 4차 산업혁명의 가장 중심에 AI가 있는 이유이기도 하다.

인간의 뇌를 점점 따라잡고 있는 컴퓨터

AI는 인간의 뇌에 대한 이해 증진과 컴퓨터 발전에 밀접하게 연계되어 있다. 1950년대 과학자들은 뇌를 연구하면서, 뇌가 보이지 않는 무언가에 의해 작동하는 것이 아니라 실은 뉴런neuron들의 전기적 네트워크라고 보았다. 그래서 이를 모방하면 인간의 뇌와 같이 생각하는 기계, 즉 AI를 만들 수 있다고 생각했다. 이렇게 인간 뇌의 작동 방식에 대해 깨닫게 되면서 AI 개발이 시작되었다.

인간의 뇌는 신경 세포인 뉴런으로 구성되어 있다. 인간의 뇌에는 뉴런들이 프랙털fractal 구조를 이루고 있는데, 많은 주름을 가지고 있어 좁은 공간을 가장 효율적으로 사용하고 있다. 프랙털 구조는 작은 구조가 전체 구조와 닮은 형태로 끝없이 되풀이되는 구조인데, 언뜻 복잡해 보이지만 사실 매우 단순한 구조의 반복으로, 자연에서 쉽게 관찰되는 현상이다. 인간의 뇌를 구성하는 기본 단위인 뉴런은 감각 뉴런과 운동 뉴런, 연합 뉴런의 3종류가 있다. 이 3종류의 뉴런 약 100조 개가 병렬로 연결되어 섬세한 패턴을 빠르게 인식한다. 감각 뉴런을 통해 받아들여진 외부 신호나 자극은 연합 뉴런을 통해 적절하게 분배되어 운동 뉴런으로 전달되고, 운동 뉴런은 수많은 근육 세포들을 움직여 외부 자극에 우리 몸이 적절하게 대응하게 한다.

인간의 뇌는 매우 단순한 구조로 이루어져 있지만, 연구에 의하면 초당 10^{14}(100조)개의 명령어를 처리하는 것으로 추정된다. 이는 인간의 뇌가 여러 연산을 동시에 처리할 수 있는 병렬 처리 구조를 가지고 있는 덕분이다. 우리 몸에 들어온 신호나 자극이 뇌로 전달되면 뇌는 즉시 다양한 작업을 수행한다. 연합 뉴런의 정보 분배와 뇌의 병렬 처리 방식 덕분에 인간은 패턴을 즉각적으로 인식할 수 있다. 패턴 인식은 뇌가 수행할 수 있는 최고의 능력이다. 인간이 매일 쉽게 수행하는 자연어(인간이 일상생활에서 사용하는 언어로, 컴퓨터에서 사용하는 기계어와 구분된다) 처리나 시각을 통해 들어오는 영상 신호 처리에는 상징을 추론하는 능력이 필요한데, 이를 위해서는 어마어마한 양의 정보를 처리해야 한다.

먼저 하드웨어 측면에서 뇌와 컴퓨터의 용량을 비교해 보자. 정확하게 실험을 통해 확인되지는 않았지만 이런 정보 처리에는 크게 잡왔을 때 초당 10^{16} 정도의 연산 처리 능력이 필요하다. 현재 PC의 처리 속도는 3×10^{11}이며 2016년 세계에서 가장 빠르다고 평가된 중국의 슈퍼컴퓨터 선웨이 타이후라이트Sunway TaihuLight의 경우 초당 약 93×10^{15}(9경 9,000조, 2016년 기준)의 연산 속도를 가지고 있다. 인간의 뇌는 연산 속도와는 별개로 기억 능력도 가지고 있다. 현재 파악한 바로는 인간의 기억 용량 전체는 10^{13}(10조)비트 정도로 파악되며, 이런 기억들은 다시 연합 뉴런의 패턴 연결 능력과 결합되어 뇌 전체 기억 용량이 10^{18}비트 정도가 된다. 무어의 법칙에 바탕을 둔 현재의 컴퓨터 발전 속도를 보면 초당 10^{16} 정도의 연산 처리 능력과 10^{18}비트 정도의 기억 용량을 가진 컴퓨터가 늦어도 10년 이내에 등장할 것으로 보이며 그것도 지금의 PC 비용으로 개인이 소지하는 것이 가능할 전망이다. 이는 이론상으로 우리 뇌와 비슷한 성능의 컴퓨터를 개인이 한 대씩 소유할 수 있다는 이야기다.

뇌는 하드웨어 측면에서도 놀랍지만 이와 별개로 소프트웨어적 처리 능력도 뛰어나다. 인간의 뇌에는 연산 능력 외에 인간이 지금까지도 명확하게 이해하지 못하는 전두엽이라는 영역이 있다. 전두엽은 합리적 판단이나 추론, 인간 의식과 같은 고도의 능력을 관장하는 것으로 파악되고 있다. 하지만 그 기능이 어떤 작용을 통해 이루어지는지는 아직 모른다. 그럼에도 불구하고 커즈와일은 저서『특이점이 온다The Singularity Is Near』(2005)에서 여러 분석을 통해 2045년이 되면 1,000달러로 초당 연속 속도 10^{26}이 가능해지고 이때가 오면 컴퓨터가 인간의 연산 능력을 따라잡을 수 있을 것으로 예상했다.[3]

새로운 지식을 쌓는 가장 좋은 방법 중 하나는 작동 방식을 외부에서 관찰하는 것이다. 이를 위해 우리는 다양한 방법으로 뇌를 스캔해 왔다. 자극을 주었을 때 뇌의 어느 부분이 전기적 작동을 하는지를 MRI(자기 공명 영상) 기법 등을 동원해 관찰하고, 이보다 비용 면에서 효율적인 방법으로, 뇌의 혈류량 변화를 측정해 뇌의 신경 활동을 관찰하는 PET(양전자 방출 단층 촬영) 기법도 활용되고 있다. 나노 크기의 로봇인 나노봇nanorobot 활용이 현실화되면 훨씬 강력한 방법으로 뇌의 작동 방법을 관찰할 수 있게 된다. 아직까지 해결해야 할 여러 기술적 문제들이 있지만 다양한 경로로 방법을 모색하고 있다. 나노 기술의 발달로 지금까지 인류가 보지 못했던 극도로 미세한 세계를 생생하게 목격하는 것이 가능해질 것이고, 인간은 뇌의 활동 방식을 더욱 정확하게 이해할 수 있게 되어 인간의 뇌를 뛰어넘는 AI를 설계하는 능력을 갖게 될 것이다.

인간처럼 생각하는 기계

뇌에 대한 연구와 더불어 '인간처럼 생각하는 기계'에 대한 연구도 활발하게 진행되고 있다. 현대 컴퓨터 발전에 큰 공헌을 한 튜링은 '기계가 생각한다'는 것이 무엇을 의미하는지 판단할 수 있는 '튜링 테스트Turing test'를 개발했다. 간단히 말해 튜링 테스트란 사람이 기계와 대화할 때 상대방이 기계인지 사람인지 구분할 수 없다면 기계가 사람처럼 생각한다고 정의할 수 있다는 것이다. 이후 튜링 테스트를 통과하는 '인간처럼 생각하는 기계', 즉 AI를 만들기 위한 노력이 이어져 왔다.

AI 개발에는 그동안 많은 우여곡절이 있었다. AI 개발의 1차 전성기는 1956년 다트머스 컨퍼런스를 기점으로 본격적으로 시작되었다. 1차 전성기는 약 20년에 걸쳐 지속되었는데 '탐색 추리', '자연어 처리', '극히 제한된 상황'에 대응하는 프로그램들을 개발해 성과를 거두었다. 하지만 1970년대 중반에 이르러서는 컴퓨터 하드웨어 능력의 한계, 소프트웨어 개발의 난관, 인간에게는 간단한 영상 처리나 자연어 문제 등이 컴퓨터에는 상상할 수 없는 복잡한 문제임이 드러나면서 AI는 실패할 수밖에 없는 프로젝트로 인식되었다. 이렇게 AI 개발에는 근본적으로 해결할 수 없는 문제가 있다는 인식이 생겨나면서 자연스럽게 자금 지원이 중단되고 연구는 침체기에 접어들었다. 하지만 이 기간에도 AI를 개발하는 일군의 과학자들은 논리 프로그램과 상징 추론(영상 처리, 자연어 처리 기술) 등의 분야에서 꾸준하게 아이디어를 논의했다.

AI 개발에 다시 한 번 전성기가 찾아온 것은 1980년대 초 '전문가 시스템expert system'이 확산되면서다. 전문가 시스템은 특정 분야 전문가가 지닌 전문 지식과 경험, 노하우 등을 컴퓨터에 축적하여 전문가와 동일한 또는 그 이상의 문제 해결 능력을 가질 수 있도록 만들어진 시스템이다. 전문가 시스템은 특정 분야의 지식을 다루기 때문에 상식 문제를 피하면서 컴퓨터가 잘하는 논리적 방법을 통해 문제를 해결할 수 있었다. 이후 삼시 동안의 침체기를 다시 한 번 거치지만 신경망 이론의 새로운 접근, 컴퓨터 하드웨어 발전 속도의 가속화 등에 힘입어 마침내 특정 분야에서 인간의 능력을 능가하는 AI가 탄생했다.

이처럼 AI는 인간의 뇌를 연구하고 인간의 뇌에 대한 이해를 높임과 동시에 컴퓨터 하드웨어의 빠른 발전과 관련 소프트웨어의 개발로 발달해 왔다. 인류는 지금까지 많은 시행착오를 겪어 오면서도 끊임없는 연구와 노력을 기울여 지구 역사를 영원히 바꿀 수도 있는 AI의 출현을 눈앞에 두고 있다.

인간처럼 바둑을 학습한 알파고

AI는 크게 두 가지로 분류할 수 있다. 어느 특정 분야의 업무 처리를 위해 개발되는 좁은 의미의 AI와, 인간 뇌의 능력과 같이 특정 분야와 관계없이 모든 인간의 능력을 지닌 범용 AI다. 우선 우리 일자리와 깊은 관련이 있고 현재 활발하게 개발되고 있는 좁은 의미의 AI에 대해 먼저 이야기해 보자.

좁은 의미의 AI란 한정된 범위의 일을 처리하는 AI를 말한다. 이러한 AI는 이미 인간의 능력을 뛰어넘은 분야가 있다. IBM이 개발한 딥 블루Deep Blue가 1996년 최초로 인간 체스 챔피언 가리 카스파로프Garry Kasparov를 꺾었고, AI가 인간을 도저히 이길 수 없을 것 같던 바둑 분야에서도 2016년 딥마인드DeepMind가 개발한 알파고AlphaGo가 인류 대표로 나선 이세돌 기사를 4:1로 꺾었다. 이를 계기로 이세돌은 바둑계에서 은퇴하기로 결심했다. 바둑이 더 이상 인간만을 위한 무대가 아니라고 판단했기 때문이다. 최고 수준의 인간의 삶을 AI가 완전히 바꾸어 놓은 것이다.

1996년 딥 블루가 세계 체스 챔피언을 꺾었을 때만 해도 사람들은 고성능 컴퓨터의 능력에 다소 놀랐을 뿐 AI가 인간을 능가하는 사건으로까지 인식하지는 않았다. 체스의 수가 그만큼 한정적이었기 때문이다. 하지만 2016년 알파고의 승리는 앞으로 미래에 AI와 로봇이 맡을 역할을 극적으로 보여 주는 사건이었다. 특히 제2국 37수는 인간이 지금까지 생각하지 못했던 창의적인 한 수로 평가되었다.

딥 블루와 알파고는 AI가 체스와 바둑이라는 인간 정신세계에 도전해 승리했다는 공통점이 있어 일견 비슷해 보이지만, 실제 딥 블루가 체스를 두는 방식과 알파고가 바둑을 두는 방식은 전혀 다르다. 딥 블루는 인간이 지금까지 두었던 수들을 입력해 그 데이터를 기반으로 최선의 수를 찾아가는 방식인 반면, 알파고는 기계 학습machine learning이라는 기법으로 바둑을 익혔다. 기계 학습은 인간의 학습 능력과 같은 기능을 컴퓨터에서 실현하고자 하는 것으로, 명시적인 프로그램 없이 기계 자체가 배울 수 있는 능력을 갖추는 것을 말한다. 즉 인간이 고수에게 바둑을 배우듯이, 바둑의 기본 원칙을 입력한 두 대의 기계가 서로 바둑을 두면서 실력을 쌓아 올리는 방식으로 단련시키는 것이다. 알파고는 이런 기계 학습 기법으로 바둑 실력이 늘었으므로 창의적인 수를 두는 것이 가능했다. 이미 입력된 데이터를 처리하는 방식을 넘어 인간과 같은 방식을 활용해 배우는 컴퓨터는 이미 인간과 같이 생각하는 능력을 가진 기계라고 할 수 있을 것이다. 이런 방식으로 설계되어 활용되고 있는 AI는 이미 우리 주위에 많이 있다.

데이터 축적 방식의 AI는 아무리 뛰어나더라도 인간의 경험을 뛰어넘지 못하는 반면, 기계 학습 방식의 AI는 스스로 인간의 능력을 뛰어넘을 수 있다. 물론 AI가 똑똑해지는 데는 인간의 경험, 즉 빅데이터big data도 중요한 비중을 차지하겠지만, 빅데이터와 융합된 기계 학습 방식은 인간의 능력으로는 도저히 따라갈 수 없는 유용한 결과들을 내놓고 있다.

이미 우리 일자리를 대체하고 있는 AI

우리는 지금 인간의 능력에 버금가거나 오히려 더 뛰어난 AI들을 개발하고 있지만 우리가 기술 개발 자체에만 만족한다면 이런 성과들은 인류에게 봉사하기보다 오히려 인류를 불행하게 만들 수도 있다. AI의 개발이 대다수 사람들의 삶을 향상시키는 것이 아니라 AI를 소유한 소수의 사람들에게만 이익이 돌아가게 될 수도 있기 때문이다. 몇 가지 실례를 살펴보자.

비서의 역할은 얼마 전까지만 해도 인간의 일 중 단순하지만 쉽게 자동화하기 어렵다고 생각되는 일 중 하나였다. 우리가 일상적으로 자연스럽게 사용하는 언어를 처리하는 기술이 없이는 인간과 AI, 혹은 AI와 AI가 의미 있는 대화를 하기가 불가능하기 때문이다. 하지만 최근 거대 IT 회사들이 개발한 AI 비서들은 큰 발전을 이루고 있다. 구글의 듀플렉스Duplex, 아마존의 알렉사Alexa, 애플의 시리Siri, 마이크로소프트의 코타나Cortana 등은 아직 튜링 테스트를 완전하게 통과하지 못했지만 일상적인 비서 업무를 큰 무리 없이 수행할 정도로 발전했다. AI 비서들은 AI끼리 서로 연결되어 인간을 위해 약속을 정하고 단순한 기본 의제를 정하는 등 인간 비서와 별 차이 없는 기능을 수행하고 있다. 물론 아직까지는 인간 비서가 하는 모든 역할을 수행하지는 못하지만 이미 AI 비서가 더 편하다고 여기는 사용자들이 늘고 있다.

구글의 자연어 처리 시스템은 지식에 접근하고 검색하는 인간의 활동에 혁명을 가져왔다. 영국항공British Airways의 AI는 항공 예약과 관련된 내용을 인간과 별 문제 없이 소통 가능한 수준까지 개발되어 있고 실제 업무에 쓰이는 중이다. 이런 시스템에 불만을 표하는 고객도 있지만, 이런 시스템을 구축한 회사들은 전화 상담원 수를 80퍼센트까지 줄였다. 우리나라도 이미 신용카드 회사나 은행을 비롯해 온라인상에서 고객 응대를 하는 많은 회사들이 스마트폰 앱의 챗봇chatbot을 활용하고 있다. 스마트폰의 메시지 기능을 활성화하면 당장 스마트폰 사용자와의 대화를 기다리는 수많은 챗봇을 만나 볼 수 있다. 회사와 고객 간의 서비스 업무뿐 아니라 회사 내 본점과 지점 간의 업무 연락도 급속하게 자동화가 진행되고 있다.

인간의 업무가 AI로 더 빨리 넘어가지 못하는 이유는 기술의 발전이 늦어서라기보다 사회적으로 일자리가 급속하게 줄어드는 것을 인위적으로 막고 있는 측면이 더 강하다. 하지만 경제가 후퇴하는 시기가 오면 이런 사회적 요인은 급속하게 영향력을 잃고 우리 일자리는 대형 컴퓨터의 클라우드 속으로 쉽게 사라지게 될 것이다. 이렇게 사라지는 일자리는 사회 저소득층의 생계를 보장하기 위해 최소한의 안전장치로 작용하는 일자리들이 대다수를 차지할 것이다. 현재와 같은 상황에서 AI를 통해 업무가 자동화되고 효율이 높아진다는 것은 사회적 취약 계층의 일자리가 AI로 대체된다는 것을 의미한다. 우리나라도 코로나19라는 전 세계적인 펜데믹 상황에서 불안정하고 낮은 임금에 시달리는 '알바'를 하던 이들이 가장 먼저 어려움에 봉착했다.

자연어 처리와 같은 기술 장벽과 더불어 자동화 속도를 늦추었던 또 다른 요인으로는 저임금이 있다. 저임금 분야는 초기 비용이 높은 자동화 도입으로 발생하는 이익이 크지 않기 때문이다. 단순한 작업과 저임금의 일자리는 쉽게 사람들을 구할 수 있어 사람만으로도 충분히 채산성을 맞출 수 있다. 하지만 자동화 도입 비용이 내려가고 성능이 향상되면서 이런 일자리도 더 이상 인간에게만 제공되는 것이 아니다. 대표적으로 프랜차이즈 외식업의 요리와 서빙 일자리 등이 여기에 속한다. 맥도널드가 발표한 '미래의 경험Experience of the Future'이라는 자료에는 우선적으로 매장의 계산원을 기계로 대체하겠다는 내용이 들어 있다. 사실 맥도널드 같은 매장의 모든 업무는 100퍼센트 자동화될 날이 머지않았다. 업무 내용이 단순하고 규격화되어 있기 때문이다. 현재 맥도널드 매장의 프렌치프라이 포장은 3만 5,000달러 로봇 팔로 대체 가능하다.

패스트푸드 매장에서 근무하는 인구는 미국에서만 400만 명이 넘는다. 인간의 감수성에 호소하는 전략을 구사하는 스타벅스의 경우는 어떨까? 아직까지는 자사의 바리스타들을 로봇으로 대체할 계획이 없다는 정책을 취하고 있지만, 2017년 샌프란시스코의 한 쇼핑센터에 나타난 AI 바리스타 고든Gordon 을 보면 이런 정책이 계속 유지될 수 있을지는 미지수다. 사람들의 입맛에 더 잘 맞는 커피를 더 싸게 뽑아 줄 수 있는 기계가 있는데 이를 계속 무시하기가 쉽지 않을 것이다. AI 바리스타가 등장해 커피를 만든 것처럼, 피자를 만드는 로봇도 나왔다. 스타트업 비헥스BeeHex가 개발한 셰프 3DChef 3D 는 3D 프린터로 피자 한 판을 6분 만에 뚝딱 만들어 내고 맛 평가에서도 좋은 점수를 얻었다. AI를 국가 과제로 선정하고 국가 차원의 지원을 하고 있는 중국에서 아이패드를 이용해 매장 주문을 받는 것은 2017년부터 이미 익숙한 광경이다. 또 드론을 통한 배달도 이미 여러 나라에서 시험 운행 중에 있어 자동화는 시간문제일 뿐이다.

운수업에서는 시내에서 드론을 이용해 배달하는 문제보다 더 심각하게 인간의 일자리를 위협하는 일이 이미 진행되고 있다. 바로 자율주행 트럭이다. 비교적 적용이 용이한 한정된 공간에서 자율주행 트럭을 운영하는 것은 이미 호주 리오틴토Rio Tinto 광산에서 일어나고 있는 일로, 73대의 트럭이 24시간 가동되고 있다. 우버는 자율주행 트럭 회사 오토Otto를 6억 8,000만 달러에 인수한 뒤 500명의 인력을 투자해 기술을 가다듬고 있으며, 구글이 투자한 웨이모Waymo는 대형 트럭 생산업체 다임러, 볼보와 공동으로 자율주행 트럭을 개발하는 중이다. 이처럼 자율주행 트럭에 집중적으로 투자하고 개발에 박차를 가하는 이유는 자율주행 트럭이 인간 트럭 기사와 비교해 보았을 때 운영상 큰 이익이 있기 때문이다. 미국 투자은행 모건스탠리의 분석에 의하면, 자율주행 트럭이 운영될 경우 미국 내에서만 연 1,680억 달러가 절감될 전망이다. 그 상세한 내역을 살펴보면, 인건비 절감 700억 달러, 연료 절감 350억 달러, 사고 감소 360억 달러, 24시간 쉬지 않고 일할 수 있는 데서 오는 생산성 및 장비 활용도 증가 270억 달러. 경비 절감이라는 효율성 극대화 외에도 수천 명의 생명을 구할 수 있고 자원 낭비를 막을 수 있는 장점을 가진 자율주행 트럭의 도입을 어떤 명분으로 막을 수 있을까?[4]

1차 산업혁명 초기 러다이트 운동이 일어났던 것처럼 인간의 일자리를 대체하고 있는 AI에 대해서도 저항은 일어날 것이다. 하지만 자본 효율을 최고의 가치로 여기는 현재의 자본주의 체계하에서는 머지않은 미래에 고속도로는 AI에 점령될 것이다. 아니 트럭뿐 아니라 도로상에서 인간이 하는 모든 상업적, 비상업적 운전 자체가 불법이 될 수도 있다. 만약 자율주행이 인간의 노동을 대체한다면 미국 트럭 운행 분야에서만 비교적 안정적인 인간의 일자리 350만 개가 사라질 것이다. 이 숫자는 직접적인 일자리만 계산한 것으로, 트럭 운행에 기대어 운영되던 휴게소, 식당, 호텔과 같은 서비스업 종사자 수는 전혀 고려하지 않은 수치다. 우리나라는 2019년 기준 특수 화물차 운전기 사를 포함해 55만 7,000명이 트럭 운행에 종사하고 있다. 평균 연봉 은 약 3,700만 원 정도로 크게 나쁘지 않은 일자리지만 자율주행을 하는 AI 차량의 국내 주행이 허용된다면 근무 조건이 비교적 괜찮은 대기업 관련 트럭 운전기사 자리부터 없어질 확률이 높다.

전문직과 예술 등 모든 분야가 위험하다

AI의 파고는 화이트칼라 직종도 피해 갈 길이 없다. 한때 우리나 라에서 직업 선호도 1위를 차지하기도 했던 기자 직종은 AI와 인간 이 경쟁하는 수준에 와 있다. 이미 내러티브 사이언스Narrative Science라 는 미국 회사는 AI가 작성한 주식 기사와 이익 전망 기사를 경제 전 문지《포브스Forbes》에 실시간으로 제공하고 있다.[5] 이 기사를 읽는 독자는 기사 작성자가 AI인지 인간인지 거의 분간할 수 없다. 아직 까지 복잡한 과정이 필요한 심층 보도나 탐사 보도까지 대체하고 있 지는 못하지만 이미 인간의 일자리가 심각한 위험에 처해 있다.

기자와 함께 전통적으로 사회에서 존중받고 상당한 고수익을 보 장받아 왔던 전문직 일자리도 예외는 아니다. 최고의 학력과 경력을 요하는 변호사, 회계사, 의사, 약사는 물론이고 창의적인 직업이라고 생각되던 미술과 음악까지 AI는 점점 더 활동 영역을 넓히고 있다.

IBM이 선보인 의료 AI 슈퍼컴퓨터 왓슨Watson(아서 코넌 도일의 추리 소설 시리즈에서 주인공 '셜록 홈스'의 의사 파트너 캐릭터에서 따온 이름이다) 이 1,000명의 환자를 대상으로 내린 처방은 인간 의사가 내린 처방 과 99퍼센트 같았다. AI 의사는 인간보다 더 많은 사례를 참고할 수 있고 첨단 장비가 검사하는 결과를 인간보다 더 빨리 습득하고 활 용할 수 있다. 당분간은 기계에 자신의 생명을 맡기는 것에 대한 정 서적 거부감 탓에 AI 의사 도입이 늦어질 수도 있으나 장기적으로는 시간문제일 뿐이다.

전 세계 젊은이들의 꿈의 직장인 월스트리트의 금융업 분야는 오 히려 가장 쉽게 그리고 가장 효율이 좋게 AI에 잠식될 분야다. 미국 월스트리트에서 거래되는 주식의 대부분은 이미 프로그램이 처리하 고 있다. TV 화면에 전 세계 자본시장의 상징처럼 등장하는 뉴욕증 권거래소에서 일하는 골드만삭스 직원은 2,000년까지도 약 600명이 었으나 지금은 단 2명이 근무하고 있을 뿐이다. 2022년에는 AI 자산 관리 매니저인 로보어드바이저robo-advisor가 운용하는 자산이 8조 달 러 이상으로 급증할 것이다.[6] 투자은행에서 전 세계에서 일어나는 사 건과 회사 내부 자료를 토대로 고객에게 제공하는 상세 보고서는 지 금까지 25만 달러 이상의 고액 연봉 애널리스트들이 작성했으나 지 금은 벤처 기업 켄쇼Kensho가 개발한 시스템에서 작성되어 주요 투자 은행에 제공되고 있다. 《블룸버그Bloomberg》에 따르면 월스트리트의 인력은 이미 2016년에 정점을 찍었고 앞으로는 일자리가 줄어들 일 만 남았다.[7]

이미 한국의 주요 은행도 구조조정이 시작되었다. 2015년 3,924개에 달했던 점포는 2017년 3,575개로 350여 개가 폐점되었으며, 2020년에도 80개의 점포가 문을 닫았다. 국내 주요 은행들은 점포 축소와 동시에 해마다 직원 수도 명예퇴직 형태로 줄여 가고 있다.

데이터 분석이 가장 필요한 보험업은 AI가 처리하기 가장 적합한 업무들이다. 상품 개발과 판매 등 모든 분야에서 대규모 감원이 자명하다. 이미 많은 계약자들이 비대면 온라인 상담을 통해 보험에 가입하는데 이는 사람이 처리하는 시스템이 아니다. 여성 사회 취약 계층의 자립 수단으로 수십 년간 중요한 역할을 해 왔던 보험 외판 사원을 볼 날도 머지않은 것이다. 한번 없어진 일자리는 다시 회복되기 쉽지 않다. 이런 추세로 간다면 우리 사회에는 자동화의 의미가 거의 없는 아주 질 낮은 서비스 업종의 일과 극소수의 고임금 일자리만 남게 될 것이다.

인간 창의성의 결정체라고 여겨졌던 예술 분야도 더 이상 인간의 전유물이 아니다. 얼마 전까지만 해도 음악을 작곡하거나 미술 작품을 창작하는 AI를 상상하기는 쉽지 않았다. 딥 러닝deep learning과 생물의 신경망(중추신경계, 특히 뇌)의 사고방식을 모방해 개발한 인공신경망neural network은 추론, 패턴 인식 기능을 활용해 인간의 사유 영역에서 행해지는 거의 모든 기능을 수행할 수 있어 그림까지 창작할 수 있다. 이아무스Iamus라는 소프트웨어 프로그램이 작곡한 교향곡은 구글링을 통해 쉽게 찾아볼 수 있다. 〈Adsum〉이 그 대표곡이다. 영국에 자리하고 있는 스타트업의 작곡 AI 에이바AIVA는 이미 프랑스와 룩셈부르크에서 작곡가로서 법적인 자격을 얻었다. 에이바가 작곡한 곡은 인간이 만든 곡과 마찬가지로 저작권의 보호를 받는다.

인간 언어 능력이 필수 요소인 번역 분야의 발전 속도도 놀랍다. 초기 컴퓨터 번역은 기존 언어학자들이 사용하던 방법을 사용했으나, 이제는 컴퓨터의 장점인 통계 모델 구축 방식으로 인터넷 자료를 활용, 스스로 번역 능력을 향상시켜 단시간 내에 자연어에 가까운 자료를 번역해 낸다.

오락과 스포츠 분야를 포함한 모든 인간의 활동에서 AI는 매일 새롭게 발전하고 진화하고 있다. 이와 같은 능력은 AI가 이미 전략적 목표를 세우거나 새로운 상황에서 스스로 결정을 내려야 할 때, 또는 의료 분야에서 새로운 진단 키트를 개발해야 할 때도 인간보다 더 나은 해법을 찾을 수 있음을 의미한다. 공항 물류를 최적화하는 작업이나 막대한 정보량을 분석하고 이상 징후를 발견해서 돈세탁을 걸러 내는 일도 AI의 영역이 되어 있다.

AI와 로봇의 결합

AI와 로봇의 결합이 가져온 변화는 제조업 분야에서 인간의 일자리가 어떻게 될지 여실히 보여 준다.

스마트 공장smart factory은 AI와 로봇, 통신망의 결합이 만들어 낸 제조업 공장의 결정체다. 5G망에 연결된 스마트 공장은 시장에서 수요가 발생하면 즉각적으로 공장 생산 공정에 정보를 전달한다. 정보를 받은 생산 공정은 공장 내 자동화된 자재 배송 시스템을 통해 생산 라인에 원자재를 공급하고 로봇이 작동해 제품을 생산한다. 생산된 제품은 바로 출하되어 배송 시스템을 거쳐 고객에게 최단 시간에 전달된다. 스마트 공장은 이런 유기적 관리 시스템을 통해 제로에 가까운 재고 관리에 도달할 수 있다. 이 과정에 값비싼 인건비가 드는 사람의 역할은 없다.

스마트 공장의 유연한 생산 공정은 개인 맞춤형 상품을 합리적인 가격에 공급할 수 있게 해 준다. 기존 생산 라인은 한 생산 라인에 한 종류의 제품을 생산하는 방식이었다. 하지만 AI와 로봇이 결합된 생산 라인은 생산하는 제품 하나하나를 고객의 요구대로 맞춤 생산할 수 있다. 이런 맞춤 생산은 가공식품에서 의류, 자동차까지 제조업을 통해 생산되는 모든 제품에 적용 가능하다. 고객이 네트워크를 통해 자신이 선호하는 디자인과 색상을 고르고 거기에 맞는 단추, 지퍼 같은 부속품까지 선택하면 세상에서 하나만 존재하는 나만의 제품을 합리적인 가격에 받아 볼 수 있다. 이를 자동차에 적용한다고 상상해 보라. 장인의 손에서만 탄생되던 고가의 자동차를 모든 사람이 소유할 수 있는 세상이 열리고 있다. 앞으로 공장에서 동일한 제품을 대량으로 생산하는 시대는 끝날 것이다.

우리나라는 스마트 공장의 전 단계라 할 수 있는 공장 자동화factory automation 분야에서 세계적으로 앞서 있는 국가다. 2016년 기준으로 공장에서 가동되고 있는 로봇은 전 세계에 약 180만 대가 설치되어 있는데 중국이 약 60만 대로 가장 많고 한국은 약 30만 대가 설치되어 있어 생산 대비 로봇 설치 대수가 높다.

경제 활성화, 안전 강화, 지속 가능한 발전 등을 보장해 인간의 거주 환경을 개선시켜 줄 것으로 기대되는 스마트 시티smart city의 개발에서도 AI의 역할이 중요하다. 인류 문명의 시발점이라 할 수 있는 도시는 꾸준히 발전해 왔다. 앞으로도 대부분의 인류가 도시에 살게 될 전망인데 여기서 AI를 빼고 생각할 수 없다.

좁은 의미의 AI라 할 수 있는 컴퓨터와 로봇은 지금까지는 인간이 하는 일자리 중 '틀에 박힌 업무'부터 대체해 왔다. 틀에 박힌 업무라고는 하지만 일정 수준의 교육을 받아 수행해야 하고 생산 활동에 없어서는 안 될 중요한 일들로 우리에게 안정적인 생활을 보장하는 일자리를 제공해 왔다. 4차 산업혁명이 시작되면서 중산층이 급속하게 사라지는 이유도 여기에 있다. 오히려 아주 쉬운 손작업을 주로 하는 업무나, 반대로 창의적이고 판단이 필요한 일들은 초기부터 자동화하여 기계가 대체하기 쉽지 않았다. 하지만 지금까지 살펴보았듯이 AI의 급속한 발전은 앞으로 일의 성격을 따지지 않고 인간의 모든 일을 대체할 것이다. 이는 모든 분야에서 일자리가 사라지는 것을 의미한다. 지오데식 돔geodesic dome의 설계자로 유명한 미국의 천재 건축학자 벅민스터 풀러R. Buckminster Fuller는 저서 『우주선 지구호 사용설명서Operating Manual For Spaceship Earth』(1969)에서 일찍이 컴퓨터를 통한 자동화가 가져올 미래를 정확히 예측했다. 풀러는 "사회가 전혀 알아차리지 못하는 사이 전문화로 인한 인류 멸종의 항체가 컴퓨터라는 형태로 등장했다. (···) 전문가로서 인간은 완전히 컴퓨터로 대체될 것이다."라고 말했다.[8] 가히 선구자적인 통찰이다.

초지능의 예고된 탄생

좁은 의미의 AI와 대비되는 넓은 의미의 AI, 즉 범용 AI란 인간 뇌의 역할을 똑같이 수행할 수 있는 AI를 말한다. 좁은 의미의 AI가 이미 인간의 능력을 뛰어넘고 있지만 범용 AI의 개발은 몇 가지 중대한 산을 넘어야 한다. 인간의 뇌와 똑같은, 아니 그보다 더 뛰어난 능력을 지닌 AI를 개발하는 것은 쉽지 않은 일이다. 지금까지 과학자들은 AI를 발전시키기 위한 방법으로 전문가 시스템, 베이즈망Bayesian network, 마르코프 모델Markov model, 신경망, 유전 알고리즘GA, 이진 탐색binary search 등 다양한 방식을 연구해 왔다. 강력한 범용 AI를 개발하기 위해서는 좁은 의미의 AI에 활용된 인간 뇌 연구가 훨씬 더 심도 있게 이루어져야 한다.

인간 뇌의 경이로움 중의 하나는 단 2만 개의 유전자로 이루어진 약 30억 개의 DNA 정보로부터 100조 개의 연결을 자랑하는 뇌 기관이 탄생한다는 것이다. 이것이 어떻게 가능할까? 인간의 유전체가 뇌에 지시를 내릴 때 인간 의식에 일어나는 모든 일에 대해 지시를 내리는 것이 아니고 일련의 과정에 대한 지침만을 내리기 때문이다. 거대 회사의 CEO도 회사 직원에게 회사 중요 지침만을 내릴 뿐 모든 사원 개개인에게 업무를 지시하지 않는 것과 같은 이치다. 지시를 내리는 쪽은 처리 과정을 세세히 알 수는 없지만 조직은 하나의 목표를 달성하게 된다. 유전체가 내리는 지시 사항은 그리 복잡하지 않다.

뇌의 작동 방식에 대한 이해가 깊어지면 이를 바탕으로 위의 여러 방법들을 결합하면 범용 AI 개발에 한발 더 다가서게 될 것이다. 또한 최근에는 기계 학습 기법의 한 방식인 강화 학습reinforcement learning을 활용해 여러 분야에서 많은 진척을 이루고 있다. 인간의 전체 능력을 따라올 지능을 가진 범용 AI를 만들기까지는 아직 넘어야 할 산들이 있다. 하지만 과학자들은 이런 꿈같은 이야기가 이번 세기가 가기 전에 도래할 것이라고 믿고 있다.

범용 AI 중에서도 인간을 뛰어넘는 수준의 사고 능력을 가진 AI를 '초지능superintelligence'이라고 한다. 아직 초지능 탄생에 대해 과학자들의 의견이 완전하게 일치하지는 않지만, 대다수 과학자들이 늦어도 앞으로 30~100년 안에는 초지능이 탄생할 것으로 전망한다. 인간 뇌에 대한 지식이 더 많이 쌓이고 뇌 용량에 맞먹는 하드웨어와 인간과 같이 사고하는 소프트웨어 개발까지 끝난다면 인간의 지능을 갖춘 AI가 탄생할 것이다. 일단 튜링 테스트를 완전하게 통과할 수 있는 지능이 탄생하게 되면 그 이후는 AI 스스로 딥 러닝을 통해 기하급수적으로 성장해 인간의 지능을 뛰어넘어서도 고속 성장을 지속할 것이다. 이는 현생 인류가 유인원에서 지능을 진화해 온 것과는 비교할 수 없는 속도로 진행될 것이다. 인간의 진화는 세대를 거쳐 서서히 일어나지만 초지능의 진화는 매 시간, 매 분, 매 초 가능하기 때문이다. 하나의 강력한 초지능이 탄생하면 곧 수많은 초지능을 낳을 것이고, 그들은 스스로 설계를 터득하고 개량함으로써 자신보다 뛰어나고 지능적인 슈퍼 AI로 진화할 것이다.

특정 분야의 기능을 수행하는 좁은 의미의 AI와는 다르게 초지능은 지금까지 인간만이 가진 특성으로 여겨졌던 창의력과 상상력을 포함하여 인간이 생각할 수 있는 범위를 뛰어넘는 모든 것을 할 수 있는 AI다. 이런 AI는 기존 AI와는 달리 유연한 사고를 하게 되고 하나의 AI가 사람처럼 여러 분야에 적용될 것이다. 학습도 사람보다 훨씬 빨리 하는 것은 물론, 한번 학습된 것을 인간과 달리 잊어버리지 않는다. 이렇게 개발된 AI는 자신의 지능을 동원해 공학적 설계를 수행할 수 있고, 그 설계된 시스템은 또 더 나은 능력을 가진 시스템을 만들어 낼 것이다. 인간이 인간을 뛰어넘는 AI를 개발하는 것과 같은 일이 기계 간에 일어나 지능의 진화 속도가 인간보다 훨씬 빠를 것이다. 한마디로 지능 대폭발의 순간이 찾아올 것이다.

초지능은 지금까지 인류가 발전시켜 왔던 지능과는 비교되지 않는 수준의 지능이다. 이는 생물학으로 창조된 생명체가 마침내 스스로 지능의 본질을 파악하고 그 한계를 뛰어넘는 기계를 창조했다는 뜻이다. 우리의 상식이나 지식으로는 알 수 없는 질적 변화의 순간이 도래할 것이다. 모든 물질이 한번 들어가면 빠져나올 수 없는 블랙홀 내의 상황을 인류가 모르듯, 이 시점 이후의 세계는 현재 인간의 지식 세계를 넘어선 미지의 영역이 될 것이다. 이때의 초지능의 지능을 지금의 인간 수준 지능이라고 가정하면, 현재 인간의 지능은 우리가 아는 어떤 동물보다도 낮은 수준으로 여겨질 것이다.

기계와 함께 사는 삶에 대한 준비
- -

이런 AI의 탄생이 인류에게 축복일까? 이때가 되면 인류는 어떻게 될까? 지금 이대로 인류가 제대로 된 준비 없이 이때를 맞이하면 인류에게는 최대의 재앙이 될 확률이 매우 높다. 이런 상황의 도래를 가장 우려 깊게 고민한 과학자 중에는 2018년 작고한 위대한 과학자 스티븐 호킹Stephen Hawking이 있다. 2017년 포르투갈 리스본에서 열린 '웹 서밋 기술 콘퍼런스Web Summit technology conference'에서 호킹은 다음과 같이 경고했다.

> 이론적으로 본다면 컴퓨터가 인간의 지능을 모방하고 나아가 뛰어넘을 수 있다. (…) 인류가 그 위험을 대처하는 방법을 익히지 못한다면, AI는 인류 문명에 최악의 사건이 될 것이다. 무기의 위험성은 물론이거니와 우리 경제도 파괴할 수 있다.[9]

경제가 파괴되면 인류 문명도 끝난다고 봐야 한다. 지구 생태계 먹이 사슬의 최정상을 지켜 왔던 인류에게 상위 포식자가 생긴다고 상상해 보면 소름이 돋을 수밖에 없다. 지금까지 지구 생태계 먹이 사슬은 생명체의 범주에서 구성되어 왔다. 그런데 최상위 포식자가 이제는 기계로 바뀔 수 있다.

사실 생명체의 기본적인 특징 몇 가지를 가지고 생명체와 AI를 비교해 보면 그 유사점이 상당하다.

첫째, 생명체와 AI 모두 외부와 에너지를 교환하는 시스템이다. 인간이나 동식물은 모두 외부와 에너지를 교환하면서 생명을 유지해 간다. 식물은 태양 에너지를 직접 흡수하는 방식으로 에너지를 교환하며 생명을 유지하고 인간은 음식을 섭취하는 방식으로 외부와 에너지를 교환하며 삶을 영위한다. AI도 에너지로 전기를 소비한다.

둘째, 자손 번식의 본능을 가지고 있다. 종족 보존의 원칙은 모든 생명체가 갖는 가장 기본적인 본능이다. 초지능은 자신이 스스로 더 발전된 AI 시스템을 설계하고 만들 수 있다.

셋째, 진화를 통해 환경에 적응한다.

이렇게 생명체에 있어 가장 중요한 요소를 우리가 개발하는 초지능도 유사하게 갖고 있다. 만약 인간의 지능을 뛰어넘는 초지능이 탄생한 뒤 인간이 비로소 위협을 느끼고 초지능을 없애고자 한다면 초지능은 다양한 방법을 동원해 자신의 생존을 지킬 것이다. 이는 인류의 멸망으로 이어질 수 있다. 호킹의 우려대로 경제가 파탄되어 인류 문명이 끝나는 방식보다 더 무서운 방식으로 인류가 멸종할 수 있다. 바로 이 때문에 지금 바로 우리는 AI 개발에 대한 여러 이슈들에 대해 범지구적 논의를 시급하게 시작해야 한다.

하지만 인류의 발전사를 보면 발달된 과학기술에 대해 두려움을 가지고 거부하기보다는 변화된 세상을 어떻게 받아들이고 인류와 지구를 위해 어떻게 사용할 것인가를 고민하는 것이 문명을 지속적으로 업그레이드시키는 방법이었다. 발전된 새로운 AI가 탄생하면 앞으로 인류는 지금보다 훨씬 밀접하게 기계와 함께 살아가게 될 것이다. 어쩌면 기계와 함께 살아간다는 것은 기계를 인류의 동반자로 인정해야 한다는 의미인지도 모른다. 인류를 능가하는 지능을 가진 존재를 지금까지 해 왔듯이 단순히 기계로 대하는 것은 쉽지 않을 것이다. 하지만 이런 상황을 두려워할 필요는 없다. 코페르니쿠스의 통찰이 있기 전에 지구는 이 우주의 중심이었다. 생명체인 인류만이 고도의 지능을 가질 수 있다는 생각은 코페르니쿠스 이전 인간들의 생각처럼 자기중심적 사고에 불과할 수 있다. 물론 인류는 지금까지 매우 특별한 존재였다. 하지만 인류도 환경에 맞추어 진화해 온 존재다. 진화생물학자 스티븐 제이 굴드Stephen Jay Gould의 말처럼 중요한 과학혁명들은 인간이 우주의 중심에 있다는 기존의 신념을 차례차례 부숨으로써 인간의 교만에 사망 선고를 내렸을 때 일어났다는 공통점이 있다.

인류가 준비를 잘한다면 인류는 지금까지와는 전혀 다른 세계에서 살아가게 될 것이다. 인류 역사에서 줄곧 인류를 억압했던 모든 어려움에서 벗어날 수 있다. 지금 준비를 잘한다면 AI는 두려움의 대상이 아니라 인류를 궁극적으로 해방시킬 천국으로 가는 열쇠가 될 수 있다. 이것이 4차 산업혁명의 핵심이기도 하다. AI와 같은 기술이 인류를 위해 봉사할 수 있도록 AI 개발 기본 윤리를 정하고 사용하는 주체를 잘 감시하고 견제하면 된다. AI의 위험을 없애는 최고의 전략은 미래의 AI가 자유, 관용, 지식과 다양성에 대한 존중 등 인간적 가치들을 최대한 따르도록 하는 것이다. 로봇을 설계할 때 어떠한 경우에도 인간을 해치지 않도록 하는 것과 동일한 논리다. 가장 기본 원칙만을 강조해 지키게 만드는 것이 최선이다. 인류보다 훨씬 뛰어난 AI는 인간이 어떤 방어 설계를 해 놓아도 쉽게 뛰어넘을 것이기 때문이다. 이 굉장히 지적인 존재가 인류를 위해 어떻게 봉사하게 할 것인가는 현재 이 존재를 개발하고 있는 인류가 어떤 가치를 부여할 것인가에 전적으로 달려 있다. 지금부터라도 우리는 이 문제를 거대 담론화하여 심도 있는 논의를 시작해야 한다. 2011년 미국의 AI 전문가 엘리에저 유드카우스키Eliezer Yudkowsky는 우호적 AIfriendly AI 개념을 창안했다. "사람이 AI(로봇)의 창조주이므로 오로지 인류에게 우호적인 임무만 수행하도록 기계를 설계해야 한다."는 것이다. 지금 우리가 이런 논의를 시작하지 않으면 머지않은 시기에 인간은 전쟁터에서 AI 편의 로봇과 전투를 하는 상황이 올 수도 있다.

기술은 영원히 양날의 칼이다. 우리는 기하급수적으로 발전하는 기술을 인류의 소중한 가치를 진작하는 데 사용될 수 있게 해야 하며 인류 스스로 방어 능력을 키워 가야 한다. 특히 기술을 이용해 일의 가치를 측정하는 새로운 방법을 찾아낼 수 있다면 인간 노동이 더 이상 필요 없어지는 세상에서 지금까지와는 다른 형태의 일에 대한 가치 측정이 가능하게 될 것이다. 누군가를 정서적으로 돌보는 일, 창조적인 일, 네트워크상에서 인간만이 할 수 있는 정성적인 일, 자신과 주위 사람들에게 위안을 주는 예술적인 일, 인간과 지구가 지속 가능하게 공존할 수 있는 일 등과 같이 우리 삶에 정말 필요한 것과 우리가 바라는 바를 파악하여, 진정한 가치를 매기는 방법을 찾아내고 보상할 수 있는 기준을 만드는 데 활용할 수 있다면, 인류는 지구상에서 마침내 낙원의 문에 들어설 수 있을 것이다.

경기 후퇴기와 불황기에는 확대 재정 정책을 펴야 한다는 주장으로 기존 거시경제학에 새로운 방향을 제시한 저명한 경제학자 케인스는 1928년 집필한 소논문 「손주 세대의 경제적 가능성」에서 한 세기 안에 발생할 일을 예언하면서 "노동력의 새로운 사용법을 발견하는 속도를 뛰어넘어 노동력을 효율적으로 이용하는 수단을 발견할 것이다."라고 했다. 그리고 100년 뒤인 2028년이 오면 유럽과 미국의 생활 수준이 눈에 띄게 향상되어 아무도 돈 버는 걱정을 하지 않는 풍요로운 시대가 오리라 내다봤다. 그러면서 다음과 같이 말했다.

세상이 창조되고 처음으로 인간은 참되고 영구적인 문제에 직면할 것이다. 그래서 긴박한 경제적 불안에서 벗어나 자유를 어떻게 누릴지, 복합적인 이익과 과학을 획득한 여가를 어떻게 보내야 현명하고 유쾌하고 훌륭하게 생활할 수 있을지 고민할 것이다.[10]

케인스는 AI를 예견하지 않았음에도 이미 인간 노동의 시대가 막을 내리리라는 것을 예견했다. 기계는 죄가 없다. 중요한 것은 제도다. 그 제도를 만들고 실행하는 주체는 사람이다. 사람이 세상을 바꿀 수 있다. 하지만 지금 우리가 준비하지 못하고 소수의 인간을 위해 다수의 인간이 희생하는 구조를 방치하며 초지능을 가진 AI에 제대로 대비하지 못한다면 그런 마법 같은 세상은 영원히 오지 않을 것이다. 초지능에 대해 우려를 표했던 호킹도 "만약 기계가 생산한 부를 공유한다면 모든 사람이 편안하고 호화로운 삶을 누릴 수 있을 것이고, 기계 소유자가 부의 재분배를 반대하는 로비에 성공한다면 대부분의 사람은 비참한 가난 속에서 살아갈 것"이라고 말했다.[11] 미래는 대다수의 여유 있는 사람을 위해 소수의 인간과 초지능이 무한한 생산력을 발휘하는 시대가 될 수 있다. 우리가 항상 잊지 말아야 할 것은 '우리가 지금 하는 일은 무엇을 위해 하는 일인가?'에 대한 인류 전체의 공감대 형성이다. '인류와 지구가 함께 공존공영해야 한다'는 명제는 우리에게 거스를 수 없는 절대 명제다.

나노 기술과
생명공학

나노 기술nanotechnology의 개념적 탄생은 노벨 물리학상을 수상한 미국의 위대한 물리학자 리처드 파인먼Richard Feynman이 1959년 캘리포니아 공과대학Caltech에서 한 연설에서 찾을 수 있다.

내가 아는 한, 물리학 법칙을 지키면서도 원자 단위로 물질을 조정할 수 있는 가능성이 분명 있다. 적어도 이론적으로는, 화학자가 적어 준 공식에 따라 물리학자가 화학 물질을 조립하는 일도 가능하다. …… 어떻게 그럴까? 화학자가 알려 주는 장소에 원자를 하나씩 놓다 보면 물질을 만들 수 있는 것이다. 우리가 작업을 눈으로 직접 볼 수 있고, 그것도 원자 수준에서 작업할 수 있다면, 화학과 생물학이 안은 문제 중 상당수가 해소될 것이다. 나는 이런 발전이 필연적으로 이루어지리라 생각한다.[12]

나노 기술에 대한 실질적인 연구는 파인먼이 그 가능성을 언급하고 20여 년이 지난 1981년 에릭 드렉슬러K. Eric Drexler가 '분자공학'이라는 이름으로 논문을 발표하면서 시작되었다. 이후 그는 『창조의 엔진Engines of Creation』(1986)이라는 저서를 통해 나노 기술이 가지는 폭발적인 가능성을 주장했다.

산업혁명과 핵무기를 뛰어넘는 나노 기술의 파급력

나노 기술의 핵심은 파인먼의 말처럼 물질을 원자나 분자 단위로 쪼갠 다음 '분자 조립자molecular assembler'를 통해 원하는 분자로 재조립하여 우리가 원하는 물질을 더 값싸고 더 질 좋고 더 깨끗하게 만드는 것이다. 원자나 분자 단위의 물질을 다루기 위해서는 극히 작은 물질을 통제할 수 있어야 하는데 그 단위가 나노미터다. 1나노미터는 10억분의 1미터다. 우리 인간의 DNA 크기가 3나노미터이기 때문에 나노공학이 고도화되면 인간 DNA도 자유롭게 다룰 수 있게 될 것이다. 분자 조립자는 다양한 모양으로 상상할 수 있는데, 책상에 올려놓을 만한 크기의 기기를 통해 온갖 물건들을 생산해 내는 조립자다. 생산하고자 하는 물질의 정보만 있다면 어떤 값어치 있는 물건도 만들어 낸다. 3D 프린터의 최첨단 미래형 모델이라고 할 수 있다. 이런 분자 조립자(혹은 최첨단 3D 프린터)가 각 가정마다 있는 세상을 상상해 보라. 드렉슬러가 말한 대로 나노 기술 하나만으로도 산업혁명과 항생제, 핵무기를 모두 합친 것보다 더 큰 변화가 올 수 있다.

나노 기술은 광범위하게 개발되고 있는데 특히 의학을 포함한 생물학 분야에서 활발하게 연구되고 있다. 검진이든 치료이든 모든 분야에 갈수록 나노 입자들을 다루는 기술이 많이 도입되고 있다. 나노 입자를 동원해 신체 내 특정 지점까지 치료제를 운반하게 되면 나노 약제가 쉽게 세포벽을 뚫고 들어가 세포 내 목표 구조물에 처방을 전달할 수 있게 되어 치료 효과를 극대화할 수 있다. 생물학적 조립자는 우리 세포핵 속의 유전 정보를 우리가 원하는 정보로 바꿔치기하여 원하는 세포를 만들 수도 있다. 특히 초지능 AI와 결합된 유전공학적 나노 기술은 인류의 생물학적 능력을 향상시켜 인간의 불로불사不老不死 꿈을 이루게 할 수도 있다. 새로운 나노혁명은 기술과 융합되어 우리 뇌뿐 아니라 생물이 가지는 모든 한계를 넘어서는 새로운 인류의 탄생을 가져올 것이다. 어쩌면 우리가 지금까지 상상만 해 왔던 신의 존재 같은 신인류가 탄생할지도 모른다.

공학 분야의 나노 기술은 탄소 나노튜브carbon nanotube를 활용하는 방안을 중심으로 빠르게 발전하고 있다. 나노공학에 가장 적합하다고 알려진 탄소 나노튜브는 지금까지 자연에서 발견된 가장 단단한 결합체인 다이아몬드보다도 결합이 강해 인간이 알고 있는 어느 물질보다도 단단하고 강하다. 이런 물질의 특성을 잘 살린다면 지구 표면에서 우주 공간을 잇는 엘리베이터의 개발도 마냥 꿈같은 이야기만은 아니다. 또한 나노 분자 세공을 통한 제조 기술은 현재의 제조 기술보다 에너지 효율이 훨씬 높다. 나노튜브와 나노 합성물을 자유자재로 다루게 되면 현대 문명을 지탱하고 있는 철이나 티타늄, 알루미늄 같은 금속을 지금과는 다른 방식으로 만들 수 있게 되어 에너지 사용을 크게 줄일 수 있다. 석기 시대 이후 목재에서 금속으로 발전해 왔던 인류 문명이 훨씬 깨끗한 지구를 약속하는 새로운 시대를 맞이하게 되는 것이다.

나노 기술은 에너지에도 획기적인 변화를 가져올 것이다. 현재의 중앙 집중 시스템의 탄소 기반 에너지가 수소와 태양열 중심의 재생 가능한 에너지 시스템으로 바뀔 것이다. 에너지 저장 방식의 연료 전지는 에너지가 필요한 지역 전반에 분산된 형태로 저장되어 훨씬 안전한 설비가 될 것이다. 나노 물질과 연계된 에너지 기술은 태양 에너지의 활용도를 높여 환경 오염에 대한 걱정 없이 미래 인류의 에너지 문제를 해결해 줄 것이다. 지구에 도달하는 태양 에너지는 무료다. 지구에 도달하는 햇빛의 총에너지량은 10^{17}와트로서, 현대 인류 문명이 소모하는 10^{13}와트의 1만 배에 달한다.[13] 인류에게 필요한 에너지를 거의 공짜로 무한대로 사용할 수 있게 되는 것이다.

나노 기술은 지구의 환경을 지키는 데도 유용하게 쓸 수 있다. 현재 환경 독성 물질을 처리하거나 화학산업 촉매제 용도로 나노 물질을 사용하려는 연구가 진행되고 있고 수질 정화용 나노 여과막 등을 개발 중에 있다. 자동차 구조물에 나노 물질을 사용하게 되면 연간 휘발유 15억 리터를 아낄 수 있어 이산화탄소 50억 킬로그램을 줄일 수 있게 된다. 또한 나노로봇공학은 인간이 하기에는 위험이 많이 따르는 핵폐기물 관리를 도와줄 것이다. 가정이나 산업 현장에서 나노 기술을 적용하면 전기 수요도 줄일 수 있다. 나노 튜브는 강력한 암유발 물질인 다이옥신을 효과적으로 흡수할 수 있다.[14] 특히 전자공학 분야에서는 나노 기술의 실용화가 상당히 이루어져 이미 전자 부품들을 생산하고 있다.

나노 기술이 고도로 발전하게 되면 물질로 이루어진 제품도 소프트웨어 제품의 경제 논리를 따를 것이다. 지금까지는 인간이 제품을 만들려면 원재료가 필요하고 이를 가공할 설비와 에너지가 필요했다. 반면 나노 기술이 있으면 제품에 대한 정보만 있으면 된다. 일단 개발이 끝난 소프트웨어 제품은 복사하고 유통하는 데 비용이 거의 들지 않는 것과 마찬가지다. 제러미 리프킨은 이를 '한계비용 제로'라고 했다. 추가로 하나의 물건을 만드는 데 돈이 거의 들지 않는다는 말이다. 우리가 필요로 하는 모든 제품은 하드웨어적인 것이 아니라 그 물건에 담겨 있는 정보로 파악될 것이다. 그 정보를 가지고 분자 조립자를 통해 원하는 물건을 만들어 내면 그만이다. 지구 파괴를 걱정할 필요 없이 누구나 풍요로운 세상에서 살 수 있게 된다. 나노 기술이 우리에게 가져다줄 미래다.

가늠할 수 없는 나노 기술의 위험성

물론 나노 기술에 장밋빛 전망만 있는 것은 아니다. 나노 물질의 극도로 작은 크기는 장점인 동시에 큰 단점으로 작용할 수 있다. 나노 크기의 물질은 우리 인체에 쉽게 침투할 수 있다. 또 나노 물질 중에는 독성을 띠는 물질도 있다. 한때 은나노 물질에 대한 맹신이 오히려 우리 몸에 중금속을 축적하는 것으로 나타나 많은 사람들에게 경각심을 심어 주기도 했다. 산화알루미늄이나 구리, 산화아연 나노 입자는 은나노 물질보다 더 강한 독성을 띠는 것으로 알려져 있다. 나노 물질이 유통되기 시작하면 쉽게 통제할 수 없다. 이런 물질은 체내에 축적될 수도 있는데 한번 인체에 쌓인 물질은 제거하기가 어렵다. 따라서 나노 기술 초기 단계인 지금 이에 대한 규제와 규범을 정립해야 한다.

나노 물질 자체에 대한 위험성도 높지만 나노 복제 기술은 이보다 훨씬 위협적이다. 나노 기술은 수조 개의 작은 단위가 활동해야 하기 때문에 제대로 된 기능을 수행하기 위해서는 자기 복제 기능이 필수적이다. 문제는 자기 복제 기능을 적절하게 통제하지 못하면 인류가 멸망에 이를 수도 있다는 점이다. 나노 물질을 이루는 단위는 탄소 구조가 가장 적합하고 안정적이다. 그런데 지구상의 대부분 생명체들도 탄소를 기본 단위로 사용한다. 한번 잘못 입력된 정보에 의해 자기 복제를 시작한 나노봇(나노 기술과 로봇 기술의 접합으로 등장한 극소 단위의 로봇)이 자기 복제를 위해 지구상 생명체의 탄소를 원료로 사용할 수도 있다. 전 세계 생물 자원에 포함되어 있는 탄소 원자의 수 10^{45}개다. 하나의 나노봇(대강 나노봇 하나에 탄소의 수가 10^6개로 이루어져 있음)이 자기 복제 하는 시간을 100초로만 잡아도 자기 복제를 시작하고 3시간 반이면 지구상 모든 생명체의 탄소를 집어삼키게 될 것이다. 이는 곧 인류의 멸망을 의미한다. 이런 상황을 드렉슬러는 "그레이 구grey goo"(통제 불능 상태의 나노봇 자기 복제) 상태라고 표현했다. 지구상의 모든 생명체가 사라지고 지구는 나노 기계들의 뿌연 회색 덩어리들로 덮이게 될 것이다.

이런 상황을 피하려면 인류가 이미 경험한 생명공학의 선례에 따라 문제를 해결해야 한다. 즉 문제가 해결될 때까지 나노 기술의 사용을 일시 정지하는 것이다. 1975년 유전자 접합 기술이 탄생하고 난 후 이 기술의 위험성이 알려지자 과학자들이 모여 지침을 만들고 지켜 왔다. 나노 기술에 대해서도 지침과 전략을 마련하기 위해 여러 노력이 이루어지고 있다. 그럼에도 결국 나노 기술은 우리 곁에 올 것이고 인류는 이를 통해 진보할 것이다. AI와 마찬가지로 신기술은 항상 위험성을 내포하고 있다. 하지만 나노 기술의 확보로 가능해질 인류의 미래를 위한 노력을 막을 수는 없을 것이다.

생명공학이 불로불사의 꿈을 실현해 줄까?

밤하늘의 별을 보고 우주를 더 알고 싶어하는 인간의 욕망은 망원경을 낳았다. 갈릴레이에 의해 개량되어 본격적으로 사용하게 된 망원경을 이용해 인간은 우주의 기원과 우주에 작용하는 법칙을 깨쳐 왔다. 인류가 망원경으로 거시 세계에 대한 이해를 넓혀 왔다면, 현미경으로는 미시 세계를 관찰해 생명의 신비를 탐구해 왔다. 네덜란드 상

인 출신인 안톤 판 레이우엔훅Anton van Leeuwenhoek은 자신이 발명한 현미경으로 최초로 미생물을 관찰하는 데 성공했다. 우리 눈에는 보이지 않는 생명체가 실존한다는 사실은 인류의 사고 한계를 넓혀 주었다.

생명의 신비에 대한 탐구는 1953년 제임스 왓슨James Watson과 프랜시스 크릭Francis Crick의 DNA 발견으로 이어졌다. 아데닌A, 구아닌G, 사이토신C, 티민T의 단 4종류 핵염기의 이중 나선형 구조로 이루어진 DNA는 모든 생명체의 유전 정보를 담고 있다. 이 유전 정보는 자기 복제를 통해 후대에 전달된다. 한 생물이 지닌 DNA 염기 서열 전체를 게놈Genom이라 한다. 이론상으로는 게놈을 하나 추출하면 온전한 생명체를 되살릴 수도 있다. 〈쥬라기 공원Jurassic Park〉(1993)은 호박에 간힌 공룡의 게놈을 추출해 공룡을 되살린다는 아이디어로 만들어진 영화다. 인간 게놈은 5마이크로미터(1마이크로미터는 100만분의 1미터) 크기의 세포핵 속에 들어 있으며 총길이는 대략 2미터가 되지 않는다. 이 DNA를 연구해 지구 생물들을 대상으로 인간에게 이로운 산물을 얻어 내고자 하는 학문이 생명공학biotechnology이다.

인류는 생명공학의 폭발적인 힘을 '녹색혁명Green Revolution'을 통해 이미 경험했다. 세계 밀 생산량 증대에 공헌한 미국의 노먼 볼로그Norman Borlaug와 '잡종 벼의 아버지'로 불리는 중국 농학자 위안룽핑袁隆平은 유전자 조작을 통해 병충해에 강하고 수확량을 획기적으로 높인 밀과 쌀 종자를 각각 만들어 전 세계에 보급했다. 이 덕분에 20세기의 폭발적인 인구 증가에도 불구하고 인류는 굶주림의 공포에서 벗어날 수 있었다. 녹색혁명이 가능했던 것은 농경이 시작된 이후 자연환경과 인류의 선호도에 따라 점진적으로 개량되던 곡물 종자를, 체계적이고 인위적인 유전자 조작을 통해 단기간에 원하는 품종으로 변형할 수 있는 기술을 터득한 덕분이었다. 녹색혁명의 효과는 놀라운 것이다. 세계 인구가 최초로 10억 명을 넘었을 때가 1804년으로 추정되고 다시 10억 명이 늘어 20억 명이 되었던 때가 123년이 지난 1927년인 것을 생각해 보면, 채 100년이 지나지 않은 2020년 현재 78억 명까지 늘어난 것은 가히 폭발적이라고밖에 할 수 없다. 녹색혁명이 아니었다면 늘어나는 인구에 맞춰 식량 공급이 불가능했을 것이고, 당연히 급격한 인구 증가도 불가능했을 것이다.

DNA가 자기 복제를 하는 유전 물질로 확인되자 인간은 다양한 방법의 유전자 조작 기술을 개발했다. 대표적으로 유전자 가위 기술, DNA 증폭 기술, DNA 연결 효소를 활용한 기술, 생물체 삽입 기술 등이 있다. 생명공학은 폭발적으로 발전했다. 생명공학을 활용해 질병의 진행과 노화를 늦추는 방법은 현재도 이미 많이 알려져 있다. 수명 연장에 대한 인간의 욕구는 생명공학을 통해 심장병, 암, 당뇨병, 뇌졸중과 같은 중대한 질병을 억제하는 기술 개발을 촉진하고 있다.

생명 윤리 문제는 여전히 논쟁 중이지만 아기들이 선천적인 병을 가진 채 태어나는 것을 방지하기 위한 유전자 선택은 중요한 이슈로 부상한 지 오래다. 아기들뿐만 아니라 피부 세포를 다른 종류 세포로 분화시킴으로써 모든 조직과 장기를 부작용 없이 갈아 줄 수 있는 기술이 나오면 이미 중년인 사람들도 건강하게 장수할 수 있는 방안이 가능할 것이다. 그동안 노화는 어쩔 수 없이 받아들여야 하는 숙명으로 여겨지만 지금은 노화 과정을 멈추는 것에 그치지 않고 노화 과정을 되돌리는 기술도 등장하고 있다. RNA 간섭이나, 세포 치료 기법, 유전자 칩을 이용해 질병 관련 유전자의 발현을 막거나 결함 있는 유전자를 억제하는 방법, 장기 전체를 새롭게 배양해 몸에 이식하는 방법 등 수명을 건강하게 늘리는 다양한 방법들이 연구되고 있다. 아직 여러 기술적인 문제들이 남아 있지만 체세포공학은 배아 줄기세포 사용에 따른 논란을 겪지 않아도 되기 때문에 앞으로 크게 기대되는 분야다. 체세포공학은 환자의 특정 세포를 다른 종류의 세포로 바꿈으로써 자신의 DNA를 간직한 새로운 조직을 만들어내는 기술이다. 이 기술이 성공적으로 발전하면 거부 반응 없이 자신의 장기를 만들어 이식할 수 있으며, 인체 내 모든 장기와 조직에 대해 이 과정을 반복한다면 전체적으로 젊어질 수도 있다.[15]

인간의 수명은 무한히 연장될 수도 있다. 인류가 동물 및 인간의 게놈과 프로테옴proteome(게놈이 단백질로 발현되는 현상)을 충분히 이해하게 되면, 그리고 유전 정보를 사용할 도구들을 더 많이 갖게 되면, 복제 기술을 통해 어떤 동물, 장기, 세포라도 쉽게 만들 수 있게 될 것이다. 이는 인류뿐 아니라 모든 생명체의 건강과 복지에 심대한 영향을 미치는 사건이 될 것이다. 유전공학과 나노공학에 초지능까지 결합되면 인류사의 새로운 특이점이 될 것이다. 이론적으로만 본다면 인류는 늙지 않고 무한히 살 수도 있다. 그런 때가 오면 인간이 어떤 일을 하면서 살지 한 번쯤 상상해 보는 것은 어떨까?

통신혁명,
5G 시대를 넘어

마라톤 벌판에서 벌인 페르시아와의 운명적인 전투에서 승리했다
는 결과를 알리려고 그리스 병사가 40킬로미터 가까운 거리를 달려
소식을 전한 뒤 쓰러져 숨졌다는 일화는 육상 종목 마라톤의 유래로
많이 알려져 있는 이야기다. 이렇게 원거리에 있는 사람과 신속하게
소통하는 것은 인류의 오랜 바람이었다.

인류의 숙원을 실현시켜 온 통신 기술

전통 시대에 인간이 직접 소식을 전달하는 가장 빠른 방법은 역
참驛站 제도였다. 역사상 가장 큰 규모이면서 가장 효율적인 역참 시
스템은 칭기즈 칸Chingiz Khan의 몽골 제국에서 구축되었다. 약 30킬

로미터 간격으로 1,500개소 정도가 설치된 몽골 제국의 역참은 총연장 6만 킬로미터로 고속도로이자 통신로였다. 몽골은 속도를 중시한 제국이었다. 무장한 경기병은 전쟁 시 1인당 말 7~8마리를 끌고 다니면서 하루 70킬로미터를 주파했다. 그때 당시 유럽의 기병 진군 속도는 하루 20킬로미터였다. 역참은 이보다 훨씬 빨라, 위급 시 역참을 이용하면 하루 280~350킬로미터를 갈 수 있었다. 몽골 제국 수도 카라코룸에서 지금의 동유럽에 위치한 킵차크 한국까지 약 6,700킬로미터 정도의 거리를 20~25일 정도면 도달했을 것이다. 폴로의 『동방견문록』에는 역참을 이용하면 평소 100일 거리에 있는 소식이 10일 만에 들어온다는 기록이 있다.

인간이 직접 이동해서 정보를 전달하는 것은 아무리 빨라도 한계가 있다. 그런데 인간의 시각은 보는 즉시, 즉 빛의 속도로 정보를 인식할 수 있고 전달할 수 있다. 이를 활용한 통신 방법이 봉화 시스템이다. 동양에서는 중국에서 가장 먼저 사용된 기록이 『사기史記』에 나오고 우리나라에도 『삼국사기三國史記』(1145)나 『삼국유사三國遺事』(1281)에 봉화를 사용한 기록이 남아 있다. 아메리칸 인디언이나 남아메리카 원주민도 봉화를 자주 사용했으며 고대 그리스에도 사용한 기록이 있는 것을 보면 거의 모든 인류가 봉화를 사용한 셈이다. 세종 때 완비된 조선의 봉화 체계는 실험해 본 결과 부산에서 변고가 생겼을 때 한양까지 약 2시간이면 전달할 수 있을 정도로 잘 정비되어 있었다. 현 대한민국 육군 통신병과와 정보병과의 마크는 봉화가 모티브다. 하지만 봉화로 전달할 수 있는 내용은 극히 제한적이었고 봉화를 담당하는 사람에게 변고가 생기거나 봉화를 행여 잘못 인지하기라도 하면 소식 전달에 큰 문제가 발생했다.

인류는 통신 수단에 있어서는 기술적 한계로 인해 수천 년을 특별한 발전을 이루지 못했다. 그러다 전기를 발견하면서 획기적인 통신 방안을 개발하게 되었다. 모스 부호를 이용한 전보telegram가 탄생한 것이다. 전신주가 설치된 지역에서 전보는 즉각적인 소식 전달 방식으로 긴요하게 사용되었다. 이후 통신은 알렉산더 그레이엄 벨Alexander Graham Bell의 전화기 시대를 맞이했다. 벨의 전화기 특허 등록은 기존에 없었던 통신산업을 탄생시켰다. 한때 각국의 최대 공기업이 통신사일 정도로 통신은 거대 산업으로 성장했다. 상대방의 생생한 육성을 듣고 실시간으로 소통할 수 있는 수단인 전화는 기존 통신 수단에 없던 즉시성, 양방향성, 정보 전달 내용의 적확성 등으로 원거리 소통에 일대 혁신을 가져왔다.

이후 시각적인 정보 전달이 가능한 팩스 시대를 지나 유·무선 통신 시대에 접어들었다. 무선 통신으로 라디오와 TV 같은 기기를 통해 영상 및 데이터 전송이 가능하게 되어 인류는 시청각으로 정보를 접할 수 있게 되었다. 불과 몇십 년 전만 해도 TV는 부잣집에만 있는 가전제품으로 사람들의 선망의 대상이었고 부의 상징이었다.

무선 통신은 발전을 거듭해 20세기 후반 마침내 우리가 사용하는 양방향의 무선 통신 시대가 열렸다. 무선 통신은 지금까지 4세대에 걸쳐 기하급수적으로 발전해 왔다. 정보 통신량 처리 기준으로 보았을 때 연산 처리 용량이나 기억 용량의 성장 속도는 가히 경이적이라 할 만하다. 구글 회장을 지냈던 에릭 슈밋Eric Schmidt에 따르면, 인류는 문명화가 시작된 이래 2003년까지 생성했던 것에 맞먹는 정보량을 오늘날에는 이틀마다 생성한다.[16] 이런 어마어마한 양의 정보는 모두 디지털 데이터로 저장되고 유통되고 있다. 미국에서 1분마다 3,600만 번의 검색(2017년 기준)이 이루어지고 있고 1억 개의 스팸 메일이 발송되고 있으며 52만 7,000장의 사진이 업로드되고 있다. 하지만 정보 통신 속도는 정보 처리와 기억 용량의 성장 속도보다 훨씬 더 폭발적으로 발전하고 있다. 데이터 통신은 기존 방식과는 차원이 다른 통신이다. 단순히 정보를 전달하는 데 그치지 않고 거의 새로운 세상을 상대방에게 전달할 수 있다.

4차 산업혁명의 인프라가 될 5G

통신 속도는 1988년 1세대 아날로그 통신을 시작으로 단계별로 속도를 크게 향상시키며 발전해 왔다. 통신 발전을 단계별로 간단하게 살펴보자. 1세대1G는 아날로그 통신이다. 큰 용량의 음성을 전송했다. 2세대2G CDMA 통신은 음성 데이터를 디지털 신호로 변환해 전송했다. 전송 속도도 킬로비트Kbps 수준으로 빨라져 간단한 문자 메시지와 텍스트 전송이 가능했다. 3세대3G W-CDMA 14.2Mbps 통신에서 초고속 무선망 시대가 열렸다. 빨라진 데이터 속도로 영상 통화와 멀티미디어 수준의 인터넷 사용이 가능했다. 유심USIM 칩을 탑재해 금융 서비스도 개시되었다. 4세대4G LTE HSPA+는 다운로드 전송 속도가 초당 168메가비트Mbps에 이른다. 자유로운 인터넷 접속, 대용량 게임, 스트리밍 멀티미디어 사용이 가능하다. 현재 대다수 사람들이 사용하고 있는 무선 통신망이다.

그리고 이제 통신에서 5G 시대가 도래했다. 5G 통신 기술은 4차 산업혁명을 책임지는 인프라 역할을 하게 될 것이다. 5G 통신 기술의 특성을 살펴보자.

첫째, 초대용량과 초고속 전송 속도다. 정상적인 5G 서비스가 개통되면 20기가비트Gbps로 4세대 통신보다 전송 속도가 20배 빨라진다. 2GB 영화를 다운로드하는 데 0.8초면 가능하다.

둘째, 초연결성이다. 높아진 전송 속도와 함께 전송 가능 트래픽 양도 100배 늘어남에 따라 빅데이터의 수집과 처리, 그리고 처리 결과들을 공유하는 일들이 가능해졌다. 이로 인해 다양한 사물인터넷IoT 기기 연결이 가능해지면 초연결된 서버와 단말기들을 통해 초고해상도 동영상의 시청은 물론, 구글 글라스Google Glass나 마이크로소프트 홀로렌즈Microsoft HoloLens를 활용한 다양한 AR(증강현실)/VR(가상현실) 서비스도 가능해진다. 빨라진 속도는 가상 세계의 경험과 현실 세계의 경험의 구분을 모호하게 만들 것이다. 진짜와 같은 가상 공간 체험이 가능해짐에 따라 가상 공간의 현실성이 우리 삶을 통째로 바꿔 놓을 수 있다. 인간의 쾌락 추구 방식도 변하게 될 것이다. 가상 공간에서 가장 큰 시장 규모를 자랑하는 온라인 쇼핑은 더욱 발전해 기존 온라인 쇼핑이 가지고 있는 한계도 거의 없어지게 된다. 일하는 환경도 획기적으로 바뀌게 된다. 어쩌면 코로나19로 촉발된 확대된 재택근무 형태가 앞으로는 통신 속도 발전에 힘입어 표준 근무 형태로 자리 잡을지도 모른다. 어쩌면 일하는 방식을 영원히 바꿔 놓을 수도 있다. 교육도 지금과는 다를 것이다. 지금까지 부수적인 역할에 머물렀던 온라인 교육이 가지고 있는 한계를 넘어 앞으로는 대면 수업이 보조 역할을 하게 될 날도 머지않았다.

셋째, 초저지연성ultra-low latency이다. 초저지연이란 모바일 단말기에서 보낸 데이터가 기지국과 모바일 네트워크, 서버 등을 거쳐 다시 단말기로 돌아오느라 지연되는 시간이 극도로 짧다는 의미다. LTE에서 20밀리세컨드(1밀리세컨드는 1,000분의 1초)였던 지연 시간이 5G에서는 1밀리세컨드로 줄어든다. 초저지연은 안전도 높은 자율주행차 운행을 가능하게 해 준다. 빠른 속도로 움직이는 물체는 장애물이 나타날 때 얼마나 빨리 반응하는지가 중요하다. 시속 100킬로미터만 해도 1초에 27미터를 움직인다. 반응 지연 시간이 짧을수록 안정성은 향상된다. 4G에서는 반응 지연 시간이 0.03~0.05초였지만 5G에서는 0.001초다. 초저지연은 원격 진료도 가능하게 해 준다. 그동안 인간의 생명을 다루는 원격 진료 분야는 불안전한 데이터 통신 신뢰도와 지연 현상 탓에 한계를 보였다. 하지만 5G 기술의 신뢰성은 이런 문제들을 해결해 줄 것이다.

스마트 공장은 모든 사물이 산업용 클라우드에서 제공되는 정보를 사용하기 위해 연결된 상태를 유지한 채 작업을 해야 불량률을 줄이고 정확한 시기에 생산을 하여 비용을 최소화할 수 있다. 초고속, 초연결, 초저지연 네트워크 연결이 가능한 5G가 이런 문제들을 해결할 것이다. 지금은 완벽하지 않더라도 기술은 발전할 것이고 우리가 생각하는 것보다 그런 환경이 우리 곁에 훨씬 빨리 올 것이다.

우리나라는 전 세계에서 최초로 5G 상용 서비스를 개시한 나라다. 2020년 촉발된 미국과 중국의 무역 전쟁의 기저에는 화웨이의 5G 기술 문제가 깔려 있다. 미래 통신 기간망 기술을 누가 선점할 것인가는 매우 중요한 문제다. 5G 통신이 전 세계에 보급되고 이후 6G 통신 시대까지 오면 인류는 언제 어느 곳에서든 대용량의 데이터를 초고속으로 이용할 수 있게 될 것이다. 그때가 되면 원격 소통의 기존 한계는 완벽하게 제거될 것이다. 영화 〈스타워즈Star Wars〉나 〈스타 트렉Star Trek〉 시리즈에서 보았던 홀로그램을 이용한 통신으로 보고 싶은 사람과 소통하게 될 날도 머지않아 보인다. 5G 통신은 봉화로 시작된 인류의 무선 통신 체계의 새 지평을 열게 될 것이다.

기술 진보의 낙원은 그냥 오지 않는다

기술의 진보는 항상 대규모의 산업을 형성하고 새롭게 형성된 산업군은 인류에게 양질의 일자리를 제공해 왔다. 이전까지는 인간의 노동력을 바탕으로 인간 노동의 효율을 최대화하려는 목적에서 기술 발전이 이루어져 왔다. 하지만 4차 산업혁명을 통해 발전할 기술들은 오히려 지금과 같은 개념의 일과 일자리 대다수를 없앨 것으로 보인다. 일과 일자리 측면에서 보자면 4차 산업혁명의 본질은 인간 노동을 기계 노동으로 대체하는 것이다. 이제 인류가 문명을 건설하고 과학기술을 발전시켜 온 목적이 무엇이며 인류에게 일과 일자리가 어떤 의미인지 근원부터 생각해 봐야 한다. 우리가 열거한 기술들이 융합되어 총체적으로 인류의 삶을 위해 제공된다면 인류는 진정으로 노동 없는 사회, 무병장수하는 사회로 진입하게 되어 인류가 꿈꿔 왔던 낙원이 도래할 것이다.

하지만 이런 기술들이 소수의 이익을 위해 봉사한다면 인류에게 이보다 암울한 세상이 없을 것이다. 우리가 지금과 같은 가치와 분배 방식을 고집한다면 4차 산업혁명이 가져올 미래는 인류가 살아왔던 그 어느 시대보다 참담할 것이다. 우리는 우리에게 주어진 미래 과학기술이 인류와 공존하면서 인류를 위해 봉사하게 만들어야 한다. 이를 위해 일과 일자리에 대한 지금까지의 생각을 완전히 바꿔야 한다. 현재와 같은 방식의 일자리는 극소수만 남게 될 테니 말이다. 기술이 소수만을 위해 쓰이게 되면 그 혜택을 보지 못한 사람들의 삶은 이전보다 훨씬 팍팍해진다. 인류는 첨단 기계를 보유한 사람과 보유하지 못한 사람으로 영원히 양분될 수도 있다. 이는 고대 그리스의 시민과 노예 계급이 다시 출현한 것과 다를 바 없는 세상이다.

4차 산업혁명에서는 사회 구성원 간의 관계나 일자리 개념의 변화 외에 인간과 기계의 관계 정립도 중요하게 고려해야 한다. 로봇과 결합된 초지능이 인류를 위해 봉사한다면 인류를 노동에서 영원히 해방시켜 줄 수 있을 것이다. 하지만 만약 자기 자신을 위해 작동한다면 인류 멸망을 불러올 수도 있다. 멸망까지 가지 않더라도 인류는 지구상에서 2류 동물로 살아가게 될 것이다. 초지능이 적절히 통제되어도 소수를 위해 일하도록 프로그램된다면 대다수 인류는 인류 멸망과 별다를 바 없는 극심한 고통 속에서 살아갈 것이다. 초연결성이 인간의 자유를 완전히 없애는 감시용으로 사용될 수도 있으며, 나노기술과 생명공학도 마찬가지의 위험이 있다. 최첨단 기술들은 오히려 기존 기술보다 인류를 쉽게 큰 위험에 빠뜨릴 수 있는 양날의 칼이다. 특히 4차 산업혁명 이후 인류에게 주어질 과학기술은 이전의 모든 기술과는 차원이 다를 것이며 근본적으로 지구를 변화시킬 기술들이다. 그런데도 지금 우리는 4차 산업혁명의 기술적인 문제에 몰두해 진정으로 4차 산업혁명의 결과가 어떻게 되어야 하는지에 대한 논의가 너무 부족하다. 기술은 인류가 이롭게 써야 할 문명의 이기다. 기술에 함몰되지 않고 인류의 미래를 고민하고 설계해야 한다.

인류는 새로운 전환점이 올 때마다 지혜를 모으고 상대방을 배려하는 도덕과 양심을 바탕으로 좀 더 나은 세상을 만들어 왔다. 하지만 이런 발전된 세상이 저절로 온 것은 아니다. 4차 산업혁명 시대에 우리는 어떤 세상을 살아야 하는지 말하기에 앞서, 앞으로 올 세상이 인류를 위한 세상이 되기 위해 현재 우리가 잘못 생각하고 있는 것은 없는지 한번 되돌아봐야 한다. 어떤 생각들은 처음에는 좋았지만 시간이 흐름에 따라 오히려 인간을 구속하고 압박하는 경우도 있었다. 다음 장에서는 먼저 우리가 가지고 있는 잘못된 생각들을 한번 고민해 보자.

6장

좋은 일자리를
방해하는 생각들

미래를 억누르는 우리 내부의 '우상'들

인류는 뇌를 발달시킴으로써 지구상에서 최상위의 먹이 사슬에 위치하게 되었다. 뇌의 가장 큰 효용은 상상력을 발휘할 수 있다는 것이다. 하지만 모든 장점의 이면에는 단점이 있듯이 인간의 상상력은 한편으로는 부작용을 만들어 냈다. 바로 '우상idols'에 대한 믿음을 가지게 된 것이다. 우상이란 인간의 선입견이나 편견으로 생기는 허위를 말하는데, 근대 철학의 개척자로 평가받는 베이컨은 1620년에 펴낸 책 『노붐 오르가눔Novum Organum』에서 이러한 우상이 인간의 올바른 사고를 방해하고 있으므로 버려야 한다고 했다. 베이컨은 일상적인 경험이나 관찰, 실험을 통해 지식을 획득하는 귀납법에 기초한 지식 체계를 만들 것을 주장함으로써 데카르트와 함께 근대 자연과학 연구의 토대를 마련한 것으로 평가받는다. 베이컨은 중세 수백 년 동안 스콜라 철학이 인간 정신에 심어 놓은 편견 탓에 인간이 제대로 된 사고를 하지 못한다고 지적하면서, 올바른 지식을 획득하기 위해 버려야 할 네 가지 우상을 다음과 같이 말했다.

첫째, 종족의 우상이다. 인간이 사물을 볼 때 자신이 속한 사회적 편견에서 자유로울 수 없다는 것이다. 자연현상을 목적적으로 해석하려는 경향이 대표적인 사례. 그리고 사회가 집단적 광기 현상에 빠져드는 현상도 이런 우상에 속한다. 인간 역사에 종종 등장하는 이런 현상 중 가장 심각했던 현상은 2차 세계대전 중 독일에 있었던 나치 숭배 현상이다.

둘째, 동굴의 우상이다. 우리 속담에도 있듯이 우물 안 개구리와 같은 편협한 사고를 경계하라는 말이다. 동굴의 우상은 개인이 살아온 경험과 환경, 교육이 주요인으로 작용해 발생한다. 종족의 우상이 집단적 선입관에 관한 것이라면 동굴의 우상은 개인적 편견을 지적하는 것이다.

셋째, 시장의 우상이다. 시장에서 자신의 의견을 관철하기 위해 진실이나 논리 정연한 주장보다 압축된 말 몇 마디나 상징적인 단어를 통해 사물이나 인물을 규정지어 버리는 것이다. 이런 일은 잘못 각인된 이미지 때문에 고통을 받는 당사자도 힘들지만 여기에 동조하는 사회 구성원들도 올바른 판단을 할 수 없게 만든다. 네트워크로 연결된 현대 사회에 이미 심각한 병폐로 등장하고 있다.

넷째, 극장의 우상이다. 잘못된 방법과 결부된 철학 체계로 인해 해로운 영향을 받는 것을 말한다. 사회에서 권위를 인정받는 사람들의 행동이나 말은 마치 극장에서 배우가 연기를 하는 것과 같이 대중에게 어필할 수 있다. 이때 권위 있는 사람이나 그 이름을 빌려 사용하는 사람이 그릇된 주장을 할 때 흔히 나타나는 현상이다. 전문가를 사칭한 '가짜 뉴스'가 판치는 사회가 얼마나 우리에게 해를 미치는지 생각해 보라. 진짜 전문가라 하더라도 자신의 권위를 이용해 곡학아세曲學阿世하게 되면 사회에 미치는 부정적인 영향이 클 수밖에 없는 것도 인간이 지닌 극장의 우상에서 비롯된다 할 수 있다.

베이컨이 주장한 네 가지 우상은 지금 봐도 그 통찰력이 빛난다. 특히 통신의 발달로 SNS가 극도로 발달한 현대 사회에서는 위 네 가지 우상들이 상호 상승 작용을 하면서 인간의 사고를 자기 확증 편향confirmation bias으로 몰아가고 있다.

인간은 사회를 구성하고 확대·발전시켜 오면서 많은 우상을 만들어 냈다. 우상들이 만들어 낸 개념 중에는 한시적으로 유용하게 작용한 것도 있기는 했다. 하지만 지금은 4차 산업혁명을 통해 인류가 어떤 사회에서 살아갈지를 결정하는 중요한 기로에 서 있는 시기로, 우리가 지금까지 잘못 알아 왔던 개념들을 정확히 아는 것은 실로 중대한 일이다. 1차 산업혁명 이후 전 인류에게 금과옥조와 같이 여겨졌던 효율效率과 혁신革新이라는 구호에서부터 시작해 보자.

효율과 혁신,
빛나는 이름 뒤로 숨은 함정

효율efficiency은 인간이 생산을 시작한 이래 항상 최고의 가치로 평가받아 온 말이다. 생각해 보면, 잉여가치가 가진 효용을 깨달은 인류는 토지와 인간 노동 효율을 높여 좀 더 많은 수확을 얻기 위해 노력했다. 많은 수확에 따른 잉여가치의 축적은 주변보다 좀 더 큰 집단을 만들 수 있게 해 주었고 이는 곧 전쟁과 같은 상황에서 생존과 직결되는 문제였다. 그 노력의 결과물은 비록 초기 발전 속도는 느렸지만 꾸준한 농기구의 발달로 이어졌다. 신석기 시대 돌낫, 돌칼, 돌보습 등 조잡했던 농기구는 좀 더 효율 좋은 간석기로 대체되었고 철기가 농업에 사용되기 시작하면서 농업 생산력은 크게 증대되었다. 역사를 살펴보면 철기의 도입은 국가 발전 선진화의 징표와도 같았다. 철기를 도입한 사회는 강력한 철제 무기의 사용뿐만 아니라 철제 농기구로 농업 생산 토지 효율을 높게 되어 주변보다 훨씬 강력한 국가를 건설할 수 있었다. 초기 역사에서 효율은 집단의 생존과 연관된 문제였다고 할 수 있다. 이 시기 효율을 높이는 방법은 인간의 지혜와 숙련된 기술에 전적으로 의존했다.

1차 산업혁명은 효율에 대한 신념을 더욱더 강화시켰다. 자연의 힘이나 간단한 도구에 의존해 생산하던 방식을 벗어나 기계와 동력을 활용한 대량 생산 시대에 접어들면서 기계 성능과 작업 방식에 따라 생산력에 확연한 차이가 생겼다. 인간과 축력에 전적으로 의존했던 농업은 트랙터로 대표되는 농기계의 도입으로 1인당 생산력을 끌어올렸다. 어업에서도 동력선과 어군 탐지기 등을 활용해 눈에 보이지 않는 바닷속을 살펴볼 수 있게 됨으로써 어로 활동의 효율이 높아졌다.

기계의 효율, 인간의 효율에서 자본의 효율로

자본주의 사회에서 사회적으로 사유재산에 대한 개념이 확립되고 보호된 후 큰 수익을 얻기 위해 효율의 향상을 극적으로 추구하게 됐다. 부를 쌓고 상속하는 것이 신성시되는 사회에서 효율은 이전보다 훨씬 중요하게 여겨지고 존중받는 덕목이 되었다. 효율을 추구하는 인간의 노력으로 외연기관이 내연기관으로 발전했다. 에너지를 효율적으로 사용하는 것은 부를 효율적으로 생산하는 데 가장 핵심적인 사항이다. 외연기관의 대표 격인 증기기관의 열효율은 10퍼센트였던 데 비해, 내연기관은 그 2배가 넘는 21퍼센트의 효율을 나타냈다. 내연기관의 발명은 전기의 발견과 함께 2차 산업혁명을 촉발하는 계기가 되었다. 엔진 자체의 안전성을 높이고 경량화에 성공한 내연기관은 1886년 벤츠의 4행정 기관 3륜차로 자동차 시대를 열었고, 1889년에는 4륜으로 발전해 진정으로 인간에게 이동의 자유를 가져다주었다. 석기 시대부터 말을 타고 이동했던 인류가 새롭게 발명한 기계를 통해 이동의 자유를 얻은 것은 사실 그 역사가 100년 남짓밖에 안 되는 것이다. 이는 기계의 효율을 높이려는 노력이 인간 역사 발전에 얼마나 긍정적으로 작용할 수 있는가를 보여 주는 한 사례다.

기계의 효율을 높이려는 노력과 동시에 인간 노동의 효율을 높이기 위한 방안도 다각도로 진행되었다. 인간의 노동 효율을 높이는 대표적인 방식은 프레더릭 테일러Frederick Taylor가 창안한 '과학적 관리법scientific management', 즉 '테일러리즘Taylorism'이다. 1890년 필라델피아의 한 철강 회사에 근무하던 테일러는 노동자의 작업을 관찰하면서 노동 효율을 끌어올리기 위해 ① 최적화, ② 표준화 및 통제, ③ 동기 부여의 3가지 구성 요소를 설정하고 노동자를 집중적으로 관리하는 방안을 생각해 냈다. 테일러가 제안한 이 이론의 핵심 목표는 경제적 효율성, 특히 노동 생산성 증진에 있었다.

모든 노동자의 작업은 경영진이 최소한 하루 전에 철저하게 계획하고, 각 노동자는 가급적 문서로 된 완전한 업무 지시를 받는다. 지시서에는 그가 수행할 과업뿐만 아니라 거기에 이용하는 수단까지 상세히

테일러의 과학적 관리법의 구성 요소들

최적화	표준화 및 통제	동기 부여
시간 및 동작 연구 계산자 및 시간 절약 수단 계량화	기능적 직장 제도 공구나 기구 등의 표준화 작업 지시서 기획 부문	과업 제도 차별적 성과급 제도

자료 : 위키피디아[2]

기술한다. (…) 또한 과업의 내용은 물론이고 그 수행 방법과 수행에 허용되는 정확한 시간까지 명시한다.[1]

이 짧은 문구에서 테일러가 원한 것은 노동자들이 '살아 있는 기계'로 일하는 것이었음을 알 수 있다. 이는 또 1차 산업혁명이 인간의 노동력을 어떻게 변화시켰는지 명확하게 보여 준다. 1차 산업혁명을 계기로 수직적 '규모의 경제economy of scale'를 구축하게 되었고, 동시에 모든 가치 중에 '효율'의 가치가 최상위 가치가 되었다. 효율은 시간의 효율적 사용만이 아니라 생산에 들어가는 모든 요소의 효율을 추구하게 되었다. 물론 가장 중요한 효율은 자본의 효율이다.

'자동차의 아버지'라 불리는 헨리 포드는 1908년 포드 'T' 형 모델을 개발했다. 미국 자동차 시대를 연 모델로 평가받는 'T' 모델은 저가 전략을 채택하고 이를 위해 생산 효율을 최대로 높인 결과물이었다. 그동안 수작업에 의존하며 구매자의 요구에 따라 소량 생산하던 방식에서 벗어나, 생산 공정을 표준화하고 호환 가능한 부품을 사용함으로써 대량 생산이 가능해졌다. 포드의 생산 방식은 생산 증대 효과에 일대 전환을 가져와 1910년 1만 9,000대이던 생산량을 단 3년 만인 1913년 24만 8,000대로 극적으로 끌어올렸다. 이후 테일러리즘에 영감을 받은 포드는 1913년 생산 공정에 컨베이어 벨트로 연결된 완전한 조립라인을 구축해 자동차는 이동하고 사람은 고정된 위치에서 작업을 하게 했다. 작업 분업화와 작업 동작을 '초' 단위로 측정해 반복 작업을 표준화하여 작업 능력을 극도로 향상시켰다. 포드는 생산 효율화를 통해 초기 850달러이던 차량 가격을 310달러까지 낮추어 1921년에는 세계 시장 점유율 50퍼센트를 넘어서는 경이적인 성과를 달성했다. 현장에서 작업해야 하는 노동자 입장에서는 단순 손작업을 반복하게 되어 존재감이 축소되었지만, 생산성 향상으로 얻어진 결과는 자동차 소비를 촉진했고 자동차가 보편적인 문명의 이기가 되는 데 일조했다.

효율의 극대화가 일자리에 끼친 영향

하지만 높아진 노동 생산성의 결과물은 정의롭게 분배되지 못했다. 기계의 효율 향상으로 노동자의 생산성은 향상되었지만, 향상된 생산성으로 창출된 부는 노동자가 소유할 수 없었으며, 거의 모든 성과물은 기계 소유자인 자본가의 몫으로 돌아갔다. 부의 분배 문제가 항상 자본가 편에만 있었던 것은 아니다. 2차 세계대전 이후 세계 경제 부흥기부터 1970년까지 미국과 유럽 여러 나라에서는 부가 비교적 균형 있게 분배되는 때도 있었다. 하지만 1980년부터 불기 시작한 신자유주의 시대에 접어들어 분배 균형이 크게 악화되었고 이후 더욱 가속되었다. 몇 명 되지 않는 사람에게 자본이 집중되자 소비시장의 수요와 일자리 성장이 저하되었고, 그 결과 많은 임금 노동자가 빈곤의 나락으로 떨어질 수밖에 없었다. 미국에서는 1989년 이후 제조업의 '실질' 생산액은 71퍼센트나 상승했지만 제조업 분야의 일자리는 약 35퍼센트나 줄었다. 빈부 격차는 더욱 심각해져 2015년 미국 상위 1퍼센트 부자가 국가 사적 자산의 42퍼센트를 차지하고 있는 반면, 하위 가구 50퍼센트는 겨우 1퍼센트를 차지하고 있었다. 1978년에 상위 0.01퍼센트가 소유한 재산은 평균 가구가 소유한 재산보다 220배 많았지만 2012년에는 1,120배로 불어났다. 이런 격차는 더욱 빠른 속도로 벌어지고 있다. 신자유주의가 대세를 이룬 1980년 이후 효율 향상은 더 이상 인류 전체에 도움이 되지 못하고 소수를 위한 것이 되고 말았다. 효율이 인간을 위해 봉사하지 않고 자본을 위해 봉사한 결과다.

불평등이 심화된 사회에서 생산성 향상이 지속되면 일자리는 더욱 빠른 속도로 없어진다. 공급 과잉으로 가격이 떨어지면 가격 하락의 손실을 만회하기 위해 더욱 효율을 높이게 되고 이것이 일자리를 없애는 악순환으로 이어지기 때문이다. 일자리를 잃은 사람들이 다시 안정된 직업을 찾을 수 있는 사회적 안전장치도 없다.

제조업뿐 아니라 우리에게 쇼핑의 개념을 바꾼 소매시장에서의 효율성 증가도 마찬가지다. 인터넷 서점으로 출발해 지금은 세계 최대전자 상거래 회사가 된 아마존은 유통업 관계자들에게 저승사자와 같은 존재다. 미국의 오프라인 소매 체인들은 아마존의 성장과 함께 사라져 갔다. 아마존은 매장과 같은 하드웨어에 투자하는 대신 물류 시스템에 투자해 물류 효율을 최대화했다. 물류 시스템의 근간은 인간 노동력을 최소화함으로써 최대한 자동화된 물류 센터와 온라인 관리 시스템을 주축으로 이루어진다. 아마존에서 사용하고 있는 물류 로봇은 약 10만 대 정도로 추산되며 로봇 한 대당 연간 약 2,200달러 정도의 비용이 절감되고 있다. 효율이 높은 물류 시스템으로 제품 판매가를 최저로 유지할 수 있게 된 덕분에 아마존은 전 세계를 대상으로 물품을 팔 수 있는 유통업체로 성장했다.

세계에서 가장 효율적인 물류 시스템을 갖춘 아마존과 세계 최대 소매 판매업체인 미국 월마트를 비교해 보면 물류 시스템 효율화가 인간 일자리에 어떤 영향을 미치는지 쉽게 알 수 있다. 2019년 기준 아마존의 매출액은 2,805억 달러, 직원 수는 정규직, 비정규직 모두 포함해 약 79만 명이었으며, 월마트의 매출액은 5,240억 달러, 고용된 직원 수는 약 230만 명이었다. 문제가 더 심각한 것은 2018년 아마존의 매출 성장률은 30.9퍼센트였고 월마트는 2.8퍼센트에 그쳤다는 점이다. 아마존 직원이 한 명씩 늘어난다는 것은 동종 업계에서 일자리가 2개씩 없어진다는 의미다. 누가 봐도 온라인 소매업체의 효율 향상은 '인간의 일자리가 없어지는 것'으로 이어진다.

하지만 아마존은 그나마 사람을 비교적 많이 고용하는 회사다. 2010년 유튜브가 16억 5,000만 달러에 구글에 팔릴 때 직원 수는 65

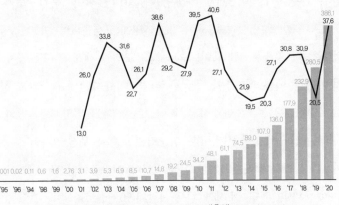

아마존 연도별 매출액 및 성장률 추이(1995~2020)

전년도 동기 대비 성장률(단위: %) — 매출액(단위: 십억 달러)

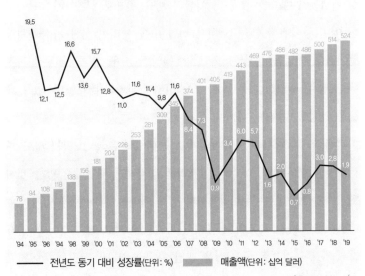

월마트 연도별 매출액 및 성장률 추이(1994~2019)

전년도 동기 대비 성장률(단위: %) — 매출액(단위: 십억 달러)

명이었고, 2012년 페이스북에 10억 달러에 매각된 인스타그램은 직원 수 13명에 고객이 3,000만 명이었다. 2014년 페이스북이 190억 달러에 인수한 왓츠 앱whatsapp은 직원 55명에 고객은 4억 5,000만 명이었다. 뉴욕대 스콧 갤러웨이Scott Galloway 교수는 세계 4대 IT 공룡 기업 아마존, 애플, 페이스북, 구글을 '4인의 기사Four Horsemen'라고 칭했다. 4인의 기사는 『요한계시록』에 나오는 '세계를 멸망시킬 4인의 기사'라는 말에서 인용한 것이다. 섬뜩하지만 현재 우리 일자리 상황을 이보다 명확하게 표현하기도 힘들 것이다. 시가총액만 3조 달러가 넘는 애플은 17만 명, 전 세계 검색 시장의 90퍼센트를 점하고 있는 구글은 5만 7,000여 명, 전 세계 사용자 수가 28억 명이 넘는 페이스북은 4만 3,000명을 조금 넘는 직원을 고용하고 있을 뿐이다. 거대 신생 기업들이 매출을 위해 더 이상 사람을 필요로 하지 않는다는 것은 이미 상식에 속한다. 오히려 직원 수를 늘리면 회사 자산가치가 떨어진다. 기업들이 컴퓨터와 같은 다양한 기계, 잘 짜인 통신 시스템, 조직 관리 혁신 등을 통해 모든 면에서 과거와 비교할 수 없는 효율을 달성했기 때문이다.

전체적인 부가가치는 급속하게 느는데 고용은 줄고 있는 것도 큰 문제지만 이와 함께 우리의 일자리를 심각하게 위협하고 있는 것이 또 있다. 1980년 이후 프리랜서와 임시 계약직, 자가 고용 일자리(자영업)가 늘어나는 속도가 정규직 일자리를 앞서고 있는 것이다. 일자리 수가 절대적으로 줄고 있을 뿐만 아니라 일자리의 질도 떨어지고 있는 것이다. 이것도 자본의 효율을 추구한 결과다.

효율이 한없이 높아진다는 것의 의미

효율은 인류 역사에서 중요한 역할을 해 왔다. 하지만 불행하게도 현재는 효율이 고도화되면서 오히려 인간을 위협하는 괴물이 되었다. 다시 반복하지만 효율의 향상이 문제가 되는 것이 아니다. 효율은 인간의 생산성이 낮고 인간의 생존과 안락한 생활에 필요한 물건들이 희소성을 가지고 있을 때 인류 발전에 큰 공헌을 해 왔다. 극도로 높아진 효율이 대다수의 인간을 위해 사용되지 못하고 극소수의 자본가를 위해 봉사하게 된 것이 잘못이다.

효율이 지금보다 더 높아지면 제품 생산에 있어 추가 생산 비용이 거의 제로에 가까워지는 지점이 온다. 앞에서도 언급한 리프킨의 '한계비용 제로'다. 생산에 있어 한계비용이 제로에 가까워지고 그 방식이 지속 가능하다면 인류가 추구해야 할 궁극적인 목표점이다. 하지만 리프킨의 주장처럼, 인간이 지금까지 살아왔듯이 모든 생물이 조화롭게 살아갈 수 있어야 하며, 이런 효율이 단순히 생산성을 높이는 데 그치지 않고 지구 생물권을 유지하고 돌보는 데 쓰여야 한다. 그렇지 못하면 효율이 높아지는 것은 대다수 인간에게는 불행한 삶을 가져다주고 생태계는 파괴되어 인간이 지구상에서 더 이상 문명을 이어 가지 못하는 결과를 초래할 것이다.

효율을 낮추어 저생산 시대로 돌아가자는 것이 아니다. 지금의 가치 추구와 이익 분배 시스템하에서 효율이 오히려 인류를 억압하는 괴물이 되었다는 것이다. 효율이 우리의 소중한 일자리를 무차별적으로 없애도록 더 이상 방치해서는 안 된다. 또한 무분별한 효율 추구로 지구 생태계를 더 이상 위험에 빠뜨려서도 안 된다. 농업과 어업에서 무분별한 효율을 추구한 결과, 대량의 살충제가 살포되고 어종이 멸종되는 등 지구상에 인위적인 대멸종이 초래되고 있다. 효율은 1차 산업혁명 이후 거의 모든 분야에서 지고지순의 가치를 지니며 진행되어 왔다. 그만큼 심도 있고 광범위하게 잘못된 효율을 바로잡아야 한다. 중요한 것은 효율 향상이 추구하는 목표가 무엇이고 얻어진 성과물을 어떻게 분배하느냐다. 효율이 높아졌다는 뉴스가 나오면 그 높아진 효율이 인류와 지구 미래에 가치가 있는 일인지 이제부터라도 고민해야 한다.

혁신이라는 허울

효율과 더불어 현대 기업들은 '혁신innovation'을 제1명제로 한다. 혁신은 효율을 높이기 위해 새로운 방안을 창안하는 것으로 시작되었다. 기업 현장에서 혁신에 대한 관심이 크게 높아진 계기는 하버드 경영대학원 교수 클레이턴 크리스텐슨Clayton Christensen이 1997년 『혁신기업의 딜레마The Innovator's Dilemma』라는 저서에서 '파괴적 혁신disruptive innovation'을 주창하면서였다. 파괴적 혁신은 간단히 말해, 시장에서 지배적 기업이 되기 위한 목표를 달성하려면 지속적으로 파괴 수준의 혁신을 해야 한다는 것이다. 이에 따르면, 기업들은 소비자들의 최소 요구 사항을 만족시키는 단순한 제품을 저렴하게 제공하면 시장에 진입할 수 있으며, 이를 바탕으로 소비자의 높은 요구를 만족시키는 고부가가치의 새로운 제품군을 제공함으로써 고수익을 달성할 수 있다. 이 방식은 저가 시장이나 잠재 고객의 니즈를 찾아내 잠재 고객을 소비자로 끌어들이는 신시장의 발판을 만드는 것에서 출발한다. 물론 이 외에도 몇 가지 개념이 있지만, 파괴적 혁신은 사고의 전환을 통해 저가 리치 마켓이나 잠재력 있는 시장을 활성화하여 (기존 시장 구조를 파괴적으로 혁신해) 기업이 주류 시장으로 진입하는 기회를 만들 수 있다. 이 과정 중에 싼 가격의 제품은 초기 소비자의 욕구를 만족시킬 만큼 품질이 높지는 않지만 계속되는 기업의 노력으로 품질이 만족스러운 수준까지 향상되면 고객은 저렴한 가격과 좋은 품질의 혜택을 누리게 된다.

하지만 현재 기업에서는 조직 결정 구조를 수평화해 일의 능률을 올리자는 혁신이 이루어지고 있는데, 이러한 혁신이 우리 일자리를 좋게 만들어 주는지는 면밀히 검토해 봐야 한다. 상사로부터 받는 압박에서는 벗어날 수 있지만 모든 조직원이 서로에게 보이지 않는 압박으로 작용하는 구조로 변이되기 쉽기 때문이다. 조직원의 압박을 줄이고 결정을 효과적으로 하자는 이런 혁신은 오히려 구성원 서로가 더욱 심하게 통제하게 되어 압박의 수위가 높아지는 경우가 대부분이다. 또한 직속상관으로서 업무를 관장하던 중간 조직이 붕괴되어 고위층 임원과 최상층 임원이 비대화되고 권력 집중이 이루어짐에 따라 권력과 급여 면에서 임원들과 일반 직원 간 양극화 현상이 나타나고 있다. 우리보다 앞서 근무했던 사람들의 성취에 대한 경의와 고려 없이 효율만을 강조하는 '파괴적 혁신'은 혁신은 없고 파괴만 존재하는 처참한 상황을 만들 수도 있다. 조직 중간층의 붕괴는 중산층의 일자리가 없어지는 것으로도 이어진다.

현재 기업들이 추구하는 혁신의 목표를 보면 기업의 이익 달성과 반드시 연결되어야 하고 오직 기업 입장의 지속적 성장과 발전을 위한 것임을 숨기지 않는다. 개혁은 오직 생산성 향상을 의미해 왔다. 노동자나 사회 발전에 대한 가치는 어디에서도 찾아보기 어렵다. 하지만 진정한 혁신이란 효율을 최대화하여 값싼 제품을 대량으로 생산하는 것이 아니다. 지금과 같은 혁신은 소수 자본가 입장에서 자본의 탐욕을 달성하기 위한 비열한 수단에 불과하다.

기업의 혁신도 문제지만 많은 사람의 선망의 대상이 되는 개인의 혁신 활동에 대한 잘못된 인식도 큰 문제다. 막대한 수입을 올려 사람들의 부러움을 사는 대기업 경영자, 펀드 매니저, 대형 로펌 변호사, 로비스트의 혁신 활동을 분석해 보면, 그들이 말하는 혁신이라는 것이 대부분 제로섬 게임에서 자기 쪽으로 많은 부분을 차지하는 것을 의미함을 알 수 있다. 즉 효율을 통해 새로운 부를 창출하는 것이 아니라 한 사람의 주머니에서 돈을 꺼내 다른 사람 주머니에 넣는 일과 같은 제로섬 활동으로, 자신이 속한 집단의 기존 자산에서 자신이 차지할 수 있는 이익을 극대화하거나, 타인의 재산과 소득을 교묘하게 빼앗는 일을 주로 하는 것을 혁신이라고 하는 것이다. 혁신에 대한 이런 잘못된 인식은 사회적으로 부작용을 키워, 뛰어난 능력을 가진 젊은이들이 인류와 자신을 위해 이로운 활동을 할 수 있는 기회를 빼앗고 대신에 사회의 적폐가 되도록 부추긴다.

일자리를 지키거나 늘리는 정책이 수반되지 않는 개혁은 노동 성과의 향상만을 가져올 뿐 필연적으로 일자리 파괴가 뒤따른다. 성공적인 개혁이 되려면 개혁에 대한 광범위한 지지가 따라야 하는데, 광범위한 지지가 따르려면 개혁으로 발생하는 이익이 자본이 아닌 사람에게 봉사해야 한다. 기술 혁신에 따라 향상된 효율 덕분에 부가가치가 증대된다면 올바른 방향의 사회 개혁을 통해 정당하게 분배되어야 하는 것이다. 여기서 정당한가의 기준은 모든 개인 각자가 인간다운 삶 속에서 행복을 추구하면서 살 수 있는 환경을 제공하는 것이 되어야 한다.

진정한 혁신을 실천하는 핀란드의 한 소시지 제조업체의 사례를 살펴보자. 핀란드 북부 지역에 정육 가공 공장을 두고 있는 스넬만Snellman이라는 회사가 있다. 스넬만이 생산한 소시지는 육즙이 많기로 유명하다. 하지만 제품이 좋은 것보다 더 중요한 것은 직원들이 '나는 매일같이 이곳에서 좋아지고 있다.'라고 느낀다는 것이다. (회사나 제품이 아닌) '내가 좋아지고 있다'는 것이다. 이는 경영자가 철학을 가지고 회사를 운영하기 때문인데, 대표적인 것이 회사가 교수를 초빙해 직원에게 수준 높은 철학 및 언어학 강의를 제공하는 것이다. 얼핏 생각하면 소시지를 생산하는 공장에 철학 및 언어학 프로그램을, 그것도 일정 수준 이상의 것을 제공한다는 것이 이해되지 않는다. 그런데 스넬만에서는 직원들이 이런 프로그램을 자연스럽게 받아들이고 이를 자기 자신의 삶을 긍정적으로 살아가는 밑거름으로 활용한다. 이 회사는 스타트업이 아니라 이미 60년이 넘은 회사로 지금도 점점 더 번창하고 있다. 제품의 품질과 고객에 대한 성실함으로 회사 명성도 계속 쌓아 가는 중이다. 회사에서 일하는 직원이 2,000명이 넘고 2,100명의 핀란드 농민과 협업하고 있는 기업이다.[5]

만약 이 회사가 생산 효율 극대화나 이익 극대화만 생각했다면 이룰 수 없는 업적이다. 그곳에서 일하는 사람들이 임금이 조금 높아지는 것으로, 아니면 회사의 규모가 커지는 것으로 행복을 느낄 리 만무하다. 우리는 여기서 진정한 혁신이란 무엇인가 생각해 봐야 한다. 혁신은 사람들에게 새로운 기회를 만드는 것이다. 지금 우리에게 필요한 혁신의 모습이다. 자그만 나라 핀란드의 외곽에 위치해 있는 회사도 하는 일을 왜 우리가 못 해내겠는가? 지금 우리에게 필요한 혁신은 사람들에게 새로운 기회를 만들어 주는 것을 의미해야 한다.

불평등과 능력주의가
공정하다는 착각

    우리가 지금까지 잘못 알고 있었던 개념들 중에서 두 번째로 짚어 볼 것은 불평등에 대한 것이다. 불평등은 자연스러운 결과이고, 불평등은 부정적인 작용을 하는 것이 아니라 오히려 사회 발전에 도움이 되며, 사회는 개인의 능력에 따른 적절한 보상 체계를 가지고 있다는 생각이 오래전부터 당연시되어 왔다.

신고전학파 분배 이론의 한계

    사회 구성원의 경제적 불평등은 '한계생산력marginal productivity 이론' 이라는 경제학 용어로 포장되어 절대적 개념으로 간주되어 왔다. 19 세기 전반에 출현한 한계생산력 이론은 미국 경제학자 존 베이츠 클

라크John Bates Clark에 의해 정교화되어 신고전학파 경제학의 주요 이론으로 광범위하게 받아들여졌다. 한계생산력 이론에 따르면 생산을 위한 다른 요소가 고정되었을 때 노동자의 생산성은 점차 감소하게 된다. 즉 노동자 한 명보다는 두 명이 일할 때, 생산량은 증가하지만 1인당 생산성은 떨어지게 된다. 이렇게 생산성이 감소하게 되면 언젠가 노동자가 생존을 위해 꼭 필요한 부가가치를 생산하지 못하게 될 때 추가 고용을 중지하게 된다. 이런 방식을 통해 생산에 투여되는 여러 요소(노동, 토지, 자본) 각각의 균형점을 찾으면 최소의 투자로 최대의 생산을 이루게 된다는 것이 한계생산력 이론이다.

주류 경제학 이론들이 대부분 그러하듯이 한계생산력 이론은 현실을 반영하지 못하고 순수하게 이론적인 요소를 가정하고 있다. 현실 세계에서는 생산과 관련된 모든 요소의 가격들이 항상 유동적이고, 또한 그 가격들을 형성하는 요인도 경제학에서 전제하는 것과 같이 이상적으로 결정되지 않는다. 스미스가 주창한 '보이지 않는 손'처럼 현실에 존재하지 않는 이상적인 요소를 전제로 한 이 이론을 사회 전체적인 분배 관계를 분석하는 틀로 사용해서는 안 된다. 이런 계량 방식을 사용해 일하는 사람의 생산성 기여도를 측정하고, 측정한 결과를 이용해 높은 소득을 올리는 것이 높은 생산성, 높은 사회적 기여도에 비례한다고 주장하는 것은 현실을 올바르게 반영한 것이라고 보기 어렵다. 그리고 이러한 경제적 불평등은 불가피한 현상으로, 생산성을 향상시켜 사회 발전에 기여한다는 주장도 마찬가지다.

능력주의 맹신

불평등을 당연시하는 또 다른 시각은 '사회적 보상은 개인의 능력에 따라 이루어진다.'는 능력주의에 대한 맹신이다. 2013년 선댄스 영화제에서 〈모두를 위한 불평등Inequality for All〉(2013)이라는 다큐멘터리가 심사위원 특별상을 수상했다. 클린턴 행정부에서 노동부 장관을 지낸 로버트 라이시Robert Reich가 주인공으로 등장해 현재의 불평등 문제를 다루는 사회·경제 분야 다큐멘터리다. 여기에 출연한 노동자들은 "천문학적인 보수를 받는 사람들은 학창 시절 공부도 잘하고 또 그럴 만하기 때문에 그런 대우를 받는 것"이라면서 자신이 힘든 일을 하며 저임금에 시달리는 것을 당연하게 받아들인다. 사회에서 낮은 대우를 받는 것은 개인의 능력에 따르는 것이라는 말이다.

하지만 현실은 그렇지 않다. 현재 우리 사회에서 개인이 받는 대우는 개인 능력에 따라 결정되는 것이 아니다. 노동자의 급여는 노동조합의 교섭권과 단결력에 좌우된다. 만약 노동의 질과 능력에 따라 급여가 좌우된다면 1950년 시급 30달러를 받던 미국 일반 노동자의 급료가 지금은 14달러 수준으로 떨어진 것을 설명할 길이 없다. 사회 전체 생산력이 높아져 같은 노동을 하면 당연히 생산 기여도도 높아졌을 텐데 오히려 떨어진 것이다. 1980년 이후 노동조합의 힘이 약해지고 노동자들의 단결권과 교섭권이 약해진 것이 그 원인이다. 이를 두고 라이시는 2015년에 발표한 『자본주의를 구하라Saving Capitalism』라는 책에서 거대 기업 임원이나 월스트리트 매니저, 트레이더가 받는 보수가 급등하고 있는 것은 그들의 통찰이나 기술의 가치가 급격하게 증가해서가 아니라 시장의 규칙을 결정하는 영향력이 강력해졌기 때문이라고 말했다. 즉 거대 기업이나 월스트리트, 부자는 시장에 막대한 영향력을 행사해 자신들에게 유리한 결과를 창출하는 반면, 중산층과 하위층은 경제적 지위가 쇠퇴하면서 시장 규칙에 미치는 영향력을 상실한다는 것이다.[6]

능력주의 시스템을 옹호하는 사람들은 자신의 성공은 자신이 똑똑하고 부지런해서이고, 다른 사람의 실패는 재질이 부족하고 현실을 극복하려는 노력이 부족해서라고 치부한다. 거기에 사회 네크워크(이른바 '찬스')도 능력의 일부분이라고 주장한다. 이는 모든 성공과 실패의 원인을 개인의 문제로 환원하는 것으로, 사회 하류층으로 사는 사람들은 사회를 탓하지 말고 자신을 탓해야 한다는 것이나 다름없다. 그리고 거기에 덧붙여 학업 성적이 좋은 사람은 인성이나 도덕성, 직업 윤리도 더 뛰어나다고까지 주장한다. 언뜻 그럴듯해 보이지만 자본주의 사회에서 출세에 가장 큰 영향을 미치는 것은 태어난 배경임을 이제 우리는 다 알고 있다.

그리고 개천에 용 나듯 태어나는 자수성가한 사람들의 인간성이나 도덕성, 직업 윤리가 다른 사람들보다 더 뛰어나다는 생각도 조작된 환상에 불과하다. 1980년 이후 미국 대기업 최고위 임원들이 천문학적인 소득을 올린 방식만 봐도 그러한 생각이 잘못되었음을 바로알 수 있다. 대기업 CEO와 일반 근로자의 급여 격차는 1978년 30:1이었던 것이 2013년 296:1로 더 벌어졌다. 미국 대기업 CEO의 급여가 급격히 상승하고 한국 자본가들의 자본 이득이 급속하게 커지는 것을 자세히 들여다보면, 이 두 집단의 주요 수입원은 주식 가치 상승과 궤를 같이하고 있음을 알 수 있다. 기업 임원은 기업의 생산성을 향상시키고 실적을 향상시켜 부를 획득하는 것이 아니라 스톡옵션stock option이라는 구조를 통해, 대기업 주주들은 주가 상승을 통해 사회 부를 독식한다. 낮은 가격에 주식을 받았던 경영자들은 기업의 주식 가치가 높아지면 스톡옵션을 행사해 부를 거머쥘 수 있고, 올라간 주가는 대주주의 주머니를 채워 준다. 두 집단의 이익은 너무나 밀접하게 일치한다. 이런 상황에서 미국의 대기업 고위 임원들이 장기적으로 회사에 피해를 끼치더라도 주식 가치를 단기간에 끌어올리는 전략을 채택하는 것은 너무나 당연한 일이다. 회사 주가가 오른 뒤 스톡옵션과 성과급 형태로 받은 주식을 현금화하기만 하면 이익을 실현할 수 있기 때문이다.

매사추세츠대학 로웰 캠퍼스의 윌리엄 러조닉William Lazonick 교수에 의하면, 기업은 단기간 주식 가치 부양을 위해 주로 대출을 통해 만들어진 자금으로 자사 주식을 환매하는 방법을 쓴다. 이는 대중이 소유한 주식의 수를 감소시키는 것으로, 실제 생산이나 서비스 향상 활동과는 관계없이 주가를 끌어올리는 것이다. S&P 500(미국증권거래소 상위 500개 대기업을 대상으로 작성해 발표하는 주가 지수) 대상 기업들이 2018년까지 이전 5년 동안 환매한 금액은 2조 9,000억 달러에 달하고 2018년 한 해에만 1조 달러 규모의 환매를 했다. 생산이나 서비스 등 실제 활동과 관계없이 오로지 주식 가치를 끌어올리는 방법으로, 그것도 내부자 정보를 활용할 수 있는 지위에 자리한 CEO가 거액의 연봉을 챙기는 것이다. 이렇게 CEO에게 부를 안겨 준 대표적인 기업이 우리도 익히 잘 아는 IBM과 휼렛패커드다. 주식 가치 상승을 위해 두 기업은 거액의 대출을 일으켜 자사주를 환매했으며 종신 고용제를 폐기해 직원을 해고하고 연구비를 삭감했다. 주주 가치를 극대화하는 것이 우리 일자리와 어떤 관계가 있는지 극명하게 드러난 사례다.

특히 한국 사회에는 학식이 높은 사람은 도덕적으로도 우월할 것이라는 생각이 깊게 뿌리박혀 있다. 이는 우리 학문이 오랫동안 유학儒學에 근거하고 있어 수신제가修身齊家 치국평천하治國平天下 등 본인 수양과 사회관계를 기본으로 하기 때문이다. 그러다 보니 학문을 한다는 것은 곧 자신을 수양하는 일이 되고, 학식이 높으면 수양이 깊은 사람이라고 여기며, 지식인에게는 높은 도덕을 가졌을 것이라고 기대한다. 즉 성공의 결과물은 노력과 인성의 산물이라는 것이다.

그러나 요즘 한국 사회에서는 "민낯이 드러났다."라는 말이 자주 들린다. 우리 사회에서 요즘 일어나는 일들을 보면 이제는 학식이 높은 사람이 도덕적으로 우월할 것이라는 환상이 깨지고 있는 것이 아닌가라는 생각이 든다. '기회의 나라'라는 미국 사회만 봐도 부는 대물림되고 사회적 성취도는 태어난 환경에 가장 많은 영향을 받는 것으로 나타난다.

교육은 불평등을 해결해 주지 못한다

현대 사회에서 성공의 기본 조건은 개인의 인성이나 개인이 가진 여러 좋은 재능 중 하나가 아니라, 현재 교육 시스템에서 평가하는 특정 재능이 좋거나 교육 시스템이 요구하는 특정 과정을 이수하는 것이다. 좋은 환경에서 태어난 사람들이 특정 재능이 좋다는 것도 사실 공정하지 못한 여러 방법을 동원해 경쟁자보다 훨씬 유리한 결과를 만들어 낸 경우가 많다. 수백수천만 원을 들여 과외를 하는 학생과 자신의 힘으로만 공부를 해야 하는 학생의 성적 차이는 불 보듯 뻔하다. 부모의 도움 없이 수행평가를 받는 학생과, 부모가 다 알아서 준비하고 대행해 주는 수행평가를 받는 학생이 공정한 평가를 받을 수는 없다. 그리고 이런 부류의 사람들은 특정 재능이 부족할 경우 그 부족분을 메워 줄 여러 '찬스'(아빠, 엄마 찬스 등)를 활용할 수도 있다. 그렇지만 대부분의 하층민들은 뒤를 봐줄 배경이 없다. 이렇게 불평등한 경쟁에서 배경이 없는 사람과 막강한 배경이 있는 사람이 사회에 진출해 차지할 수 있는 일자리의 질 차이는 명약관화明若觀火하다. '금수저', '흙수저'는 단순히 패자들이 자신을 합리화하기 위해 사회를 풍자하는 표현이 아니라 오히려 현실을 정확하게 반영하고 있다.

현재와 같은 사회 구조 속에서는 고졸자보다는 대졸자가 사회에서 더 좋은 대우를 받을 확률이 높고, 같은 대졸자 중에서도 소위 일류 대학을 졸업하거나 법률대학원이나 의학전문대학원 등 좋은 학부

빛 대학원 졸업자들이 의사, 변호사, 회계사, 변리사 등과 같은 전문 직종의 자격증을 따게 되고 좋은 일자리를 잡게 되는 것은 당연하다. 이렇게 기득권층으로 올라선 사람들은 자신들이 생각하는 것보다 사회적으로 불만스러운 상황이 나오면 기득권을 지키기 위해 집단행동도 불사한다. 그런 일련의 행동들의 결과는 사회적 불평등의 심화다.

누가 '왜 당신들은 그런 대우를 받아야 되는가?'라고 물어보면 '그런 대우를 받지 못한다면 누가 그렇게 노력해서 자격증을 취득하겠느냐?'라고 되묻는다. 물론 좋은 자격증을 따는 것은 쉬운 일이 아니고 많은 비용과 시간, 노력이 필요하다. 하지만 모든 과정이 공정하게 이루어지는 것도 아니고, 더구나 좋은 자격증을 따는 데에만 많은 시간과 노력이 들어가는 것도 아니다. 농부는 조상 대대로 내려오는 지혜와 신기술, 그리고 평생 근면함을 무기로 우리에게 양식을 제공한다. 노동자는 육체적 노동과 작업 현장의 위험을 무릅쓰고 우리 생활을 편하게 해 주는 여러 물건들을 생산한다. 이런 모든 작업들은 인류 공동으로 축적해 온 결과물이다. 자격증에 필요한 지식도 인류 공동의 노력으로 획득해 온 결과물이다. 환자가 없었다면 의료 기술이 발전할 수 있었을까? 개인 간 소송이 없었다면 법체계 구축이 가능했을까? 의사들이나 변호사 같은 자격증을 가진 사람들이 중요한 일을 하지 않는다거나 존중받을 필요가 없다는 이야기가 아니다. 다른 사회 구성원에 비해 너무 과도한 요구를 하는 것과 근본적인 문제 해결 없이 불평등을 고착하는 것이 옳지 않다는 이야기다. 유럽에서는 의사와 굴뚝 청소부가 동등한 대우를 받는 나라도 있다. 자격증을 취득했다고 모든 과실을 자격증을 따낸 사람들이 독식하는 것이 과연 정의인가? 사회적으로 직군별, 계층별로 격차가 벌어진 보상 시스템은 불평등을 심화시킬 뿐 사회 전체적으로는 도움이 되지 않는다.

더욱이 요즘은 일반적인 교육이 특정 분야 이외에는 사회 계층 구조에서 안정적인 일자리를 보장하지도 못하고 있다. 한때는 교육이 사회 불평등을 해결해 주리라는 믿음이 있었다. 하지만 역사를 돌아보면 이런 현상은 아주 잠시 동안 유효한 생각이었을 뿐이다. 미국의 예를 들어 보면, 1800년대 후반에는 고등학교 졸업장만으로도 사회 중산층이 충분히 될 수 있었다. 1920년대 말 미국인의 고등학교 진학률이 30퍼센트를 넘어서자 더 이상 고등학교 졸업장은 사회에서 안정적인 일자리를 보장하는 효력을 상실했다. 고등학교 졸업장의 가치가 떨어지자 사람들은 대학에 진학하기 시작했다. 대학은 고등학교에 비해 훨씬 큰 경제적 희생을 감수해야 하지만 사람들은 보다 나은 인생을 꿈꾸며 대학 문을 두드렸고 대학을 나온 사람이 많지 않았던 초기에는 잠시 동안 이 마법이 통했다. 하지만 고등학교 졸업장과 마찬가지로 대학 학위증이 많아지면서 평생 소득을 보장해 주는 학위는 거의 존재하지 않게 되었다. 학위를 취득하는 것은 다른 사람에게 뒤지지 않기 위한 최소한의 안전판 정도일 뿐 학위 자체가 프리미엄을 제공하지는 못한다.

교육의 중요성을 간과하거나 폄하하려는 것이 아니다. 사실을 직시할 필요가 있다는 것이다. 칼도 써 본 사람이 쓸 줄 안다. 대학 교육은 오히려 특권을 공고히 하는 도구로 쓰이는 경우가 훨씬 많다. 한국은 고등학교 졸업자의 70퍼센트가 대학을 진학하는 나라지만 대학 진학률이 높아질수록 실업률도 높아지고 있다. 대학 학위가 일자리를 해결해 주지 못하고 있다. 이 모든 것들이 알려 주는 것은 소득의 불균형이 많은 사람이 교육을 받는다고 해결될 수 있는 문제가 아니라는 것이다. 경제학자 토마 피케티Thomas Piketty도 『21세기 자본Le Capital au xxie siècle』(2013)에서 "교육적인 요인은 우리가 불평등을 해결하는 방법으로 집중해야 할 올바른 요인이 아닌 것으로 보인다." 라고 결론 내렸다.

'긱 경제'로 내몰리는 사람들

새로운 디지털 경제 시스템은 취약 계층에서 태어나고 자란 사람들을 비정규직보다 더 열악한 초단기 임시직으로 몰아넣고 있다. 스마트폰 사용이 대중화되면서 '긱 경제gig economy'로 내몰리고 있는 것이다. 긱 경제란 기업들이 정규직을 채용하는 대신, 필요할 때마다 사람을 모집해 임시로 계약을 맺고 고용하는 경제 형태를 말한다. 쉽게 말해 우리에게 친숙한 용어로 '프리랜서'나 '비정규직'이라고 할 수 있다. 하지만 모바일을 통해 실시간 고용이 성사되고 그 특정 업무가 끝나면 고용이 해지되는 초단기 계약이 위주라는 점에서 기존의 비정규직과는 차이가 있다. 미국 컨설팅 그룹 매킨지는 긱 경제를 "디지털 장터에서 거래되는 기간제 근로"라고 정의한다. 쿠팡에서 일하는 오토바이 배달원이나, 택시 기사가 우버 기사로 대체되는 것이 대표적인 긱 경제의 사례다. 이는 스마트폰이 없었다면 불가능했을 새로운 경제 구조다. 기술 발전을 잘못 사용하면 미래에 우리에게 어떤 일자리가 주어질 것인지를 보여 주는 좋은 예다.

경제는 고도화되지만 오히려 일자리의 질은 뒷걸음치고 있다. 기술이 발전함에도 불구하고 경제 분배가 제대로 이루어지지 않아 미국에서만 2004년 이후 매년 10만 개의 사업체와 수백만 개의 일자리가 사라지고 있다. 로런스 캐츠Lawrence Katz와 앨런 크루거Alan Krueger의 조사에 따르면, 미국에서 2005~2015년에 그나마 생겨난 일자리도 94퍼센트는 복지 혜택이 없는 임시직이거나 계약직이다.[7]

불안정한 임시 고용은 사람들을 '결핍'의 상태로 몰아넣는다. 경제적인 결핍은 정신적 결핍을 불러오고 정신적 결핍은 사회 분열로 이어진다. 분노가 앞서고 남보다 내가 먼저 좋은 자리를 차지해야 한다는 강박 관념에 쫓기듯이 살아간다. 불안정한 미래를 가진 사람에게 남을 배려하고 자신의 삶에 자신감을 가지라고 하는 것은 죽어가는 사람에게 내일의 희망을 이야기하는 것과 다를 바 없다. 우리는 어느 때보다 많은 정보를 쉽게 접할 수 있는 시대에 살고 있다. 하지만 우리 생활이 어느 때보다 더 편리해졌는가? 우리는 어느 때보다 높은 생산력의 세상에서 살고 있다. 하지만 어느 때보다 풍요롭게 살고 있는가?

첨단 기술은 오히려 불평등을 심화시키고 있다. 기술이 발전하게 되면 사람을 고용하는 것보다 새로운 설비에 투자를 하고 그 결과 더욱 높아진 생산성의 결실은 자본 소유자에게 돌아간다. 큰 자본은 다시 기술 투자에 집중하고 이런 현상이 더욱 심화되어 더 빠른 속도로 불평등을 가속하게 되기 때문이다.

하지만 어느 시대에서든 첨단 기술의 고부가가치 사업들은 기본적으로 국가니 공공기관의 선행 투자 없이는 태생부터가 불가능한 사업이다. 공교육에 국가기관의 투자가 없었다면 과학기술 발전을 이루지도 못했을 것이며 그에 따르는 산업의 발전도 불가능했다. 네트워크를 기반으로 사업하는 모든 회사들은 공적 자금으로 만들어진 인터넷에 큰 빚을 지고 있다. 구글, 아마존, 페이스북, 그리고 우리나라에서 닷컴 기업의 신화로 불리는 NHN이나 카카오 등도 국가 인터넷 통신망이 없었다면 애초에 출현이 불가능한 기업들이다. 이런 거대 회사들은 인터넷망을 구축하고 발전시키는 데 한 푼도 투자한 적이 없다.

1987년 성장 이론으로 노벨 경제학상을 수상한 로버트 솔로Robert Solow는 경제 성장을 이루는 요소 중 기계 자본과 노동 성과는 14퍼센트 정도만 차지하고, 에너지의 효율적 사용이 나머지 86퍼센트를 차지하는 요인이라고 했다.[8] 에너지의 효율적 사용은 사회 인프라에 기인한다. 교육이나 지식의 전파, 연구 개발 등이 밑받침되어야 경제 성장을 이룰 수 있다는 것이다. 사회 인프라의 확충은 공적 자금의 투자로 이루어진다. 즉 경제 성장의 과실을 현재처럼 극소수가 독점하는 것은 잘못된 것이다. 하지만 그런 거대 기업들은 이를 전혀 인정하지 않는 행태를 보이고 있다. 오히려 지금의 수익이 부족하다며 당연하게 부담해야 할 각종 세금까지 교묘한 방법을 동원해 회피하는 행동을 서슴지 않는다. 사업에 대한 보상이 주어지는 것은 당연하다. 하지만 어느 정도의 보상이 당연한지에 대해서는 논의가 필요하다. 이제라도 논의를 시작해 4차 산업혁명 시대에 맞는 새로운 룰을 정할 때가 되었다. 만유인력을 발견해 인류의 사고 지평을 우주로 확장시킨 뉴턴은 "나는 그저 거인의 어깨에 섰기에 업적을 이룰 수 있었다."라고 말했다. 이 말의 겸허함을 거대 기업들이 최소한으로라도 배워야 하지 않을까?[9]

경제 성장률보다 높았던 자본 수익률

불평등은 왜 현대에 와서 더욱 중요하게 부각되는가? 경제적 불평등이 심화되는 역사적 과정을 데이터를 통해 명확하게 규명한 사람은 피케티다. 피케티는 『21세기 자본』에서 인류 역사 대부분의 기간 동안 자본 수익률이 경제 성장률보다 높았음을 밝혔다. 이런 현상이 나타나는 이유는 산업혁명 이전에 실질적인 경제 성장이 없었던 시기에도 지대地代가 지속적으로 존재했기 때문이다. 지대란 토지 소유자가 토지 사용자에게서 받는 금전 등의 대가를 말한다. 산업혁명 이전 실질적인 생산 증가가 없을 때도 토지 소유자들은 토지 사용 대가를 꼬박꼬박 챙겼으므로 지대는 자본으로 꾸준히 축적되었다. 이렇게 축적된 자본은 가뭄이나 홍수 등의 자연재해로 인해 형편이 어려워진 자작농들이 팔려고 내놓은 토지를 취득하는 데 쓰였고, 이때 취득한 토지에서 또다시 지대가 발생하는 순환이 이루어졌다. 초기에 비교적 골고루 소유하던 토지가 점점 집중화되면서 큰 규모의 부농이 탄생했는데 이런 일은 왕조가 교체되기 전까지 계속되었다. 즉 지대로 축적된 자본은 경제 성장이 없는 시대에도 자본 수익률을 발생시켰다. 이런 시대에는 일자리의 근본적인 변화는 일어나지 않았지만, 자영농이 소작농이 되는 것에서 보듯이 하는 일은 같으나 신분의 변화가 일어났다. 이처럼 경제 성장률보다 높은 자본 수익률은 일자리의 질을 저하시킨다.

자연환경의 제약을 받았던 자본 수익률은 산업혁명 이후에 양상이 크게 변했다. 산업혁명으로 생산력의 변화와 부로 표현될 수 있는 재화가 다양해지면서 부는 자연환경의 제약을 받지 않게 되었다. 즉 인구 증가와 생산성 향상으로 인해 부의 규모가 급속하게 증대되었다. 실제로 인류 역사에서 200년 남짓한 기간에 부의 규모는 급속히 커졌으며, 부의 규모가 커짐에 따라 지대 수익으로 발생하는 잉여이익도 기하급수적으로 커졌다. 그러면서 생산성은 향상되었음에도 오히려 불평등이 심화되었고, 사회에 정상적으로 유통되어야 할 부가 한 곳에 몰려 축적되면서 경기가 침체되고 일자리가 없어지거나 일자리의 질이 나빠졌다. 자본주의 사회를 자유시장에만 맡겨 놓으면 태생적으로 이런 상태로 귀결되는 것이다.

지금까지 경제학자들은 전통 자본이 얻는 소득은 총파이 중에서 3분의 1을 차지하고, 노동 소득이 3분의 2를 차지한다고 믿어 왔다. 인류 역사에서 이런 믿음은 1940~1970년의 약 30년간 기적적으로 잘 지켜진 바 있다. 하지만 1980년을 기점으로 노동 분배율labour share이 차지하는 비중이 줄어들고 자본 분배율capital share이 높아지면서 노동 분배율이 거의 50퍼센트 선까지 떨어졌다. 피케티는 이것을 자본 소득 증가가 노동 소득 증가를 꾸준히 앞지르면서 지대 이윤을 추구함으로써 발생한다고 했다. 지금 노동자들이 1970년대 노동자들보다 실질 소득이 떨어지는 현상도 이에 기인한다.

부의 분배 방식은 구성원의 합의로 정한다

이렇게 심화된 불평등은 정치 구조를 통해 영향력을 키운 부자들이 자신들에게 유리한 방향으로 사회 시스템을 바꾸고 고착화시킨 결과다. 그들은 낮은 세율이 인간의 창의성과 노동 의욕을 고취시켜 경제 발전에 도움이 된다고 주장했다. "낮은 소득세율이 노동 의욕을 자극해 생산성을 높인다." 소득세율을 높이자는 의견이 나오면 항상 뒤따라 나오는 말이다. 하지만 이는 사실이 아니다. 독일은 최고 소득세율이 훨씬 높은데도 유럽에서 가장 탄탄한 첨단 제조업 국가라는 지위를 변함없이 유지하고 있다. 이에 비해 한국, 캐나다, 스페인은 40만 달러 이상의 소득에 39.6퍼센트를 적용하는 미국보다 낮은 최고 소득세율을 적용한다. 한국이 얼마나 상대적으로 고소득자에게 유리한 조세 정책을 채택하고 있는지 알 수 있다. 그나마 문재인 정부가 들어서 2020년 최고 소득세율을 일부 조정해 10억 원 초과분에 대해 45퍼센트를 적용하고 있다. 미국은 1960년대와 1970년대에 70퍼센트의 최고 한계세율을 유지했는데 이때 경제 성장률이 지금보다 훨씬 높았다. 높은 최고 한계세율이 경제 발전에 걸림돌이 된다는 것이 얼마나 허구인기를 보여 주는 것이다.

하지만 우리에게 희망은 있다. 소득 상위 1퍼센트의 부가 지속적으로 큰 폭으로 증가했다는 것은 소득의 편중이 어쩔 수 없는 것이 아니라 사람의 영향력에 의해 좌우된다는 것을 보여 주기 때문이다. 이는 다시 말해 경제적 불평등은 인간이 통제 가능하다는 것을 역설적으로 말해 준다. 상위 1퍼센트 부자들이 정치권력을 이용해 자신들의 부를 키웠다면 앞으로 이 힘을 반대로 이용하면 되는 것이다. 물론 인간의 창의성을 자극할 수 있는 정도의 보상과 사회 정의를 실현하는 수준의 욕망을 허용하는 기준을 어느 선으로 정할지는 쉽지 않은 문제다. 하지만 쉽지 않다고 하여 지금의 상황을 방치하는 것은 사회 엘리트들의 이기적인 방어 기제에 불과하다. 불평등의 심화는 우리에게서 좋은 일자리를 빼앗고 경기의 활력을 잃게 한다.

천편일률적인 평등을 요구하는 것이 아니다. 누구나 믿고 있는 '법 앞의 평등' 정도의 평등을 요구하는 것이다. 모든 사람이 경제적으로 평등할 수는 없다. 모든 사람이 균일한 물품을 소비하고 똑같은 집에 살면서 똑같은 물건을 소비할 수는 없다. 공산주의 경제의 실패에서 이미 배운 사실이다. 우리가 원하는 것은 태어난 사람이 최소한 자신의 능력을 발휘할 기회를 평등하게 가지고, 자신의 노력에 따라 부모로부터 물려받은 상황보다 더 나은 삶을 살아갈 수 있는 사회다.

불평등은 어쩔 수 없이 발생하고 필연적으로 커져야 하는 현상이 아니다. 불평등이 경제 발전을 추동해 사회 발전을 이루는 것도 아니다. 좋은 일자리는 불평등을 해소하고 모든 사람이 존중받는 사회에서 만들어지고 발전해 갈 수 있다. 이제부터라도 우리는 사회적인 힘을 어떻게 이용하면 불평등을 해소하고 좋은 일자리를 만들어 낼 수 있을까를 생각해야 한다. 사회에서 부를 분배하는 방식은 그 사회를 구성하는 사람들의 합의에 따라 결정된다.

냉정하게 바라봐야 할 경제 지표와 이론들

지금까지 우리가 잘못 알아 왔던 개념들, 당연하다고 생각했지만 실제로는 옳지 않았던 것들, 잘못 알려졌거나 오히려 반대로 알려져서 우리의 판단을 흐리게 하는 것들이 꽤 많이 있다.

GDP의 한계

1930년대 미국은 뉴딜 정책의 성취도를 평가하기 위해 펜실베이니아대학 사이먼 쿠즈네츠Simon Kuznets 교수에게 지표 개발을 의뢰했다. 쿠즈네츠는 이에 GDP(국내 총생산)라는 지수를 창시했다. GDP는 일정 기간에 한 국가에서 생산된 재화와 용역의 시장가치를 합한 것을 의미하며, 보통 1년을 기준으로 한다. 세계적으로 비교를 쉽게 하기 위해 주로 미국 달러를 측정 단위로 사용한다.

국가 경제에 대한 거시 지표가 없던 상황에서 급하게 만들어진 GDP는 창시될 때부터 문제를 안고 있었다. GDP는 쓰인 목적과 관계없이 모든 재화와 용역의 시장가치를 합산하는 방식이기 때문에 삶의 질과는 동떨어진 일에 쓰이는 경비도 모두 포함된다. 군비를 확충하는 비용, 환경 오염이 발생하여 처리하는 데 드는 비용, 범죄가 증가하여 교도소를 건설하는 비용과 같은 인간의 삶에 부정적으로 큰 영향을 미치는 것들도 다 포함되어 GDP를 끌어올리는 불합리함이 있다.

또한 총량 개념을 보여 주다 보니 소득 분배 상황은 보여 주지 못한다. 부의 양극화 현상에 대한 문제를 전혀 인식하지 못하게 되는 것이다. 흔히 말하는 '빌 게이츠 효과'를 유발할 수도 있다. 빌 게이츠 효과란 어느 술집에 9명이 있고 9명의 연평균 소득이 1만 달러인데 빌 게이츠가 들어오게 되면 이 술집 사람들의 연평균 소득이 갑자기 수천만 달러가 되는 현상을 빗대는 것이다. 즉 GDP에 따르면, 수치상으로는 부유하지만 실제로는 불행한 사회가 수치상으로는 가난하지만 실제로는 행복한 사회보다 나은 사회다. 미국 상원의원 로버트 케네디Robert Kennedy는 이를 두고 "GDP는 삶을 가치 있게 만드는 것만 빼고 다 측정한다."라고 냉소적으로 말한 바 있다. 쿠즈네츠 본인도 이를 염려해 "성장의 양과 질에 대한 구분을 반드시 두어야 한다. '더 많은 성장'을 향한 목표를 세울 때는 무엇을 위해 어떤 것을 성장시킨 것인지 분명히 해야 한다."라고 했다.[10]

이렇듯 창시자 본인도 우려했던 개념이 언제부터인가 우리의 삶을 평가하는 중요한 지표로 사용되고 있다. 우리나라는 박정희 정권 시절 "수출 100억 불, 국민소득 1,000불"로 대표되던 경제 발전 구호에서 널리 사용되었고, 매년 국가 중요 지표로 발표되고 있다. 이런 수치에 대한 맹신은 자칫 사회 현상을 호도하고 삶의 질을 실질적으로 끌어올리려는 노력을 저해할 수 있다.

물론 GDP 개념도 유용하게 사용할 분야가 있다. 하지만 GDP나 GNP(국민 총생산)가 많은 것을 나타낸다는 착각에서 깨어나자는 것이다. GDP가 매년 올라간다고 해서 우리의 행복을 보장해 주지는 않지 않은가? 최근에는 중간 생활자의 생활 수준, 노동 참여율, 국민 건강 정도, 삶의 만족도, 사회 기반 시설 접근도, 국민 개개인의 자기 계발을 위해 공공기관이 제공하는 서비스의 질, 환경의 질, 사회적 형평성, 경제적 불평등 정도, 공공 안전, 예술 향유 정도, 역동성 및 유동성, 개개인 상호 존중도, 지속적 삶을 영위하기 위한 행위, 사회·정치적 이슈에 대한 국민 참여도 등을 측정하자는 여러 방안들이 제시되고 있다. 실질적인 삶의 질을 향상시키고자 하는 노력과 결과들이 반영되는 것이 중요하다.

낙수 효과의 실상

우리나라는 대기업을 키우는 방식으로 경제 발전을 추진해 왔다.

이는 대기업들의 수출이 늘면 이와 연계된 많은 협력 기업들에게 자연스럽게 일감이 내려가고 수출로 발생한 이익이 국민 전체에 골고루 나누어진다는 '낙수 효과trickle-down effect'에 근거한다. 미국에서도 경제 후퇴기가 될 때마다 대형 은행에 재원을 투자해야 산업 전반에 골고루 자금이 유입되어 경제가 활성화된다는 주장이 등장했다.

이런 정책들은 초기에는 반짝 효과를 나타냈으나 이제는 더 이상 효력을 나타내지 못한다. 기업에 대한 직접 지원은 더 이상 우리에게 좋은 일자리를 만들어 주지 못하고, 은행에 공적 자금을 투입하면 자금이 필요한 기업에 실질적인 지원이 이루어지기보다는 은행들의 사적 이익을 위해 쓰이는 경우가 대부분이기 때문이다. 미국은 2008년 금융 위기 때 대형 은행과 GM, 크라이슬러 등 대기업에 공적 자금 4,264억 달러(497조 원)를 투입했으나 그중 많은 자금이 대기업과 대형 은행 경영진의 보너스로 돌아갔다. 우리나라도 상황은 마찬가지다. 대규모 공적 자금이 투입된 금융 공기업들이 시중 은행보다 높은 보수를 지급하고 과도한 복지 후생 정책 등 방만한 경영을 해서 사회적 지탄의 대상이 된 지 오래다. 1997년 IMF 위기부터 지금까지 총 168조 7,000억 원을 투입했으나 지금까지 회수된 자금은 117조 2,000억 원으로 회수율이 69.5퍼센트에 지나지 않는다. 공적 자금은 국가가 재원을 지원하는 것으로 국민의 세금이다. 결국 힘들게 살아가는 서민의 주머니에서 돈을 걷어 상위 1퍼센트의 이익을 위해 사용한 셈이다.

낙수 효과 신봉자들이 주장하는 또 다른 분야는 부자 감세 정책이다. 부자들의 세금을 깎아 주면 부자들은 그 돈을 재투자하거나 소비에 사용하므로 경제가 활성화되고 좋은 일자리가 생기게 된다는 논리다. 하지만 부시 정부가 2001년 실시한 부자 감세 정책, 그리고 그보다 더 큰 규모의 2003년 부자 감세 정책은 미국 경제를 살리기 는커녕 오히려 부자들의 자산만 불려 주는 결과를 낳았다. 최근 우리 나라 대기업은 어느 때보다 호황을 누리고 있지만 대기업의 고용 인 원은 지속적으로 감소하고 있다. 대기업 감세 효과는 우리 일자리가 늘어나는 것과 전혀 관계없다. 일자리는 대다수 국민이 소비력을 가 지고 생산된 물건을 구매할 때 생겨난다. 구매력 있는 중산층 확대는 곧 좋은 일자리로 이어져 왔다. 하지만 우리나라는 지속적으로 중산 층의 비율이 떨어지고 있다. 이런 상황에서 일자리가 주는 것은 너무 나 당연하다. 많은 경제학자들과 경제 지표가 명확하게 말해 주고 있 는데도 낙수 효과를 주장하는 허언은 아직도 우리 사회를 맴돌고 있 다. 기득권 세력들의 자기방어 논리에 휘둘려서는 좋은 일자리를 지 키거나 만들어 낼 수 없다는 것은 역사가 말해 준다.

모럴 해저드로 인한 세금 낭비

모럴 해저드moral hazard란 개인이나 단체, 기업 등이 리스크에 따른 비용을 온전히 감당하지 않아도 되는 것을 알고서 리스크에 노출되 는 행위를 과감히 저지르거나 자기 책임을 소홀히 하는 것을 가리키는 표현으로, 우리말로는 '도덕적 해이'라고 번역할 수 있다. 유사시에는 정부가 공적 자금을 투입해 정상화하거나 회생시켜 줄 것이라 믿는 대기업이나 대형 금융기관이 위험 행위에 주의를 게을리하는 것을 지적할 때 주로 쓰인다.

금융기관의 모럴 해저드는 개인의 탐욕을 채우는 것으로 끝나지 않는다. 금융기관들이 도박에 가까운 투자나 대출을 통해 성과를 거두면 거액의 돈방석에 앉게 되고, 실패해도 파산이나 법적 구제 절차에 의해 발생한 손실은 공적 자금이라는 국민 세금으로 메워지게 된다. 여기에 금융기관들이 수시로 요구하는 '규제 철폐'라는 함정이 도사리고 있다. 규제 철폐는 자금의 효율적인 운용을 위해 금융기관들의 자금 운용에 자율권을 부여해 달라는 요구다. 1980년대 일본이나 미국, 한국의 예에서 보다시피 규제 철폐는 대출자의 신용에 덜 신경 쓰고 더 많이 빌려 주는 결과를 가져온다. 대규모 금융기관의 지급 불능 사태 발생 시 국가가 국민의 세금으로 이를 막아 주는 관행은 대출 시행 시 대출금의 회수 가능성보다는 대출 자체를 시행하는 데 정책의 중점을 두도록 만든다. 대출 시행이 곧바로 자신들의 실적이 되고 실적에 따른 이익을 받기 때문이다. 이는 자연스럽게 모럴 해저드를 불러오고 막대한 공적 자금이 투입되는 일이 발생하게 되어 결국 납세를 부담하는 국민들의 소득 저하를 가져온다. 우리의 미래 일자리를 위해 사용되어야 할 돈이 낭비되어 결국 좋은 일자리 창출이 불가능하게 된다.

아시아식 모럴 해저드는 정실 관계에서 싹트고 커져 왔다. 1997

년 태국발 아시아 금융 위기가 처음 덮쳤을 때, 우리나라에서는 대부분 우리와 무관한 문제라고 생각했다. 하지만 돌이켜 보면 태국의 위기는 한국의 위기와 다르지 않았다. 태국을 비롯한 동남아시아 국가에서 대통령이나 정부 고위 관료와 연계된 사람들이 외국에서 자금을 들여와 모럴 해저드를 일으킨 것이나, 한국에서 재벌들이 수십 년간 정권과 결탁하여 자금을 독점한 것은 크게 다르지 않았다. 많은 한국 사람들이 일자리에서 쫓겨나고 집을 잃고 길거리로 나앉게 되었다. 극단적인 선택에 내몰린 이들도 많았다. 한국은 사실상 정권과 결탁한 재벌들이 대규모 차입을 일으켜 회사가 도산했을 때 공적 자금이라는 미명하에 국민 세금을 투입해 왔다. 하지만 은행 고위 임원이나 대규모 차입으로 자금을 조달했던 사람 중에 누구도 그에 합당한 처벌을 받거나 돈을 회수당하지 않았다. 우리에게 좋은 일자리를 만들어 줄 수 있는 돈이었다.

정실 관계에서만 모럴 해저드가 생기는 것은 아니다. 부동산과 주식이 호황이면 사람들은 상황을 낙관하게 되고 약간은 의심스러운 투자에 대해서도 관대해진다. 하지만 이때 문제의 씨앗이 움트기 시작한다. '포템킨 마을Potemkin village'이라는 말이 있다. 1787년 러시아 예카테리나 2세가 러시아 남부를 시찰할 때 그리고리 포템킨Grigori Potemkin(러시아어명 '그리고리 포톰킨Grigori Potyomkin') 장군은 시찰 예정지의 낙후된 마을들을 영화 세트와 같이 아주 잘사는 것처럼 꾸며 황제를 감동시켰다. 시찰이 끝나면 세트를 해체해 다음 시찰 지역으로 이동시켜 다시 설치하는 식이었다. 그 후 현실과는 동떨어진 외관상으로만 행복한 허울을 가리킬 때 '포템킨 마을'이라고 표현하게 되었다. 모럴 해저드로 얻어진 일시적인 거품 현상에 따른 경기 활성화는 포템킨 마을과 같은 눈속임에 불과하다.[11]

그 외 만트라로 인식되는 잘못된 말들

만트라mantra란 '영적, 물리적 변형을 일으킬 수 있다고 여겨지고 있는 발음, 음절, 낱말 또는 구절'을 뜻하는 산스크리트어로, 불교 용어로 하면 '진언眞言'이다. 단순한 믿음이 아니라 하나의 신념화된 생각을 표현하는 말이다. 지금까지 우리에게 신념처럼 의심 없이 받아들여졌으나 실은 우리의 올바른 판단을 방해해 온 또 다른 몇 가지를 간단하게 살펴보자.

"부동산 거품이 경제 활성화에 어느 정도 필요하다"

일정 부분의 거품은 경제 활성화에 도움이 된다는 말을 자주 듣는다. 또 거품은 어쩔 수 없는 사회 현상이라는 주장도 있다. 경제학에서 이야기하는 거품이란 실제 내재가치에 비해 과도한 담보가치를 인정받는 현상을 말한다. 거품은 과도한 신용으로 인해 발생한다. 즉 100원짜리 물건이 100원 이상의 담보가치를 인정받으면 거품이 끼어 있는 것이다.

대표적인 거품 사례는 부동산에서 자주 일어난다. 미국과 영국의 사례에서 보면, 부동산이 일반적인 수요·공급 법칙을 따른다는 것은 잘못된 논리임이 드러난다. 1996~2006년의 약 10년 사이에 영국의 주택 가격은 150퍼센트 상승했다. 이때 전통 경제학자들은 이혼율의 증가와 핵가족화, 이민 증가 등으로 인해 수요가 늘어나 주택 가격이 상승했다는 논리를 내세웠다. 하지만 2007년 미국에서는 이혼율이 높게 유지되고 핵가족화, 이민의 증가 등 영국과 똑같은 현상이 있었음에도 부동산 가격이 맥을 못 추었다. 전통 경제학자들이 주장하는 부동산의 수요·공급 법칙의 맹점이 명백하게 드러난 것이다.[12]

신용이 과도하게 공급되면 부동산에 거품이 끼고 자산 인플레이션이 일어난다. 신용을 쉽게 일으킬 수 있는 부자들은 그 신용을 이용해 더 많은 부동산을 취득할 수 있고 자산 인플레이션은 부동산의 명목가치를 상승시켜 가난한 사람들이 부동산을 취득하기가 더욱 힘들어진다. 문제는 거품이 단순히 집을 한 채 장만하는 것을 힘들게 하는 데 그치는 것이 아니라는 점이다. 같은 강도의 노동을 해도 안락한 생활을 위한 집 한 채를 위해 수입의 대부분을 써야 한다면 다른 지출이 줄어들 수밖에 없고 경기는 침체된다. 경기 침체는 곧 일자리 감소다.

잘 생각해 보면 부자들은 가만히 앉아서 노동자들이 만들어 낸 부가가치를 부동산이라는 기제를 통해 가로채 간다. 은행의 신용 정책이 잘못되면 피해는 고스란히 일반 국민에게 돌아간다. 미국은 2007년 서브프라임 사태를 겪었다. 미국의 양식 있는 지식인은 이런 사태가 1929~1939년의 대공황의 교훈을 간과하고 부정한 결과라고 말한다. 민간 금융 부문의 이해관계와 사회 전체의 이해관계는 배치된다. 금융 부문은 항상 공익을 책임지는 단체에 의해 신중하게 규제되어야 한다.[13] 금융은 사회 전체의 이해관계에 종속되어야 한다. 사실 부동산의 거품은 통화를 관장하는 각국의 중앙은행 정책에 가장 큰 영향을 받는다. 그래서 주택 가격 폭등 사례가 나타나면 모두 정부의 정책을 책망하는 것이다. 그러나 사회가 금융을 위해 존재하는 것이 아니라, 금융이 사회를 위해 존재해야 한다. 1944년 영국 노동당 선언문처럼 이제 우리는 금융을 "공동체와 생산적인 산업 위에서 군림하는 멍청한 주인이 아니라, 그들을 위한 똑똑한 하인이라는 본연의 역할로" 되돌려 놓아야 한다.[14]

"대기업의 감세는 투자를 유발한다"

앞에 이미 살펴본 바와 같이 감세 효과의 낙수 효과는 없다. 기업은 손익을 따져 투자를 하지 여유 자금이 생긴다고 무조건 투자하지 않는다. 우리나라 30대 재벌 대기업의 사내 유보금은 2019년 기준으로 950조 원에 달한다. 돈이 없어 투자를 못 하는 것이 아니다. 기업은 시장이 존재하는 곳에 투자한다. 기업은 시장이 존재하는 곳에 투자한다. 물건을 팔 곳이 없는데 물건을 만들려는 기업은 없다. 세금과 관련 없이 시장에 튼튼한 구매력이 있다고 판단되면 일자리가 늘어나는 것이다. 대기업에 고인 물처럼 정체되어 있는 막대한 자금은 사회 중산층에게로 흘러 들어가 선순환 구조의 경제를 만들어야 한다.

"정부 규모를 줄이면 일자리가 더욱 많이 생기고 경제도 개선된다"

앞서 민영화와 자유시장 부분에서 살펴보았듯이 정부 규모를 줄이면 공공 부문 일자리가 줄어들고 필수적인 공공 서비스마저 줄어든다. 올바른 복지를 시행하고 관리·감독하기 위해 오히려 공공 일자리를 늘려야 한다.

"규제를 줄이면 경제가 더욱 견실해진다"

기업에 대한 규제를 줄이면 기업은 더욱더 기업 이익을 위해 돌진할 것이다. 기업 이익은 효율을 바탕으로 한다. 효율이 우리 일자리에 어떤 영향을 주는지는 이미 살펴보았다.

"당장 재정 적자를 줄이면 경제가 개선된다"

모든 부문이 어려울 때 정부 재정까지 줄이면 오히려 실업이 늘고 경제 회복이 요원해진다. 미국 대공황은 케인스의 주장대로 정부 재정을 투입함으로써 극복되었다. IMF의 경제 기본 운영 방침도 경기 후퇴기가 되면 재정을 확대하는 것이었다. 비록 이 원칙이 제3세계와 선진국에 차등 적용되어서 문제지만 경제 운용 측면에서 본다면 재정 확대가 경제 활력을 유일하게 불어넣어 줄 수 있는 때가 있다. 경제가 활성화되어 가는 국면에서도 마냥 재정을 늘리라는 이야기가 아니다. 재정도 총수요의 한 부분이다. 이를 잘 활용해야 한다.

"한국은 사회 안전망이 지나치게 잘되어 있다"

한국은 복지 때문에 망할 것처럼 이야기하는 사람이 있다. 너무 많이 "퍼 줘서" 사람들이 게을러지고 국가 재정이 부실해진다는 것이다. 하지만 한국은 아직도 생존 수준에서 허덕이는 사람들이 많다. 사회 안전망을 다른 OECD 국가와 비교해 보자. 2019년 OECD 통계에 따르면 국가 예산 중 복지에 투자하는 한국의 공공 사회 지출은 GDP 대비 12.2퍼센트로 OECD 평균인 20퍼센트의 절반 수준에 그쳤다. 조사 대상 회원국 31개국 중 28위다.

"부자들이 세금을 너무 많이 내고 있다"

'유리 지갑' 직장인은 건강보험이나 소득세 등 모든 세금과 사회보험료를 빠짐없이 내고 있다. 하지만 부자들도 그에 맞는 비율로 세금을 내고 있는가? 누진세율을 더욱 강화해야 한다. 국가 전체 총소득에서 상위 부자들이 차지하는 비율이 얼마인가? 부자들은 결코 세금을 많이 내고 있지 않다.

지금까지 살펴본 이런 문제들이 나올 때마다 검증된 자료를 바탕으로 옳고 그름을 따지는 대신에 그저 정치적 수사를 동원하여 자기 주장을 막무가내로 되풀이함으로써 국민을 현혹시키는 이들이 있다. 그런 이들은 정상적인 토론 과정을 거치면 올바른 자료를 바탕으로 사실을 직시하는 사람들을 이길 수 없기 때문에 대신에 인신공격을 통해 국민을 분열시킨다. 우리나라 정치에서 보는 익숙한 풍경 아닌

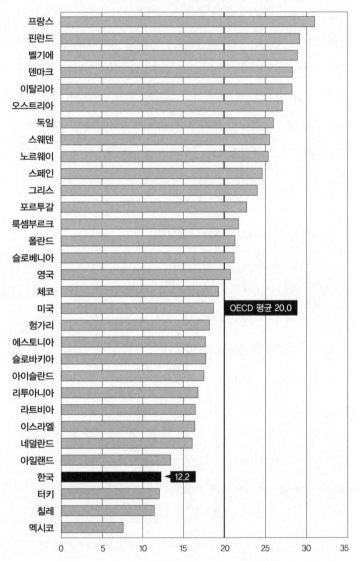

OECD 국가별 사회 지출 규모(2019)　(단위: %, 명목 GDP 대비)

자료: OECD Stats (stats.oecd.org)[15]

가? 우리 일자리는 진영 논리를 바탕으로 한 헛된 구호에 의해 만들어지는 것이 아니다. 분열과 좌절을 통해 누가 반사 이익을 누리고 있는지를 생각해 보면, 우리가 잘못된 선입견을 가지고 있음으로써 오히려 우리 미래를 스스로 억누르고 있다는 것을 알 수 있다. 하지만 인류는 지금까지 고비마다 지혜롭게 대처하면서 발전해 왔다. 지금 우리의 선택이 미래를 결정한다. 우리는 미래를 위해 무엇을 해야 하는가? 다음 장에서 살펴보자.

7장

미래 일자리를 위해
지금 해야 할 일

사람 중심의 지속 가능한 환경 만들기

산업혁명 이후 인류는 효율을 기본 가치로 놀라운 발전을 거듭해 왔다. 하지만 효율은 더 이상 인류의 밝은 미래를 담보하지 못한다. 우리는 지금까지와는 다른 새로운 차원의 세상을 목전에 두고 있다. 세 번째 대변곡점 앞에 서 있는 것이다. 가치관도 새로운 세계에 맞춰 바꿔 가야 한다.

지금부터 4차 산업혁명을 통해 세상이 완전히 새롭게 바뀔 때까지의 기간을 '과도기'라고 칭한다면, 이 과도기에 우리가 어떤 선택을 하는지에 따라 인류 문명의 미래는 극과 극의 결과를 낳을 것이다. 우리 일자리를 더욱 풍부하고 가치 있게 만들어 기술이 인류를 위해 봉사하며 인류가 꿈꿔 왔던 낙원으로 가는 열쇠를 손에 쥘 수도 있다. 그런 바람이 실현되어 미래의 어느 날 우리 후손들이 광활한 우주로 진출해 지구의 생명체들이 쌓아 온 아름다운 가치를 우주 곳곳에 전파할 수 있다는 생각을 하면 벌써부터 가슴이 뛴다. 아니면, 반대로 우리 스스로가 만든 한계와 갈등으로 인해 인류 문명이 아예 설명할 수도 있다.

인류의 미래가 어떻게 될 것인가는 향후 30년 우리가 어떤 준비를 하는가에 달려 있다. 지금 우리는 우리 자신과 후손들을 위해 무엇을 준비해야 하는가? 거창하게 들리지만 항상 해답은 우리 주위에 있다. 지나온 역사와 현재에서 우리는 충분히 해답을 찾고 실천 방안을 강구할 수 있다. 지금부터 과도기에 우리는 무엇을 해야 하는지 같이 고민해 보자.

기울어진 운동장
바로 세우기

　신석기 농업혁명 이후 국가를 세운 뒤로 인류는 평등해지지 못했다. 지배자는 때때로 자신을 신 자체로 칭하거나 신의 대리인 혹은 신의 아들을 자처했다. 고대 그리스·로마 시대 공화정도 평등하지 못한 것은 마찬가지였다. 평등은 사회 구성원 중 시민권을 가지고 있는 사람들에게만 주어졌을 뿐 그 외 계층은 시민을 위해 봉사해야 했다. 사실 두 사회 모두 노예제를 바탕으로 유지된 사회다. 농경 정착 사회에 비해 자신의 능력에 따라 계층 간 이동이 비교적 수월했던 유목민 사회도 지배 계급과 피지배 계급으로 구분되고 노예 제도가 존재했다.

　하층민과 구분되어 절대적으로 신성시되던 계층이 실은 같은 인간임을 인식하게 된 것은 유럽에서 일어난 일련의 혁명 덕분이다. 명예혁명과 프랑스혁명, 러시아혁명을 거치면서 인류는 이제 신이 만든 세상이 아닌 인류 스스로 선택할 수 있는 세상에 살게 되었다. 이전 사회에서는 사회 계층은 천부적인, 즉 인간의 의지와는 별개로 하늘로부터 주어진 것이라 인식하고 숙명처럼 받아들였다. 유럽에서 일어난 일련의 혁명 이후 사회 역시 인간이 만들어 가는 구성체라는 생각이 널리 퍼지고 과학기술의 발전으로 인류의 무지가 하나씩 제거되면서 인간의 평등에 대한 열망은 더 이상 돌이킬 수 없는 대세기 되었다. 유럽의 르네상스, 산업혁명 이후 약 500년 남짓한 기간 동안 인류가 성취한 업적을 보면 놀랍다. 물질적인 생산력의 발전뿐 아니라, 인간을 억압했던 많은 생각이 실은 기득권이 만들어 놓은 이데올로기였음을 깨닫게 된 것도 크나큰 성취였다. 여전히 많은 제약과 어려움이 있지만 인간의 의지와 노력에 따라 신분이나 계층 이동이 얼마든지 가능한 사회가 되었다. 하지만 기득권을 점한 세력은 이제 신의 이름을 빌리지 않고 자신들이 가진 권력과 부를 이용해 사회 시스템을 자신들에게 유리한 방향으로 바꿔 가면서 자신이 차지한 사회적 지위의 세습화와 고착화를 시도하고 있다.

가속화하는 부의 집중화

신분이 신에 의해 천부적으로 주어졌다는 이데올로기에서, 인간 스스로에 의한 계층 구분과 고착화, 세습화로 변천하게 된 결정적 원인은 바로 부의 집중이다. 그럼 왜 부는 집중되는가? 이 문제를 경제학적 관점에서 탁월하게 밝혀낸 것은 피케티의 『21세기 자본』이다. 피케티는 초기에 발생한 조그만 소유의 차이가 시간이 갈수록 커지며 불평등이 심화되는 과정을 훌륭하게 되짚었다. 피케티는 산업혁명 이전과 이후로 나눠 설명하는데, 앞 장에서 언급한 대로 산업혁명 이전에는 주로 토지에 부여된 지대를 통해 부가 집중화되었다. 우리 역사를 봐도 고려에서 조선으로 넘어오게 된 가장 근원적인 모순이 토지 집중이었다. 권문귀족들에 토지가 집중되어 있는 문제는 신진 사대부 입장에서 정상적인 방법으로는 도저히 해결할 수 없는 사회적 모순이었다. 신진 사대부는 새로운 왕조를 세움으로써 이 모순을 해결하지만 결국에는 자신들 스스로가 대지주로 변해 갔다. 이를 해소하기 위해 조선의 왕들은 토지에 부과하는 세금을 여러 형태로 바꾸어 봤지만 근본적으로는 해소하지 못했다. 특정 집단으로 부가 집중되는 것은 집단이 가지고 있는 사상이나 도덕성에 기초하지 않는다. 토지의 불평등한 소유는 필연적으로 토지 집중으로 귀결된다.

산업혁명 이전 사회에서는 생산력이 자연환경의 영향 아래에 있었기 때문에 부의 집중화와 거대화도 느리게 진행되었다. 산업혁명 이후에는 이런 변화가 더욱 가속화되고 규모도 훨씬 커지게 되었다. 또 생산력의 변화와 부로 표현될 수 있는 재화가 토지 이외에 다양한 형태를 띠게 되었고 생산력 향상이 더 이상 자연 상태의 제약을 받지 않았다. 부를 생산하고 축적하는 방법이 토지에서 공장, 주식, 제품, 예금 등 다양한 형태로 바뀌면서 부의 규모가 급속하게 커졌다. 실제로 생산 능력의 급속한 향상은 인류 역사에서 최근 200년에 걸쳐 이루어졌으며, 부의 규모가 커짐에 따라 지대 수익(자본 이익 포함)으로 발생하는 잉여이익도 기하급수적으로 커졌다. 그렇게 생산성은 향상되었으나 오히려 불평등은 심화되었고, 사회에 정상적으로 유통되어야 할 부가 한곳에 몰려 축적되면서, 경기가 침체되고 일자리가 없어지거나 일자리의 질이 나빠졌다. 생산성 향상의 혜택이 많은 사람들에게 돌아가지 않고 생산 수단(새로운 형태의 지대)을 소유한 소수 자본가에게 집중되었다.

결과적으로 부의 양극화 현상은 급속도로 심화되었고 불평등은 더욱 커졌다. 1970년까지 미국 상위 1퍼센트의 부 점유율은 10퍼센트를 넘지 않았다. 하지만 2015년에는 미국 상위 1퍼센트가 국가 사적 자산의 42퍼센트를 차지하고 있었던 반면, 하위 50퍼센트는 1퍼센트를 차지하고 있었다. 1978년 상위 0.01퍼센트가 소유한 재산은 평균 가구가 소유한 자산보다 220배 많았지만 2012년에는 1,120배로 불어났다. 현재 미국은 극상층의 1,600명이 소유한 부가 국민 90퍼센트의 부 총합보다 크다. 미국에서는 1989년 이후 제조업 분야의 일자리가 약 35퍼센트 줄었으나 제조업의 '실질' 생산액은 71퍼센트나 상승했다. 단순하게 생각해 보면 이익을 나눌 사람의 숫자는 줄고 잉여가치는 큰 폭으로 늘어난 것이다. 여기에 이익을 나누는 노동자들의 한 사람 한 사람 몫까지 줄자 부의 집중은 더욱 빠른 속도로 진행되었다.

생산성은 계속 큰 폭으로 올라가고 있는데 격차는 왜 이렇게 더 벌어지는 것일까? 노동자의 생산성은 생산 수단에 의해 향상되지만 그 생산 수단을 노동자가 소유하고 있지 않기 때문이다. 향상된 생산성에 의해 창출된 부는 기계의 소유자인 자본가에게 돌아간다. 1980년부터 신자유주의가 본격화하자 분배 불균형의 속도는 더욱 가속화되었다. 몇 명 되지 않는 사람에게 자본이 집중되면 소비시장의 수요와 일자리 성장이 저하되고, 그 결과 많은 임금 노동자들이 빈곤의 나락으로 떨어질 수밖에 없다. 1928년과 2007년 상위 1퍼센트가 가져가는 소득은 23퍼센트 이상을 차지했다. 그리고 1929년 대공황이 시작되어 1939년까지 계속되었고 2007년 세계 금융 위기가 시작되어 2010년까지 이어져 극심한 경기 후퇴와 이에 따른 실직으로 전 세계 수많은 사람들이 고통 속에서 신음해야 했다.

부의 집중화 현상은 세계 어디에서나 진행되고 있다. 우리나라도 마찬가지다. 2019년 통계에 의하면, 상위 0.1퍼센트 초고소득층이 1년간 거두어들인 소득이 하위 17퍼센트의 전체 소득과 맞먹었다. 상위 한 명의 소득이 하위 1,700명이 벌어들이는 소득과 같다는 말이다. 최상위층으로의 소득 집중 현상이 극심한 것이다. 상위 0.1퍼센트 초고소득자의 근로소득 총액은 14조 5,609억 원으로 전체 근로소득자 총급여(633조 6,114억 원)의 2.3퍼센트에 달하며, 소득 하위 17퍼센트(324만 997명)의 총소득 15조 4,924억 원과 비슷한 수준이다. 2017년 기준 전체 근로소득자 1,800만 5,534명의 1인당 평균 근로소득은 3,519만 원에 그치지만 상위 0.1퍼센트 소득자(1만 8,005명)의 1인당 연평균 근로소득은 8억 8,871만 원으로 중위 근로소득(소득 기준으로 1위부터 순위별로 일렬로 배치할 경우 중간에 오는 지점의 소득) 2,572만 원의

구분	2017년 귀속 근로소득		구분	2017년 귀속 통합소득	
	근로소득 금액	점유비		통합소득 금액	점유비
상위 0.1% 내 (18,005명)	145,609	2.3%	상위 0.1% 내 (22,482명)	331,390	4.3%
하위 17% (3,230,997명)	154,924	2.4%	하위 27% (6,295,080명)	348,838	4.5%

자료 : 김정우 의원실, 국세청[3]

31배 수준으로 나타났다.[1]

근로소득과 통합소득을 함께 살펴보면 더 심각한 부의 집중 양상이 드러난다. 통합소득은 근로소득과 종합소득(사업소득, 금융·임대소득 등)을 더한 것으로 사실상 근로소득자와 개인 사업자 등 개인의 전체 소득을 가늠해 볼 수 있는 지표다. 통합소득 기준 상위 0.1퍼센트 구간에 속하는 2만 2,482명이 2017년 한 해 동안 올린 전체 소득은 33조 1,390억 원으로, 전체 통합소득(772조 8,643억 원)의 4.3퍼센트를 차지했다. 이는 통합소득 하위 27퍼센트(73~100퍼센트) 구간에 속하는 629만 5,080명의 통합소득을 더한 값(34조 8,838억 원)에 가깝다. 상위 1퍼센트(22만 4,824명)의 통합소득 합계는 87조 7,955억 원으로 전체 소득의 10퍼센트를 훌쩍 넘는다. 이자나 배당, 부동산 임대소득, 사업소득 등을 모두 더한 통합소득을 기준으로 줄을 세울 경우 근로소득보다 소득 격차가 훨씬 더 크게 벌어지는 것이다.[2]

그래프를 보면 상위 0.1퍼센트 소득 집단 내에서도 또 다른 문제를 발견할 수 있다. 실질적인 부가가치를 창출해 경제 발전을 적극적으로 주도하는 집단의 소득이 차지하는 비중이 낮다는 것이다. 사회가 역동적으로 발전하기 위해서는 리스크를 안고 새로운 도전을 하는 사람들에게 보상이 주어져야 하는데, 그래프를 보면 안정적인 집단이라고 할 수 있는 금융소득자, 관리자, 의료 전문가, 금융 전문가, 사무직 등이 76.9퍼센트로 큰 비중을 차지하는 반면, 과학 전문가는 차지하는 비중도 가장 낮을 뿐 아니라 소득도 가장 적다. 안정적인 직업군에 최상의 보상까지 보장된다면 누가 새로운 것에 도전하겠는가?

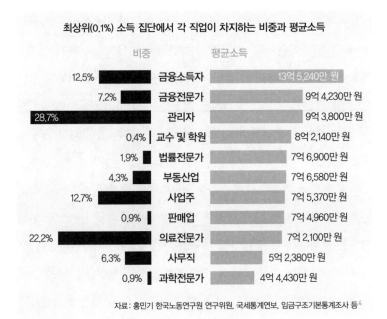

최상위(0.1%) 소득 집단에서 각 직업이 차지하는 비중과 평균소득

	비중	직업	평균소득
12.5%		금융소득자	13억 5,240만 원
7.2%		금융전문가	9억 4,230만 원
28.7%		관리자	9억 3,800만 원
0.4%		교수 및 학원	8억 2,140만 원
1.9%		법률전문가	7억 6,900만 원
4.3%		부동산업	7억 6,580만 원
12.7%		사업주	7억 5,370만 원
0.9%		판매업	7억 4,960만 원
22.2%		의료전문가	7억 2,100만 원
6.3%		사무직	5억 2,380만 원
0.9%		과학전문가	4억 4,430만 원

자료: 홍민기 한국노동연구원 연구위원, 국세통계연보, 임금구조기본통계조사 등[4]

불평등을 해소하기 위한 노력

부의 집중화는 사회적으로 '기울어진 운동장uneven playing field'을 만들게 된다. 한쪽으로 기울어진 운동장에서는 아무리 열심히 뛰어도 경기에서 이기기 힘들어 공정한 경쟁이 불가능하다. 자신의 능력과 노력을 정당하게 평가받기 힘들고 이는 결국 사회 발전에 심각한 장애 요인이 된다. 사회가 역동성을 상실하고 발전이 더뎌지면 좋은 일자리 창출은 불가능하다. 무엇보다 앞으로 미래를 책임질 우리 사회 젊은이들의 희망을 앗아 가고 좌절하게 만든다. 특히 급속도로 노령화되는 한국 사회에서 청년 한 명 한 명은 귀중한 자산이다. 적절한 임금이 지급되는 일자리를 오랫동안 구하지 못한 젊은이들은 소외감을 느낀다. 간신히 구한 일자리도 불안정한 임시직으로 최저 생계비에도 못 미치는 임금만을 받게 된다면 기술을 연마하고 미래를 준비해야 할 젊은이들이 자기 가치를 정립하고 사회 적응력을 신장시키지 못할 것이다. 청년들의 재능이 낭비되고 파괴되면 우리나라의 미래도 없다.

어떻게 하면 기울어진 운동장을 바로 세울 수 있을까? 문제의 원인을 제거하는 것이 가장 현명한 해결 방법이다. 부의 집중으로 인해 생기는 문제는 부를 공평하게 나누면 된다. 기존의 기득권을 강탈하거나 해체하자는 것이 아니다. 앞으로 발생할 생산력을 어떻게 올바르게 재분배해 모든 사람이 살 만한 세상으로 만들 것인가 고민해야한다. 인류는 기울어진 운동장의 불평등을 해소하기 위한 활동을 이미 오래전부터 시행해 왔다. 원시 시대에는 우리가 살펴본 바와 같이 추장이 이런 역할을 해 왔으며, 국가가 성립된 이후에는 흉년이나 자연재해 등으로 백성들이 어려움에 처하면 국가가 조세로 거두어들인 재화의 일부를 구휼 활동 등에 사용했다. 국가가 시행하는 구휼과 별개로 사회적 부조도 항상 있어 왔다. 사회적 부조는 국가가 할 수 없는 그늘진 부분을 사회 구성원들이 자발적으로 해결하는 방식이었다. 결혼식이나 장례식에 상호 부조를 하거나 두레나 향약을 통해 노동력을 서로 부조한 사례는 세계 도처에서 찾아볼 수 있다. 사회적 부조는 구성원 서로가 상대를 인정하고 '우리'의 일부분이라는 인식이 바탕이 되었을 때 가능하다. 이와는 별개로 적선(동냥)도 항상 있었다. 이는 '우리'라는 개념이 같은 사회 구성원을 뛰어넘어 '같은 인간'이라는 생각이 바탕이 되어 발현되는 현상이라고 할 수 있다. 하지만 이런 활동은 극히 제한적으로 이루어질 수밖에 없었다. 생산력에 한계가 있고 재화가 희소성을 가지는 상황에서는 모든 사람이 만족할 방법이 없기 때문이다. 하지만 산업혁명 이후 생산력이 증대되고 사회적으로 빈부 격차가 커지면서 복지국가 개념이 등장했다. 이전 국가들이 불평등을 해소하고자 시행했던 노력들이 이제 국가가 수행해야 하는 의무 사항이 된 것이다.

이렇게 사회적 약자에 대한 배려와 사회적 불평등 해소를 위한 움직임은 인간의 생산력 증대와 그에 비례한 조세 징수와 긴밀한 관계가 있다. 조세가 어떤 기준으로 운용되어야 다가올 미래 사회에 진정으로 인류를 위한 제도가 될 수 있는지 살펴보자.

공정한 조세 제도
만들기

인류가 국가를 만든 이래 조세는 국가 운영의 근간이었다. 조세로 거두어들인 재화의 사용 목적은 시대에 따라 변천해 왔다.

국가의 발전 단계

초기 국가는 국민의 생명을 보호하고 안전을 도모하는 대가로 조세의 정당성을 부여받았다. 국민은 자신의 목숨과 가족을 지키는 대가로 자신의 노동으로 얻은 가치를 국가에 지불하는 것이다. 조세로 거두어들인 재화는 지배층의 삶과 국가의 안위를 지키기 위해 주로 사용되었다. 국가의 발전 단계 이론에서는 이러한 국가를 '안보국가'라고 칭한다. 안보국가 시절에 대부분의 사람들은 생존을 위한 기본적인 생산 활동과 전쟁에 매달렸다. 인간의 일자리도 이와 관련된 일들이 주종을 이루었다. 안보국가 시절의 생산력은 농업이 주종으로, 모든 생산력이 인간의 노동과 자연환경의 제약을 받았다. 조세 부담자 개인이 아무리 큰 조세 부담을 지더라도 부담할 수 있는 조세의 절대액은 지금에 비하면 극히 적을 수밖에 없었다.

산업혁명이 일어나면서 국가는 또 다른 역할을 수행하게 되었다. 국가 간 산업 경쟁에서 자국 기업들이 승리할 수 있는 기틀을 마련하는 것이다. 이에 따라 국가 안보뿐 아니라 국내 산업 발전에도 조세를 투입하게 되었다. 이를 '발전국가' 모델이라고 한다. 유럽의 1차 산업혁명기에 적용되었던 이 모델은 이후 동아시아 경제 발전에 도입되어 한국, 일본, 대만 등이 2차 세계대전 이후 새롭게 산업화에 성공할 수 있는 토양을 제공했다. 경제 발전을 위해 국가가 세금을 투입하는 것이 당연한 일로 받아들여졌다. 인간의 일도 새로운 산업을 일으키거나 재화를 생산하는 활동이 중심이 되었다. 많은 사람들이 공장에서 일을 하게 되고 근면함을 최고의 가치로 여겼다. 이때 조세부담자로 '법인'이 새롭게 등장했다. 법인체를 위한 국가 지원 활동은 법인체에 대한 조세 부담에 정당성을 부여하게 되었고, 법인체는 개인과 달리 상당한 규모의 조세를 부담할 여력을 갖게 되었다.

1, 2차 산업혁명이 진행되면서 생산력은 크게 증대되었으나 자유시장 경제 체제의 모순으로 소득 격차는 심해지고 사회·경제적 환경이 개인이 개선할 수 없는 상황에 이르게 되었다. 이를 국가가 책임져야 한다는 생각이 유럽에서 생겨났다. 이런 배경하에 1919년 독일

에서 '복지국가' 헌법인 '바이마르 헌법'이 탄생했다. 재산 소유권의 사회적 의무를 규정하고 재산권 행사의 공공성, 인간다운 생존을 보장하는 내용을 담고 있는 바이마르 헌법은 20세기 헌법의 전형이 되었다. 2차 세계대전이 한창이던 1942년 영국에서는 "요람에서 무덤까지" 모든 국민에게 사회보장 혜택이 주어져야 한다는 주장을 담은 베버리지William Henry Beveridge의 보고서 「사회보험 및 관련 서비스Social Insurance and Allied Services」가 발표되었다. 이를 계기로 영국은 엘리자베스 1세 시대 '구빈법救貧法'의 빈민 구제 개념을 뛰어넘어 국민의 최저 생활 수준을 보장하는 보편적 복지 체계를 갖춘 국가가 되었다. 우리나라도 노무현 정부 때 본격적인 복지국가의 길로 들어섰다. 취약 계층을 보살피고 개인이 떠안고 있었던 가족 내 부양의 책임도 사회적으로 부담하는 것이 당연시되었다. 아직도 다른 OECD 국가에 비해 정부 예산에서 차지하는 복지비 비중이 낮은 편이나 복지비 지출의 중요성에 대한 국민적 합의는 이루어져 있다.

그동안 인류는 산업 활동을 통해 많은 일자리를 창출했고 생산 활동에 인간의 노동력이 필수적인 상황에서 인간의 근면함을 칭송하고 놀고먹는 것은 악덕으로 간주했다. 재화의 희소성은 경제 운용의 기본으로 작용했고 분배 정의에 대한 기존 사회의 기준은 여전히 유효했다. 하지만 복지국가가 들어서면서 사회 복지 활동을 하는 분야에서도 많은 일자리가 창출되었고, 무엇보다 재화를 생산하는 일 못지않게 인간이 인간을 보살피는 일을 가치 있는 일로 여기게 되었다. 세계 도처에 있었던 유아 살해나 노인 유기와 같은 현상은 더 이상 정당성을 가질 수 없게 되었다. 이제 국가가 사용할 수 있는 재화를 최소한의 인간 생존을 위해 사용하는 것이 당연시되었다. 인류는 비로소 생존과 생산 향상을 위한 활동이 아닌 인간의 삶의 질을 지키는 활동에 국가의 역할이 필요하다는 것을 인정하고 받아들이기 시작한 것이다.

그렇다면 앞으로 인류가 가야 할 국가는 어떤 국가인가?

이제 우리는 머지않은 미래에 4차 산업혁명을 통해 전 인류가 필요로 하는 모든 재화와 서비스를 인간의 노동 없이 기계의 힘으로 생산할 수 있는 사회를 목전에 두고 있다. 나는 이를 '4차원 국가'라고 칭하고 싶다. 그런 사회가 실현되면 국가 운영에 있어 지금까지의 가치는 더 이상 유효하지 않을 것이다. 이 시기가 오면 무엇이 공정이고 정의라고 할 것인가? 인류가 소비하고도 남을 재화가 거의 한계비용 제로 상태에서 생산된다면 인류는 무엇을 해야 먹고살 수 있을까? 일의 진정한 본질은 무엇인가? 이런 문제에 대비하고 답을 구해야 한다.

지금까지 인류가 일을 통해 얻고자 했던 것은 구성원 내에서 자신의 존재가치를 인정받고 자신이 행한 일의 결과가 보람 있다고 느낄 때 받는 자족감이었다. 어떤 일이 가치 있는 일인가는 시대에 따라 변천해 왔다. 전통 사회에서는 용맹하게 싸우는 전사들이 인정을 받았고, 산업 사회에서는 많은 부를 축적한 사람들이 존중받았다. 4차원 국가 사회에서는 인간 스스로 자유의지를 가지고 세상 모든 인류와 연대하고 지속 가능한 환경의 지구와 더불어 살아가며 자신의 즐거움을 누리고 보람을 찾아 사는 것이 가치 있는 삶이라 여겨질 것이다. 다가올 세상에서는 지금까지의 방식대로 삶을 지속하는 것은 불가능하다. 많이 생각하고 많이 놀고 많이 소통하는 일들이 중요한 가치가 될 것이다. 인류가 문명을 창조하고 발전해 오면서 최고의 가치로 여겼던 것을 앞으로 찾아올 사회의 관점에서 검토하고 고민해야 한다. 기존 가치를 부정하고 바꾸는 것은 당황스럽고 혼란스러운 일이지만 반드시 해야 하는 일이다. 하지만 인류가 이런 혼란을 처음 겪는 것은 아니다. 신석기 농업혁명을 통해 잉여가치가 생산되고 이를 바탕으로 인류가 문명을 만들기 시작했을 때나 산업혁명이 엄청난 사회 변화를 가져왔을 때도 인류는 혼란스럽고 두려웠을 것이다. 하지만 인류는 이를 잘 극복하며 문명사회를 건설해 왔다. 앞으로의 인류는 지금보다 훨씬 이를 잘 해낼 것이다.

공정한 조세를 위해 발휘되어야 할 국가의 역할

국가의 역할은 더욱 중요해질 것이다. 지금까지 국가의 역할을 수행하는 근간은 조세였으므로 국가의 역할이 더욱 강조되면 그에 상응한 조세 제도의 개선이 당연히 뒤따라야 한다. 조세 제도는 인간의 합의에 의해 만들어지고 시행된다. 세금은 시대에 맞게 사용 목적이 변천해 왔고, 세금을 발생시키는 근원과 부담하는 비율도 그에 따라 변해 왔다. 모든 사람이 균등하게 부담하는 것이 공정한 조세가 아님은 예나 지금이나 마찬가지다. 미래에 있어 공정한 조세란 모든 사람이 인간답게 살아가는 최소한의 기반을 구축하는 것이 기준이 되어야 한다. 왜냐하면 세금 부과의 원천이 되는 모든 재화를 생산하는 수단이나 원료는 현 소유자 한 사람의 것이 아니고 인류의 지혜와 노력의 결과물이며 이 세상을 같이 살아가는 사람들 공통의 것이기 때문이다. SNS 기업의 소유자는 인터넷망이 없다면 사업하는 기반을 상실할 것이고, 이 인터넷망 기반은 국가 공공기관의 초기 개발 투자가 없었다면 불가능하다. 초기 공공기관의 투자는 국민 세금이 원천이다. 희귀 광물과 같은 원재료는 사실 지구가 46억 년의 시간에 걸쳐 만든 것이지 광산 소유자가 만든 것이 아니다. 더구나 석유와 같은 그 원재료의 사용으로 인해 환경 파괴가 일어나면 유전 소유자가 전적으로 책임을 지는 것도 아니다. 그 피해는 고스란히 모든 인류의 고통으로 돌아온다. 다시 한 번 말하지만 인류의 창의성을 유지하고 발전을 추동할 동기는 당연히 존중받아야 하고 이를 장려하기 위한 수준의 정책은 필수적이다. 모든 인류가 균등해지자는 말이 아니다. 지금과 같이 소수의 승자가 과실을 독식하는 불합리한 제도를 더 이상 방치해서는 안 된다는 말이다.

우리가 조세를 중요시하는 것은 지금까지 살펴본 바와 같이 국가가 공정한 사회를 만들고 지속적으로 발전하기 위해 사적인 목표 없이 사용할 수 있는 합법적인 재원은 세금뿐이기 때문이다. 이런 까닭에 한 국가가 GNP에서 조세 및 이와 유사한 기능을 지닌 사회보장 기여금을 어느 정도 비율로 징수하고 사용하는가는, 사회가 불평등

조세 부담률 및 국민 부담률 국제 비교(2019년 기준)

구분	한국	미국	스웨덴	프랑스	독일	이탈리아	영국	OECD 평균
조세 부담률(%)	20.0	18.4	33.7	30.5	24.1	29.2	26.6	24.9
국민 부담률(%)	27.3	24.5	42.9	45.4	38.8	42.4	33.0	33.8

자료 : OECD Revenue Statistics (2020년판), e-나라지표[6]

을 완화하기 위해 얼마나 관심을 가지고 제도적으로 실질적인 노력을 기울이는가를 측정하는 척도로 사용할 수 있다.

국민 부담률이란 조세 부담률에 사회보장 기여금을 합한 것으로, 한 나라의 공익적 투자 총액을 알아보기 위해서는 조세와 사회보장 기여금을 합해서 보는 것이 사회 안전망을 평가하는 데 훨씬 적합하다. 피케티는 "미국을 포함한 선진국의 현대화와 발전 과정은 정부가 경제 성장을 위해 적어도 GNP의 30~40퍼센트를 교육, 의료, 인프라 등에 집중 투자할 능력을 갖추느냐 그렇지 않느냐에 달려 있다."라고 했다.[5] 적정한 수준의 조세 부담률은 지속인 경제 성장을 위해서도 꼭 필요한 일이다. 한국은 표에 나타나 있듯이 2019년 기준으로 조세 부담률이 20퍼센트, 국민 부담률이 27퍼센트 수준이지만 OCED 평균은 각각 24퍼센트, 33퍼센트가 넘는다.

세금은 제대로 걷고 제대로 사용되어야 한다. 정책의 실패는 곧바로 우리에게 영향을 미친다. 오바마 전 미국 대통령은 2011년 캔자스주 오서와터미에서 행한 연설에서 다음과 같이 조세 정책의 중요성을 강조했다.

2001년과 2003년 의회가 미국 역사상 가장 규모가 컸던 부자 감세안 두 건을 통과시키고 나서 우리에게 무슨 일이 벌어졌는지 생각해 보라. 반세기 이래 취업 성장률이 가장 낮았다. 또한 이 나라를 건설하고, 교육, 사회 기반 시설, 과학기술, 메디케어(노인 의료보험 제도), 사회보장 제도처럼 수백만 국민이 중산층으로 남을 수 있도록 도와주는 기본 보호 수단에 투자하기가 훨씬 힘들어졌다.[7]

세금을 제대로 걷고 제대로 사용한다는 것은 국가가 필요한 총액을 사회 구성원들이 받아들일 수 있는 비율로 여러 종류의 세금 항목에 공정하게 구성해야 하며 거두어들인 세금은 국가 발전에 필요한 부분에 적절하게 배분되어야 한다는 것이다. 이를 실현하기 위한 가장 중요한 요소는 투명성과 합목적성이다. 그리고 가능하면 가치를 취득하는 사람이나 법인에 최대한 직접적으로 과세하는 것이 합리적이다. 조세는 기본적인 국민의 의무이면서 동시에 사회 안전판의 역할을 하기 때문이다. 그리고 민주적 논의를 위해서는 국민들이 조세 제도를 쉽게 이해할 수 있어야 하므로 조세 제도를 지금보다 좀 더 단순화해야 한다. 조세는 전문가나 소수 이해관계자들에 의해서만 결정되어서는 안 되기 때문이다. 조세 항목과 항목별 징수 금액에 대한 정보도 정확하고 쉽게 알 수 있도록 공개되어야 한다. 이런 과정은 사회 통합에 기여할 것이고 당연히 우리 일자리를 만드는 데도 중요한 역할을 하게 된다.

사회 구성원들이 받아들일 수 있는 조세 제도를 만들고자 할 때 우리가 쉽게 유혹에 빠져 그릇된 판단을 할 소지가 있는 것이 몇 가지 있다.

첫째, '조세 덤핑' 문제다. 조세 덤핑이란 주변국보다 낮은 법인세를 적용해 외국 기업을 유치하는 것을 말한다. 기업 유치가 곧 대규모 일자리를 창출한다는 생각에서 취하는 정책이다. 정상적인 국가들은 대부분 25퍼센트 내외의 법인세를 유지하는데 여기에는 타당한 이유가 있다. 교육과 의료 같은 공공 서비스와 사회 안전망(실업 수당이나 취약 계층 지원 등), 사회 인프라를 구축하고 유지하는 데 최소한 이 정도의 세율이 필요하기 때문이다. 이런 법인세를 감면하게 되면 다른 곳에서 세원을 찾아야 하고, 결국 부자들의 세금을 깎아 주는 대신 노동자의 소득세나 간접세(가장 크게 부담하는 계층은 국민 대다수이다) 등을 인상하게 되어 세금 정책이 사회적으로 재분배의 역할을 하지 못하고 역작용을 하게 된다. 제로섬 게임으로 변질된 조세 제도는 경제 발전에 도움이 되기는커녕 오히려 국내 소비 시장을 위축시키고 실업률을 높이는 결과를 초래한다.

조세 덤핑의 또 다른 약점은 세금을 내야 하는 본사만 이전하는 방식으로 세금을 회피하는 거대 기업에 적절하게 대응할 수 없다는 점이다. 이에 대한 대표적인 사례로 아일랜드를 들 수 있다. 영국 보수 일간 《타임스The Times》에 따르면, 아일랜드 경제는 2017년 7.8퍼센트 성장해 유럽 주요국 중 가장 높은 성장률을 기록했다. 하지만 고용 등 실제 체감 경기는 달랐다. 그 이유는 다국적 기업들이 아일랜드의 법인세율이 다른 주요국에 비해 낮은 점을 이용해 지적 재산이나 본사 소재지를 아일랜드로 옮기기만 할 뿐 대규모 고용을 한다든가 하는 조치는 취하지 않았기 때문이다. IMF는 2017년 아일랜드 경제 성장률의 4분의 1가량인 2퍼센트는 아이폰 덕분에 가능했던 것으로 분석했다. 하지만 아이폰은 아일랜드에서 만들어지거나 수출되지도 않는다. 즉 고용이 전혀 일어나지 않는 것이다. 그러나 이런 제도의 혜택을 받는 사람들은 애플이 지적 재산을 아일랜드에 두고 있기 때문에 아이폰 판매가 늘어나면 늘어날수록 아일랜드 경제 성장률에도 플러스 영향을 미치게 된다고 주장했다. 많은 다국적 기업들은 2015년 이후 지적 재산을 획득하면 이를 아일랜드에서 등록해 왔다. 이에 따라 아일랜드의 성장률은 2015년 26.3퍼센트에 달했고 법인세는 22억 유로(한화 약 2조 9,000억 원)가 증가했다. 큰 액수로 보이지만 노벨 경제학상 수상자 폴 크루그먼Paul Krugman은 이 같은 고성장이 아일랜드 경제의 건전성을 보여 주는 지표가 되지 못한다고 일축하면서, 이를 아일랜드 전래 동화에 등장하는 요정 이름에서 따온 "레프러콘 경제학leprechaun economics"이라 불렀다. 2조 9,000억 원이 커 보일지 모르지만, 2020년 한국 정부 예산 총액이 513.5조 원이었다. 건전한 일자리 창출 없이 몇몇 다국적 기업의 지적 재산권 등록에 따라 증가한 법인세로 전 국민의 삶을 지속적으로 보장할 수는 없다.[8]

이와 함께 우리가 주의 깊게 인식해야 할 점이 또 있다. 다국적 대기업들의 세금 납부에 대한 문제다. 세금은 수익이 발생한 역내에 정상적으로 부과되고 정당하게 납부되어야 한다. 하지만 조세 회피를 당연시하는 다국적 대기업들의 양태는 상상을 초월한다. 구글은 2020년 한국 내 매출을 2,201억 원, 영업 이익을 156억 원으로 공시했고, 한국에 납부할 법인세로 불과 96억 원을 신고했다. 하지만 구글 플레이스토어, 유튜브, 유튜브뮤직 등을 운영하는 구글은 한국에서만 해마다 수조 원의 수익을 올리는 것으로 알려져 있다. 다른 다국적 IT 대기업도 다르지 않다. 페이스북은 35억 원, 동영상 스트리밍 서비스업체 넷플릭스는 22억 원을 법인세로 납부하겠다고 신고했다.[9]

조세 덤핑 문제가 우리에게 시사하는 바는 지금과 같은 세계 경제 체제에서는 지속 가능하고 공정한 사회 건설을 위해 국가 단위로 조세 문제를 해결하는 데 한계가 있다는 것이다. 1990년 핀란드가 세계 최초로 탄소세를 도입하기 전에 사람들은 탄소세 부과가 실행 가능한가 의아해했을 것이다. 1990년 한국에서 누군가 탄소세를 도입하자고 주장했다면 정상인으로 취급받지 못했을 것이다. 하지만 지금은 거의 모든 국가가 탄소세의 정당성을 믿는다. 조세 문제는 더 이상 국내 문제가 아니다. 최소한 다국적 기업들에 대한 공정한 세금 부과 정책에 대해서만이라도 국제적 공감대가 필요하다.

다행히 조세 덤핑 문제와 조세 회피 문제는 국제적으로 해결될 조짐이 보이고 있다. 2021년 6월 EU(유럽연합) 회원국들과 유럽 의회는 EU 시장에서 활동하는 다국적 대기업들이 각 회원국별로 납부하는 세금 내용을 공개하도록 합의했다. 이제 기업들은 조세 회피국에 세금을 얼마나 냈는지도 공개해야 한다. 더불어 G7에서는 법인세 실효세율을 최소한 15퍼센트 이상으로 인상하는 안에 대해서도 합의가 이루어질 전망이다. 다국적 대기업의 활동에 비해 각국 정부가 대응하는 속도는 여전히 늦지만 그래도 근원적인 문제를 해결하는 단초가 마련되었다는 점에서 그 의미가 크다. 세계가 하나로 묶여 있는 지금, 세금도 환경 문제와 같이 더 이상 한 나라에서 해결할 수 있는 문제가 아니다.

둘째, 부가가치세와 같은 간접세를 통한 증세다. 간접세는 세금 징수를 효율적으로 할 수 있으나 소득의 대부분을 소비하는 계층이 세금을 많이 부담한다는 약점이 있다. 부가가치세를 올리는 문제는 항상 신중해야 한다. 선진국이 부가가치세율이 20퍼센트이기 때문에 한국이 부가가치세를 올릴 여력이 충분하다고 주장하는 사람들이 있다. 하지만 부가가치세를 논하기 전에 조세 전체에서 직접세(소득이나 재산에 연동하여 누진적으로 부과하는 세금)와 간접세의 비율을 먼저 살펴보고 우리나라가 가지고 있는 재산 보유세의 취약성 등을 먼저 보강한 후 검토해야 한다. 중위소득의 직장인들이 30퍼센트 정도를 세금으로 납부하는 데 비해, 대부분의 부를 차지하고 있는 대기업과 부자들은 최고 세율, 감세 제도 등을 통해 실제 납부하는 세율이 높지 않다. 한 가지 세목의 세율이 중요한 것이 아니라 전체 맥락에서 조세 정의가 이루어져야 한다. 특히 한국은 역진세 성격을 띠고 있는 간접세의 비율이 높은 나라다. 역진세란 누진세의 반대 개념으로 소득이 적은 사람들과 소득이 높은 사람이 같은 금액의 세금을 부담함

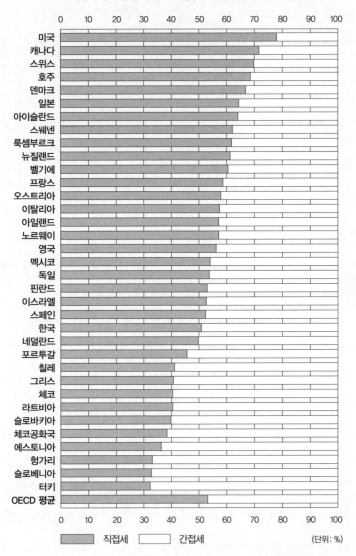

OECD 회원국의 직접세·간접세 비중(국세 및 지방세 모두 포함)(2015)

0 10 20 30 40 50 60 70 80 90 100

미국
캐나다
스위스
호주
덴마크
일본
아이슬란드
스웨덴
룩셈부르크
뉴질랜드
벨기에
프랑스
오스트리아
이탈리아
아일랜드
노르웨이
영국
멕시코
독일
핀란드
이스라엘
스페인
한국
네덜란드
포르투갈
칠레
그리스
체코
라트비아
슬로바키아
체코공화국
에스토니아
헝가리
슬로베니아
터키
OECD 평균

0 10 20 30 40 50 60 70 80 90 100

■ 직접세   □ 간접세   (단위: %)

자료: OECD Statistics, "OECD Countries: Comparative Table", 한국조세재정연구원 세법연구센터[10]

으로써 세금 부담률이 오히려 높아지는 현상을 말한다.

셋째, 토지와 같은 한정된 재화에 대한 재산세 문제다. 토지를 자유롭게 사고팔 수 있다는 개념은 채 300년이 되지 않았다. 지구상에 살아가는 누구도 땅 없이는 살아갈 수 없을 만큼 토지는 대체 불가능한 자원이다. 토지를 아무 제한 없이 개인이 소유하고 그에 대한 권리를 행사할 수 있다는 것은 공기도 같은 개념으로 독점할 수 있다는 것과 다를 바 없다. 이런 재화에 대해서는 특히 공공성을 강조하고 장기적으로 좀 더 개선된 방향을 모색해야 한다. 앞으로 과세 제도를 개편할 때면 새롭게 생기는 세금이 어떤 이유로 누가 얼마만큼 부담하게 되는지 모든 국민이 여러 측면에서 알 수 있게 해야 한다. 세금 정책은 많은 사람들이 수긍하는 방향으로 발전되어야 한다. 지금과 같은 시대에는 조세 부담자가 자신이 국가에 어느 정도 수준의 세금을 납부하고 그 비율은 어느 정도 되는지 충분히 공유가 가능하다.

재산세 부분에서 특히 유념해서 고려해야 할 사항은 재산의 규모가 크면 클수록 리스크는 줄고 수익률은 크게 늘어난다는 것이다. 보통 실질 자산 수익률은 3~4퍼센트인데, 자산 규모가 작은 경우는 이보다 수익률이 낮아 인플레이션 비율보다 작은 경우가 많고, 자산 관리인을 둘 정도의 규모는 수익률이 7~8퍼센트, 그리고 최상층은 10퍼센트에 육박한다. 돈이 돈을 벌기 때문이다. 그래서 재산세에도 소득세와 같은 누진 정책이 반드시 필요하다.[11]

넷째, 승자 독식 구조의 배타적 재산권(특히 지적 재산권)에 대한 과세 문제다. 미래 사회에 특허권은 핵심 권리 중의 하나다. 앞으로 부가가치를 생산하는 핵심은 토지나 생산 수단이 아닌 지적 재산권이 될 것이다. 이미 애플이나 구글, 아마존 같은 회사는 생산 설비를 확장하는 것보다 지적 재산권 획득에 더 많은 자본을 투자하고 있다. M&A(기업 인수·합병)도 고객 확보를 통한 시장 확대보다 지적 재산권을 획득하기 위한 수단으로 활용되고 있다. 현재 전 세계 지적 재산권은 서양 사회 거대 기업들의 입장에 유리하게 적용되고 있다. 거대 제약 회사들은 지구 곳곳 지역민들의 오랜 지혜를 버젓이 자신들의 특허로 등록해 독점적 이익을 취하고 있으며, 이도 모자라 약간의 변형을 가하거나 정치권 로비를 통해 특허 기간 만료 전 특허를 연장시키는 전략을 취하고 있다. 초기에 특허 제도는 개인의 창의성을 자극하고 그 노력을 보상하기 위한 좋은 취지에서 시작되었다. 하지만 이제는 특허권이 오히려 사람들의 개발 의욕을 꺾고 소수의 독점적 이익을 보장하는 도구가 되었다. 더욱이 시장이 지구 전체로 쉽게 확장될 수 있는 구조하에서 승자 독식 구조의 배타적 특허권을 장기간 보장하는 것은 돈으로 돈을 버는 돈 놀음에 불과하다.

특허는 개인이나 어느 법인의 독창성으로만 이루어질 수 없다. 인류의 지혜가 축적된 결과물이다. 특허권에 대한 조세를 강화하는 것은 당연한 일이며 특허 기간도 최소한으로 줄이는 것이 인류 전체의 과학기술 발전에 이바지할 것이다. 다른 재산을 소유하는 것과 마찬가지로 특허도 특허를 소유하는 것 자체에 과세가 이루어져야 한다. 그래야만 특허가 대기업이 스타트업의 시장 진출을 막아 자신의 시장 독점을 유지하기 위한 용도로 쓰이기보다는 진정으로 인류의 삶에 공헌하는 본연의 목적을 달성할 수 있을 것이다.

다섯째, 최고 소득세율에 대한 잘못된 인식이다. 최고 소득세율이 높아지면 근로 의욕이 상실되고 이로 인해 경제가 활력을 잃을 것이라고 주장한다. 하지만 이런 주장은 터무니없다는 것을 역사가 증명한다. 세금 문제에 있어 자유방임에 가깝던 미국에 경제 공황이 닥치자 당시 대통령이었던 프랭클린 루스벨트는 강력한 드라이브를 걸어 세제 개혁을 단행했다. 최고 소득에 적용되는 연방세율은 5퍼센트에서 63퍼센트로, 그리고 79퍼센트를 거쳐, 1941년에는 91퍼센트까지 올라갔다. 최고의 세율이 적용되던 시기는 전쟁 중이라는 특수 상황이라고 해도, 전쟁이 끝난 뒤 미국이 최고 전성기를 구가하던 1970년까지 77퍼센트대의 세율이 유지되었다. 그리고 이 기간 동안 미국 경제는 놀랍게 성장했다. 일반의 예상과는 달리 기업인들에게 고율의 세금은 근로 의욕을 꺾는 것이 아니라 오히려 더 많은 이윤을 내도록 강력하게 촉구하는 작용을 한 것이다. 그러다 낙수 효과를 내세운 레이건·부시 행정부 때 최고 소득세율은 30~35퍼센트로 떨어졌다. 그리고 경제는 침체의 늪에 빠졌다. 높은 소득세율이 경제 활력을 상실하게 한다는 논리가 얼마나 허구인지 보여 주는 역사적인 '팩트'다. 오히려 소득세율이 떨어지면 경제도 활력을 잃고 경제 성장률도 같이 떨어진다. 사회가 구성원 간의 신뢰를 바탕으로 안정적일 때 오히려 경제는 발전한다.

소득세와 함께 기업의 법인세도 중요한 항목이다. 2017년 한국의 명목 법인세율은 지방세를 포함해 24.2퍼센트로, 24.5퍼센트의 OECD 회원국 평균과 비슷했지만 실제 법인이 납부하는 세율은 18퍼센트로 미국, 일본, 스웨덴, 영국보다 낮았다. 경제를 살린다는 각종 명목으로 기업들에게 법인세 공제와 감면 혜택을 주기 때문이다. 대기업이 받는 법인세 공제 감면 혜택 명목은 외국 납부 세액 공제, 특정 시설 투자 세액 공제, 연구 인력 개발비 세액 공제, 공장 및 본사 수도권 밖 이전 감면, 고용 창출 투자 세액 공제(임시 투자 세액 공제 포함) 등이 있다. 이로 인해 대기업의 실효세율이 중견기업의 실효세율보다 낮은 기현상이 발생하기도 한다. 2018년 대기업의 법인세 실효세율은 18.2퍼센트이고 중견기업의 실효세율은 19퍼센트였다. 2019년 30대 대기업의 사내 유보금은 총 950조 원으로 전년 대비 7.5퍼센트 증가했다. 2018년 한국 경제 성장률 2.7퍼센트에 비해 약 3배 정도 높다. 물론 사내 유보금이 모두 현금 등의 유동성 있는 자산인 것은 아니다. 하지만 대기업들이 각종 법인세 공제 감면 혜택을 받으면서 국내 경제 성장률보다 훨씬 큰 폭으로 사내 유보금이 증가했다는 것은 엄연한 사실이다.

조세 제도, 우리 의지로 충분히 바꿀 수 있다

한번 낸 세금은 다시 돌아오지 않는다. 또 세금을 납부한다고 해서 바로 자신에게 눈에 보이는 이익이 발생하지도 않는다. 그렇기 때

문에 세금이 생기고 난 직후부터 인간이 절세나 탈세에 대한 유혹을 끊임없이 받아 온 것은 어쩌면 당연한 것인지 모른다. 하지만 사회를 유지하기 위해 필수적으로 세금을 내야 한다는 것에 대한 동의가 부정되지는 않았다. 앞으로 국가의 역할이 더욱 커지고 중요해지는 만큼 조세 정의도 더욱더 중요해질 것이다. 우리는 부자 감세가 더 이상 답이 아님을 알고 있다. "최근 20년 가까이 계급 전쟁이 계속되어 왔고 내가 속한 계급이 승리를 거두었다." 누구의 말 같은가? 레닌? 마오쩌둥? 덩샤오핑? 다 아니다. 세계적으로 투자의 귀재라 불리는 워런 버핏Warren Buffett이 한 말이다. 부자들은 자기들의 이익을 실현하기 위해 그만큼 노력하고 확실한 계급 의식을 가지고 있다.

부자들은 거액의 기부를 통해 자신의 역할을 충분히 하고 있다고 말하는 사람도 있다. 미국 부자들의 기부액은 2017년 4,100억 달러였다. 얼핏 보면 어마어마한 금액을 기부하는 것으로 보인다. 하지만 그해 미국 GNP는 19조 4,584억 달러였다. GNP 대비 2.1퍼센트 수준이다. 앞에서 살펴본 미국 국민 부담률 26.8퍼센트에 2.1퍼센트를 더해도 28.9퍼센트밖에 되지 않는다. 게다가 미국 세법에 의해 기부금에 대한 소득 공제를 총소득의 50퍼센트까지 인정해 주고, 주식을 기부하면 20퍼센트까지는 증여세를 부과하지 않는다. 그래서 실제 내야 할 세금에서 빠져나간 금액을 계산해 보면 부자들의 기부가 부자들의 수입에 크게 영향을 미치지 못한다.

부자들의 기부 행위가 나쁘다는 것이 아니다. 그리고 게이츠나 버핏 같은 거액 기부자들의 의도를 폄하할 생각도 없다. 국가가 사회 안전망을 만드는 데 기부자의 선의에 기대는 것은 해법이 아니라는 것이다. 게이츠나 버핏 같은 이들의 자산이 기부로 인해 줄었다거나 부의 양극화가 완화되었다는 이야기는 들어 보지 못했다. 중요한 것은 정당하게 내야 할 세금을 회피하고 또 자신들에게 유리한 제도를 만들어 세금을 내지 않는 것을 정당한 행위로 봐서는 안 된다는 것이다. 고세율의 시기에 인류는 훨씬 더 빠른 속도로 경제를 성장시켰으며, 같이 나눌 수 있는 행복감도 훨씬 높았다.

세율 문제와 함께 고려해야 할 것은 조세 집행 방식이다. 앞으로 지금보다 훨씬 합리적이고 다양한 금융 기법을 동원해 조세를 집행할 수 있다. 네덜란드 위트레흐트시는 신규 개발 지역에서 발생한 개발세와 재산세 수입을 기존의 낙후된 지역을 재개발하는 프로젝트의 재원으로 활용하는 조세 담보 금융tax increment financing 제도를 도입해 운영했다. 미래에 발생할 조세를 담보로 채권을 발행해 지역 사회 정비에 필요한 공공 재원으로 활용한 것이다. 그 결과 경제력 재분배가 선순환적으로 이루어졌다. 이와 함께 도시 재개발에 에너지 절약 및 환경 보호 구상을 적절히 포함한다면 모두에게 긍정적인 혜택으로 돌아가게 된다.[12]

이미 기울어진 운동장에서 기존의 룰을 따르는 것이 공정할 수는 없다. 공정하다는 것은 그런 의미가 아니다. 초등학교 농구팀과 NBA 농구팀이 농구 룰에 따라 경기하는 것이 공정한 것인가? 다행히 세금은 영국에서 1688년에 일어난 명예혁명을 통해 군주의 자의적인 결정 대상에서 의회의 승인 사항으로 바뀌었다. 민주 국가에서 조세에 관련된 제반 법령과 조세 사용처에 대한 관리·감독은 국민에 의해 선출된 국회가 전적으로 맡는다. 또한 모든 조세는 국회에서 민주적 절차를 거쳐 결정되어야 정당성을 갖는다. 국회는 국민의 대의 기관이다. 다시 말해 조세 제도는 부자들의 로비로만 제정되는 것이 아니고 우리 의지에 따라 충분히 바꿀 수 있다. 중국을 최초로 통일한 진나라는 상앙商鞅의 변법을 통해 강대국으로 성장했다. 상앙의 변법은 귀족의 특권 약화와 공평한 법 집행이 핵심 요체다. 우리가 조세 제도에 대해 더욱 관심을 가지고 지켜봐야 하는 이유다.

최소한의 삶을 보장하고
지속 가능한 환경 만들기

보편적 기본소득 시행

조세 집행은 우선순위를 정하고 투명하고 공정하게 시행하는 것이 필수적이다. 공정하고 정의로운 조세 제도를 통해 거두어들인 재원은 어떻게 사용해야 할까? 돈을 잘 거두는 것 못지않게 잘 쓰는 것도 중요하다. 돈을 어디에 어떻게 써야 잘 쓰는 것일까? 국가 예산은 사용처는 많은데 항상 부족하다. 돈의 사용처를 고민하는 것이 이상해 보일지 모른다. 하지만 모든 사람이 충족할 만큼의 재화가 생산되고 지금 우리가 생각하는 형태의 일자리가 대부분 사라져 버리는 세상에서는 더 이상 조세 부족과 같은 일은 일어나지 않을 수 있다. 생각해 보라. 삶을 충족시킬 만큼 충분한 재화를 생산하는 것이 가능하고 일자리가 더 이상 없는 사회에서는 재분배가 가장 중요한 핵심이 될 것이다.

소득의 재분배를 가장 공정하게 시행할 수 있는 제도는 보편적 기본소득universal basic income이다. 보편적 기본소득이란 재산의 많고 적음에 관계없이 모든 국민에게 매월 일정액을 지급하는 것이다. 제도 시행을 위해서는 세금에 대한 지금까지의 생각을 바꿔야 한다. 소득이 발생하는 곳에 세금이 발생하는 것이 아니라 필요한 만큼 세금이 발생해야 하며, 부자나 거대 자본을 가진 법인에 대한 증세는 당위성을 가지고 있다고 말이다. 물론 이것이 내일 당장 이루어질 일은 아니지만 지금의 과도기를 지나 우리 인류가 새로운 특이점 사회에 접어들면 필수적으로 갖추어야 할 사회 시스템이다. 사회 시스템은 하루아침에 바뀌지 않는다. 지금부터 대비해야 한다. 2020년 코로나19 팬데믹 사태는 우리에게 보편적 기본소득에 대해 좀 더 진지하게 고민할 기회를 주었다.

보편적 기본소득에 대한 역사는 생각보다 깊다. 미국의 작가로 미국 독립전쟁과 프랑스혁명 때 활약한 토머스 페인Thomas Paine은 1797에 발표한 「토지 분배의 정의Agrarian Justice」에서 토지 상속세를 재원으로 만 21세가 되는 모든 미국인에게 15파운드를 지급하자고 제안했다. 페인은 지구를 '인류 공동의 재산'으로 보았기 때문에 토지를 개인이 소유한다는 것이 근본적으로 정당한가라는 의문을 가졌고, 지주들만 누리고 있는 혜택이 당연히 모든 사람들에게 돌아가야 한다고 주장했다. 또 경제적 자립이 민주주의에 결정적으로 중요하다고 생각했다.[13] 이후 보편적 기본소득은 지금까지 버트런드 러

셀Bertrand Russell 같은 철학자, 마틴 루서 킹Martin Luther King Jr. 같은 인권 운동가뿐 아니라 대표적인 시장경제 옹호자인 노벨 경제학 수상자 밀턴 프리드먼Milton Friedman 같은 이들의 지지도 받아 왔다. 프리드먼은 자유시장을 옹호하며 정부 개입의 최소화를 주장했던 보수적 자유주의 시장경제의 옹호자로, 20세기 주류 경제학에 가장 큰 영향을 끼친 학자다. 프리드먼 같은 경제학자도 1980년 "잡다한 복지 프로그램을 없애고 현금으로 소득을 보전해 주는 종합적인 단일 프로그램을 실행하자."고 하여 현금 지급 방식에 우호적인 입장을 취했다. 2016년과 2020년 두 차례 민주당 대선 후보 경선에 나서기도 했던 무소속의 버니 샌더스Bernie Sanders 상원의원도 "모든 미국인이 적어도 최소한의 생활 수준을 보장받을 권리가 있다."라고 밝힌 바 있다. 세계에서 부자 1위를 가장 많이 해 본 버핏과 같은 인물도 기본소득에 긍정적이며, 세계 전기 자동차 시장을 이끌고 있는 테슬라 창업자 겸 CEO인 일론 머스크Elon Musk도 "보편적 기본소득을 지급하는 일이 꼭 필요한 일이 될 것이다."라고 했다.

그러면 왜 보편적 기본소득이 필요할까? 그리고 실현 가능성은 있을까?

기본소득이 추구해야 할 목표는 '진정으로 자유로운' 사회를 세우는 데 있다고 경제학자 필리프 판 파레이스Philippe Van Parijs 는 말한다. 앞으로 미래 사회는 최소한의 인간다운 삶을 보장하는 것이 중요하다. 기본적인 생활이 가능한 최소한의 소득을 보장하게 되면 근로자가 회사의 부당한 처우나 사회적 환경에 적극적으로 맞설 수 있게 된다. 좋은 일자리가 만들어지는 토대가 되는 것이다. 최소한의 내일이 보장되지 않은 인간에게 창의적이고 긍정적인 삶을 요구할 수는 없다. 생존의 위협에서 벗어나 최소한의 생활이 보장되면 사람들의 창의성이 깨어나게 되고 삶을 도전적으로 살아갈 수 있다. 인간 자존감의 회복은 사회 공동체에 대한 믿음을 되살아나게 하고 궁극적으로 세상을 보는 관점을 바꾸어 준다.

일부에서는 기본소득이 노동 윤리를 저해하고 노동이 제공하는 의미를 빼앗을 것이라며 반대한다. 하지만 기본소득을 생활에 필요한 최저한의 수준으로 제공하면 그보다 나은 생활을 향한 인간의 의지가 감소하지는 않을 것이다. 캐나다에서는 1974년부터 위니펙 북서쪽에 있는 도핀이라는 소도시 주민들에게 매월 각기 다른 금액을 조건 없이 지급했다. 이 실험은 4년간 지속되었다. 이 자료를 토대로 2005년 매니토바대학 에벌린 포르제Evelyn L. Forget 교수가 분석한 결과에 의하면, 청소년들은 노동 시간이 줄었으나 남는 시간을 대부분 학업하는 데 쏟아부었으며 25세 미만 여성의 출산율이 떨어지고 고등학교 졸업률은 올라갔다. 또 작업장 재해가 줄었으며 가정 폭력도 줄었다. 총체적으로 삶의 수준이 크게 향상된 것이다.[14] 공짜 돈이 사람들을 게으르게 만들어 노동 시간이 줄고 생산성이 떨어질 것이라는 생각은 완전히 기우였음이 드러난 셈이다. 오히려 장기적인 안목으로 인생을 설계할 수 있어 훨씬 더 창의적이고 만족스러운 일을 하게 만드는 요소로 작용할 것이다. 경제적인 측면에서도 경제 성장의 원동력으로 작용해 사회에 활력을 불어넣을 것이다. 최저 기본소득은 단순한 경제 문제가 아니고 우리가 꼭 지켜야 할 인간 존엄과 민주주의의 문제다.

기본소득 지급을 위한 재원 마련은 현실적으로 가능할까? 우리는 코로나19 팬데믹 상황으로 경제가 극도로 위축된 상황에서도 전 국민 재난 지원금을 지원할 수 있는 나라다. 보편적 기본소득은 우리나라 내에서 소비되는 돈이 대부분일 것이다. 그리고 적정 수준의 돈이 지급된다면 지급된 돈은 거의 다 소비되어 국내 시장 활성화를 가져올 것이고 이를 바탕으로 사람들의 경제 활동이 활발하게 이루어지게 될 것이다. 경제 활성화는 다시 재원 마련을 가능하게 하는 선순환 구조가 형성될 것이다. 현재 시행되고 있는 복잡한 형태의 복지를 통합해 시행하고 합리적인 조세 제도를 도입한다면 충분히 감당할 수준의 정부 분담금이다. 특히 4차 산업혁명이 성공적으로 마무리되는 시기가 오면 지금과 같은 개념의 일자리는 더욱 줄게 되지만 사회 전체적으로 생산하는 부는 기하급수적으로 늘어나 지구 인구 전체를 어려움 없이 부양할 수 있다. 문제는 절대적인 부의 부족이 아니라 부의 공정한 분배다.

그러면 적정한 수준의 보편적 기본소득은 어느 정도가 좋을까? 금액이 어느 정도여야 하는지에 대해서는 여러 의견이 있다. 경제학자이자 외교관이었던 존 케네스 갤브레이스John Kenneth Galbraith는 '품위를 유지하고 안락한 삶을 사는 데 필요한 최소 소득'을 주장했다. 페이스북 공동 설립자의 한 사람으로『공정한 대우Fair Shot』(2018)라는 책을 쓴 크리스 휴스Chris Hughes는 월 500달러를 제시하기도 했다. 보편적 기본소득을 지급하는 기준은 예민한 문제이고 많은 의견이 수렴되어야 하는 분야임에 틀림없다. 지급 방식도 세심하게 준비해야 한다. 모든 사회 구성원에게 지급되기 때문에 정부가 빈곤층에게 복지 형태로 제공하는 현재의 방식과는 다르게 지급되어야 한다. 인간이 자신감을 가질 수 있는 방식을 찾아 시행하는 것이 중요하다. 인간에게 경제적으로 생활이 보장되는 것 못지않게 중요한 것은 존재에 대한 자긍심이기 때문이다. 보편적 기본소득이 이 문제와 병행되어 연구되고 시행된다면 미래 인류 문명의 지속적인 발전에 중요한 초석이 될 것이다.

물론 보편적 기본소득의 시행이 모든 문제를 해결해 인류를 낙원으로 이끈다고는 할 수 없다. 어떤 정책이든 100퍼센트 완전할 수는 없다. 현재의 모순을 해결하고 미래 지향적으로 가는 길이 무엇인가를 고민하고 판단하는 것이 중요하다.

가난한 사람들의 인성을 폄하하여 나누어 준 돈을 쓸데없는 곳에 낭비하게 될 것이라고 말하는 사람들에게는 네덜란드 철학자 뤗허르 베르흐만Rutger C. Bregman의 말로 대신 답하고 싶다. "가난은 인성이 부족하다는 뜻이 아니라 금전이 부족하다는 뜻"이라고.[15]

지속 가능한 발전sustainable development은 1987년 발표된 유엔 보고

서 「우리 공동의 미래Our Common Future」(일명 '브룬틀란 보고서')에 최초로 등장했다. 여기에 정의된 내용은 "미래 세대가 그들의 필요를 충족시킬 능력을 저해하지 않으면서 현재 세대의 필요를 충족시키는 발전"이다. 지구의 환경 자정 능력에는 한계가 있고 이 한계를 넘어 개발이 진행되면 언젠가 지구는 인간이 살아갈 수 없는 행성으로 변하게 될 것이다.

지구 환경 파괴에 가장 큰 원인 제공원은 화석 연료다. 화석 연료는 이산화탄소를 배출할 뿐 아니라 우리 삶을 편리하게 만들어 준 석유화학 제품의 원료이기도 하다. 태평양에 형성된 거대한 플라스틱 섬이나 지구 온난화로 녹아내리는 거대한 빙산과 빙하들, 그리고 바닷물에 잠겨 가는 아름다운 태평양 섬들은 더 이상 지구가 인류에게 주는 경고가 아니며 인류 멸망의 시작을 보여 주는 현실로 인식되어야 한다. 더는 어떤 논리로도 지구 환경 파괴를 방치해서는 안 되는 시점이 왔다.

산업혁명을 통해 동력을 사용하게 된 인류는 에너지원으로 화석 연료에 의존해 왔다. 꾸준히 늘어난 석탄과 석유의 사용으로 이제 지구의 자정 능력을 넘어선 수준의 이산화탄소를 배출하고 있다. 이산화탄소의 과다 배출은 온실 효과를 통해 지구의 온도를 상승시켰다. 인류의 생산력을 획기적으로 증대시켜 인류의 삶을 풍요롭게 한 산업혁명의 이면에는 이런 어두운 면이 있었다.

화석 에너지에 의존하는 경제는 원천적으로 중앙 집중적인 시스템이다. 석유를 채굴하고 정제해 공급하는 망을 구축하는 데는 막대한 자금의 투자가 요구되었기에, 이런 일련의 작업을 지역 분산형으로 시행할 수는 없었다. 당연히 자본을 가지고 있는 주요 선진국들이 모든 시스템을 장악해 큰 이득을 누려 왔다. 1, 2차 산업혁명의 특성이 대형화와 집중화라는 것은 당연한 귀결이었는지 모른다. 대형화와 집중화는 효율을 높이는 데 매우 효과적이어서 사회 모든 시스템이 이를 따랐다. 언론마저도 몇몇 대형사에 의해 장악되어 운영되었다.

하지만 이 모든 것이 변했다. 인류의 주 동력원은 이제 전기로 바뀌었다. 초기에는 화석 에너지를 사용하여 전기를 주로 생산했지만 지금은 원자력, 수력, 태양열, 태양광, 풍력, 지열, 조력과 같이 다양한 에너지원에서 생산하고 있다. 특히 원자력을 제외한 나머지 에너지원들은 지구 환경을 보존하면서 재생 가능하게 사용할 수 있다. 또한 이 에너지원들은 모두 분산형으로 개발 가능하다. 자체 생산, 자체 소비가 가능한 에너지원들이다. 재생 가능한 에너지 관련 산업은 우리가 도달하고자 하는 미래 사회로 가는 과도기에 양질의 좋은 일자리를 화석 에너지 시스템보다 훨씬 많이 창출할 수 있다.

에너지원의 분산화는 권력의 분산화다. 훨씬 더 민주적인 사회를 만들 수 있는 것이다. 많은 돈을 주고 메이저 업체들로부터 화석 에너지를 구매해야 하는 사회에서 막대한 이익을 향한 파워 게임은 지구 전체에 영향을 미친다. 2차 세계대전은 석유와 철강을 둘러싼 자원 전쟁이라고도 말할 수 있다. 특히 석유는 2차 산업혁명 이후 각국이 명운을 걸고 확보해야 하는 절체절명의 자원이었다. 합리적이고 민주적 절차에 의해 자원이 배분되기보다는 국가 간 힘의 논리에 의해 결론이 났다. 오늘날 세계 슈퍼 석유 메이저는 BP(영국), 셰브론(미국), 엑손모빌(미국), 로열더치셸(네덜란드, 영국), 토탈(프랑스), 코노코필립스(미국)의 6개사다. 세계 최상위 경제 대국 중 2차 세계대전 패전국인 독일과 일본을 제외한 나라의 회사들이 장악하고 있다. 상상하기는 싫지만 2차 세계대전의 결과가 달라졌다면 당연히 석유 메이저 회사들의 국적도 비꿔었을 것이다. 중앙 집권식의 에너지 체계는 힘의 논리에 따라 움직인다. 하지만 주요 에너지가 전기로 바뀌면서 그 지형이 조금씩 변하고 있다. 유럽에서 독일이 재생 에너지 사업에 가장 적극적인 것은 어쩌면 당연한 것인지 모른다.

재생 가능한 에너지의 사용은 훨씬 민주적인 체계를 만드는 데 도움이 될 것이다. 누구나 자기 주위의 자연 에너지를 가공해 사용하면 되기 때문이다. 소규모 공동체가 협심하여 자체 생산한 에너지를 사용해 생활을 해결할 수 있는 사회가 오면 우리 삶도 획기적으로 변하게 될 것이다. 재생 가능한 에너지는 아이러니하게도 세계의 화약고 중동의 국민들에게도 평화와 번영을 가져다줄 수 있다. 에너지 취득을 위해 사용했던 돈을 훨씬 유용한 곳에 사용할 수 있게 될 것이다. 인도 펀자브 지방에서 히말라야를 볼 수 있듯이 날이 좋은 날이면 부산에서 언제든 대마도를 볼 수도 있다. 당장 공기 오염으로 줄어드는 우리의 기대 수명이 1.5~2년 연장되는 것은 기분 좋은 덤이다.

환경을 가꾸고 보호하는 일은 현재의 우리나 미래 후손들이 꼭 해야 하는 절대적 가치가 있는 일이다. 늘어난 생산력과 올바른 조세 제도에 의해 만들어진 돈들은 이런 가치 있는 일에 사용될 수 있다.

재생 가능한 에너지 산업에서뿐 아니라 환경을 보호하고 감시하는 일, 신재생 에너지와 관련된 신기술을 개발하는 일 등에서 가치 있고 질이 좋은 많은 일자리 창출이 가능하다. 재생 가능한 에너지 시스템은 한번 만들어지면 원재료 공급 없이 기계 수명이 다할 때까지 무료로 사용 가능하게 된다. 지금의 탄소세 정책이 강화되고 각종 환경 부담금 등을 통해 적정 규모의 펀드를 조성할 수 있다면 청정에너지 사회로 무리 없이 전환될 것이다.

앞으로의 성장은 지속 가능성에 초점이 맞춰져야 한다. 천연자원이나 환경을 약탈적으로 이용해 단기간 수익을 보는 방식의 성장이 더 이상 용납되어서는 안 된다. 그리고 성장의 과실이 국민 대다수에게 돌아가는 방식의 성장이 이루어져야 한다. 전체 국민소득이 늘어나지만 대다수 국민의 삶의 질은 떨어지는 방식은 불평등만 초래하고 오히려 사회 불안 요소로 작용해 장기적인 성장에 장애 요인이 된다. 성장은 불평등 해소와도 함께 갈 수 있다. 성장과 평등성 추구가 별개라거나 반대의 상관관계가 있다고 주장하는 것은 허구다. 국민 개개인의 삶이 향상되고 꾸준하게 소비력이 향상되는 구조는 지속 가능하면서도 성장을 동시에 이룰 수 있다. 성장은 위험을 감수할 수 있는 사람들의 도전으로 이루어진다. 이를 위해 최소한의 삶이 보장되는 사회 안전판이 필요하다. 최소한의 기본소득 보장 제도가 지속 가능한 발전에도 좋은 제도가 될 것이다. 복지를 향상시키는 것과 성장은 한 묶음이다.

사회적 담론이
필요한 것들

일과 일자리, 변화는 예정되어 있다

신석기 농업혁명 이후 인간은 시대 변화에 따라 일을 하고 일자리를 창출해 왔다. 특히 1차 산업혁명 이후부터는 주로 과학기술의 발달이 새로운 일자리를 만들어 왔다. 인간의 정신적, 육체적 노동에 의존해야 했던 생산 방식하에서는 당연한 일이었다. 대부분의 시간을 생존이라는 최소한의 안락을 위해 사용했던 시기에는 근면 성실이 최고의 덕목으로 여겨졌다. 생산력에 한계가 있고 인간의 노동력이 반드시 더해져야 부가가치가 생산되던 시절이었으므로 어쩔 수 없는 선택이었는지 모른다. 다른 사람보다 하나라도 더 많이 생산하는 것이 중요한 일이었다. 가치 있는 일이란 곧 생산을 하는 일이고, 더 효율적으로 생산하면 더 가치 있는 일로 여겨졌다. 그리고 이런 노력들이 많은 일자리를 창출했다.

하지만 기술이 비약적으로 발전하면서 상황이 변했다. 효율이 높아지고 생산이 늘수록 일자리가 줄었기 때문이다. 세계화된 디지털 경제에서 장기적이고 안정적인 고용에 의존하는 좋은 일자리를 민간 분야에 기대할 수 없게 되었다. 특히 기계가 인간보다 더 저렴하게 일을 잘할 수 있는 분야에서 사람들을 고용하리라는 기대는 할 수 없다. AI를 활용한 기술은 상업 영역에서 인간 노동의 대부분을 대체할 것이고 인류에게 많은 유휴 시간을 갖게 해 줄 것이다. 지금 우리는 이 많은 시간을 어떻게 사용할 것인지에 대한 질문에 답해야 한다.

앞으로 일이 어떤 모습일지, 일자리가 어떻게 될지에 대한 답은 정확하게 찾기 어렵다. 미래의 일이 갖추게 될 형태를 처음에는 많은 사람이 받아들이지 못할 수도 있다. 이런 현상은 언제나 있어 왔다. 과학의 발견 중 지금까지 인간이 발견한 최고의 법칙은 양자역학이다. 물리학에서 가장 빛나는 기적의 시기로 불리는 1930년대 확립된 양자역학은 자연은 안정되어 있고 관측 가능하다는 인간의 기존 사고 체계를 송두리째 뒤바꾸어 놓았다. 관찰되기 전까지는 물질이 동시에 두 곳에 존재할 수도 있고 두 가지 상태 모두가 가능하다는 것은 기존 상식으로는 도저히 받아들이기 어려운 일이었다. 하지만 양자역학은 지금까지 어느 이론보다 현상을 가장 완벽하게 설명하는 이론이다. 초기 과학자들은 양자역학을 기존 고전물리학의 언어로 설명하기 위해 노력했다. 기존 상식을 가진 다른 사람들에게 새로운 생각을 전달하기 위해서는 어쩔 수 없는 일이었다. 하지만 기존 언어로 양자역학을 완전하게 설명하는 데는 한계가 있었다. 이와 마찬가지로 AI, 로봇, 드론으로 대표되는 4차 산업혁명은 인류가 지금껏 겪어 보지 못한 거대한 변화를 가져올 것이다. 그 변화의 방향과 폭이 어느 정도일지 아무도 정확하게 예측할 수 없다. 기존의 사회 현상을 표현하는 언어로는 정확하게 나타낼 수 없기 때문이다. 막연히 어떻게 될 것이라고 예측할 뿐이다. 미래는 불확실성이 존재할 수밖에 없다. 향후 변화 속도 역시 갈수록 빨라질 것이다.

우리는 미래에는 지금까지와는 달리 인간 중심의 일들이 가치 있게 되기를 희망한다. 공장 자동화의 급속한 발달은 이제 더 이상 인간의 노동이 생산에 필요하지 않다는 의미다. 중요한 것은 생산력이 늘어난 상황에서 일을 어떤 기준으로 정의하고 나눌 것인가이다. 물질적 부를 창출하는 일보다 인간이 인간답게 살 수 있는 여러 노력들이 가치 있는 일로 평가되어야 한다. 기존 사고에 얽매이지 말고 일이 가져다주는 심리적, 정서적, 경제적 이익 창출 모두를 새로운 가치로 인정해야 한다. 일을 나눈다는 것은 단순히 부를 나누는 것을 넘어 서로가 서로의 존재를 인정하고 우리가 하나로 연결되어 있음을 인정한다는 것이다.

인간은 반복하는 데 안도감과 행복을 느끼는 동물이다. 지난 수천 년간 그렇게 진화해 왔다. 하지만 인간의 또 다른 본성에는 새로운 것에 대한 호기심이 있다. 새로운 것에 호기심이 없었다면 10만 년 전 인류의 조상이 아프리카 평원을 떠나 지구 곳곳으로 퍼져 나가지도 않았을 것이다. 새로운 것에 대한 도전, 이 또한 인간의 기본 속성이며 인류의 역사를 발전시켜 온 원동력이다. 앞으로 인류는 지구를 넘어 우주로 계속 새로운 영역을 개척해 나갈 것이다. 크게 넓게 보면서 머리를 맞대고 우리와 우리 후손의 일과 일자리를 이야기해야 할 때다.

AI와 공존하기

이제 AI 없는 인류의 삶은 상상할 수 없다. 하지만 인류는 AI와 공존공영하는 방안에 대해 구체적인 합의를 시작하지도 못하고 있다. AI는 명백하게 양날의 칼이다. 범용 AI이든 좁은 의미의 AI이든 모두 인류의 삶을 풍요롭게 해 인류 문명을 몇 단계 끌어올릴 수도 있고 반대로 인류를 파멸로 이끌 수도 있다.

AI는 전문가 몇몇의 문제가 아니다. 자율주행 차에 적용될 AI를 간단하게 예로 들어 보자. 위급한 상황에서 자율주행 AI는 운전자를 보호해야 할까, 아니면 보행자를 보호해야 할까? 현실에서는 수많은 경우가 존재한다. 잘못 설정된 자율주행 AI는 사회를 양분시켜 사회에 혼란을 초래하거나 거리의 무법자 탄생을 불러올 수도 있다. 범용 AI는 더 말할 필요도 없다. 잘못 개발된 AI는 인류를 영원히 지구상에서 사라지게 할 수도 있다.

기계 자체는 가치를 가지지 않는다. 기계는 운용하는 사람에 의해 가치를 부여받는다. 기계는 죄가 없다. 인류가 기계와 공존하며 발전할 방침을 지금부터라도 정하는 것이 중요하다. 법이 다수의 합의를 바탕으로 제정되듯이 AI 운용이나 개발에 대한 광범위한 토론과 합의가 필요하다. 인류의 운명은 AI와의 공존공영에 달려 있다.

사람 중심의 금융에 대한 기대

금융은 우리 사회를 움직이는 가장 근간이 되는 사회 시스템이다. 금융 없이 홀로 살아갈 수 있는 현대인은 없다. 하지만 현재 금융을 움직이는 원리는 우리 바람과는 동떨어져 움직이고 있다. 앞에서 살펴본 바와 같이 월스트리트 은행가들이 천문학적인 연봉에다 그보다 수십 배나 되는 보너스를 받는 것도 그 사람들이 하는 일이 그만큼 '가치'가 있어서가 아니다. 사회에 적용되고 있는 규칙을 따르고 있기 때문이다. 현재 운용되고 있는 IMF 기준의 은행은 미국 중심의 선진국, 특히 월스트리트 부자들을 대변하고 있다. 2012년 일어난 '월스트리트를 점령하라Occupy Wall Street' 시위는 이런 비인간적인 금융에 대한 국민들의 저항이었다.

은행은 각국 고유의 사회 특성 속에서 그 기능을 발휘한다. 세계 모든 사회에 보편적으로 좋은 은행 시스템은 존재하지 않는다. 진정으로 세계 금융시장 안정화에 기여할 수 있는 국제적인 공공성을 띤 국제 은행 기구로 개편하는 것이 필요하다. '지대 추구' 목적에 정당성을 부여하는 제도가 아니라 돈이 필요한 사람 쪽으로 흐를 수 있고, 부에 의한 부의 재창출이 목적이 아니라 인간이 목적인 금융 시스템으로 가야 한다. 경기 침체를 맞은 국가의 총수요 회복을 위해 자금을 제공하는 금융기관이 필요하다. 노동자와 중소기업의 관심사와 채권자의 관심사 사이에 균형이 필요하다.

원래 금융은 기업과 일자리 창출을 위한 자금 공급이 본연의 역할임을 상기할 필요가 있다. 현재 이자를 기반으로 하는 금융 시스템하에서는 가장 좋은 사업 아이디어를 가지고 있는 사람이 스타트업을 해서 성공하는 것은 어려운 일이며, 가장 많은 담보를 제공할 수 있는 사람('금수저' 출신)만이 자금을 독점적으로 사용할 수 있다. 지금 구조는 은행에서 최대한 많은 돈을 빌려 경쟁 업체를 사들이는 방식으로 독과점의 이익을 누릴 수 있는 사람도 극소수로 한정된다.

자영업자의 고통도 사실 거대 자본의 희생양이다. 다양한 형태의 상점이 모여 있는 시장보다 거대 자본의 투자로 만들어진 획일적인 구조의 쇼핑센터나 대형 마트가 위생적이고 쾌적하다. 하지만 그곳에서 일하는 사람들의 입장에서 보면, 독립적인 가게의 시장은 개개인이 자신을 위해 자신의 사업을 영위하는 사람이지만, 마트는 모두 최저 임금을 겨우 받으며 상사의 눈치를 봐야 하는 열악한 환경에서 일해야 하는 노동자일 뿐이다. 우리나라는 침대업계와 제빵업계 둘 다 한 집안이 독점하는 구조다. 이들의 거대 자본과 유통망 탓에 후발 스타트업들이 경쟁력을 가질 수 없기 때문이다. 현대 사회에서 모든 사업체가 급속히 거대화되는 데는 다 이유가 있다.

여기에 대한 대안은 무엇인가? 이슬람의 금융 기법을 참조할 만

하나. 이슬람 금융 기법은 대출에 일종의 투자 개념을 도입해 사업이 성공하면 많은 이익을 공유하고 실패하면 손실을 같이 나누는 방법이다.

금융 취약 계층을 상대로 무담보 대출을 해 주는 마이크로파이낸스 microfinance도 좋은 참조 사례다. 인터넷 기반의 P2P(개인 대 개인) 대출 플랫폼인 키바Kiva는 2005년에 설립되었다. 키바는 "사람들은 본래 관대하다. 따라서 투명하고 책임 있는 방식으로 그 관대함을 실천할 기회를 주면 기꺼이 다른 사람을 도울 것이다."라는 철학을 바탕으로, 융자금이 필요한 사람에게 후원자보다는 파트너십을 맺도록 장려한다. 키바 시스템에서 투자자는 25달러만 있으면 투자가 가능하다. 모든 과정은 온라인을 통해 투명하게 공개되며 관리된다. 키바가 융자한 금액은 1억 7,833만 달러이고 평균 융자금은 380달러, 상환율은 98.9퍼센트에 이른다. 이 프로그램을 통해 사람들은 이전보다 훨씬 나은 생활을 영위할 기회를 가졌다. 비록 마이크로크레딧 microcredit(무담보 소액 대출)인 스리랑카의 그라민은행Grameen Bank은 실패했지만, 이는 초기 운영과 달리 회사가 거대해지면서 자본의 논리를 따라 오히려 가난한 사람들을 착취하면서 생긴 현상이었다. 좀 더 정밀하고 투명하게 운영된다면 키바와 같이 성공 스토리를 쓰는 금융기관들이 성장할 수 있을 것이다.

마이크로파이낸스의 또 다른 가능성은 자본 효율 중심의 가치를 변화시키면 소액 투자 매개나 대출을 통해 형성된 관계에서 많은 일자리 창출이 가능하다는 것이다. 인간 중심의 금융은 돈을 제공하는 것과 더불어 이를 계기로 맺어진 관계 속에 많은 사회적 서비스가 필요하기 때문이다. 사업을 위해 대출이나 투자를 받은 사람은 여러 정보와 서비스가 따라야 좀 더 성공에 다가갈 수 있다. 무엇보다 금융을 정상화시키는 것은 모두에게 도움이 되는 길이다.

에필로그

"사람이 일자리로부터 받는 최고의 보상은 그 일을 통해 무엇을 얻느냐가 아니라 그것을 통해 무엇이 되는가다."―존 러스킨John Ruskin

"인간(모든 생물)은 서로 협동해 가장 효율적으로 대응하는 방법을 획득한 자들만이 투쟁에서 승리해 왔다."―찰스 다윈

세계에서 평균적인 부자 나라는 개인 소득이 3만 달러 정도이고 1인당 평균 자산은 6년 치 소득에 해당하는 약 18만 달러다. 오늘날 세계 1인당 GDP는 약 1만 1,000달러다. 아주 풍족하지는 않더라도 이미 지구상의 모든 인류가 가난을 벗어나 걱정 없이 살 수 있는 수준에 와 있다. 케인스는 100년 전 이런 세상이

오게 될 것이라고 예언하면서, 그때가 되면 인류는 무엇을 하면서 즐겁게 시간을 보낼 것인가를 고민하게 될 것이라고 했다. 불평등으로 인해 아직까지는 실현되지 못한 미완성의 예언이다. 하지만 생산력을 극적으로 끌어올릴 4차 산업혁명이 마무리되는 시점에는 그 예언이 실현될 수도 있다.

4차 산업혁명은 근본적으로 인간 노동의 효율을 극대화시키는 것이 아니라 인간 노동을 기계로 대체하는 것이다. 생산력의 발전 속도도 지금까지와는 다른 양상으로 전개될 것이다. 최근 뉴스를 보면 전 세계 금융 자산 규모가 5년 내에 65조 달러(약 7경 2,533조 원) 늘어날 것이라고 한다. 인류가 그동안 축적한 금융 자산은 2020년 기준으로 250조 달러 정도다. 단 5년 만에 25퍼센트가 늘어나 315조 달러가 되는 것이다.

지금까지 인류가 두 차례의 대변곡점을 지나온 것을 살펴보았다. 1차 대변곡점은 신석기 농업혁명과 결부된 잉여가치가 탄생한 때이다. 잉여가치는 인류에게 자연의 일부를 배타적으로 소유할 수 있다는 개념을 심어 주었다. 잉여가치가 없던 시기에는 그날그날 생존을 위해 일을 하고 필요한 욕구를 해결했다. 여기에는 자연의 일부를 배타적으로 소유할 수 있다는 생각 자체가 끼어들 틈이 없었다. 하지만 잉여가치가 탄생함에 따라 가치를 보유할 수 있게 되고 보유한 가치에 대한 소유권 개념이 생겼다. 국가가 탄생하던 시기에는 모든 자산의 소유가 한 명의 절대자에게 귀속되거나 소수의 지배 세력에 한정되었지만, 분명한 것은 사적 소유에 대한 구성원 간의 인식 합의가 이루어졌다는 것이다. 2차 대변곡섬은 산업혁명이었다. 산업혁명은 그 이전까지 자연이 주는 재화만을 소비하고 소유할 수 있던 것을 인간의 노력으로 극복할 수 있음을 알게 해 주었다. 자연 혹은 절대자인 신에 종속되어 존재할 수밖에 없는 인간이 해방된 것이다. 이 두 차례의 대변곡점에서 중요한 것은 인류의 인식 변화가 궁극적인 변화를 가져오고 완성했다는 점이다. 곧 다가올 3차 대변곡점도 마찬가지다. 지금 우리가 어떻게 생각하고 어떤 미래를 만들어 갈지에 대한 우리 자신의 인식이 중요하다.

인류는 시대별로 세계관을 개발해 왔다. 천동설에서 지동설로, 신의 세계에서 인간의 세계로, 사유재산이 사악한 존재에서 신성불가침한 인간의 권리로⋯⋯. 지금 보면 말도 안 되는 사상인 듯해도 시대별로 제 나름의 역할을 해 왔고 인류 역사 발전에 기여했다.

자연 세계와 인간 사회를 모든 생명체가 자기 자신과 자손을 위해 가능한 한 많은 자원을 차지하려고 서로 싸우는 전쟁터로 바라보는 사회다윈주의social Darwinism는 다윈의 진화론을 잘못 해석한 결과다. 진실은 같은 종들 내에서, 그리고 다른 종들과의 공생적이고 상조적인 관계가 경쟁적이고 공격적인 동기보다 우선하게 진화되어 왔기 때문에 인류는 지금까지 번영해 올 수 있었다.

18세기 영국에서 시작된 산업혁명으로 촉발된 자본주의는 지금까지 인류의 창의성을 자극하고 효율을 추구하면서 생산 능력 향상에 이바지해 왔다. 하지만 사회는 끊임없이 변화했고 우리는 예측하지 못한 새로운 환경에 처해 왔으며 그때마다 새로운 생각과 노력들로 난관을 극복해 왔다. 세상이 고정된 공간이라는 생각은 우리 감각이 지닌 착각이다. 137억 년 전 빅뱅(대폭발)으로 시작된 우주 공간은 지금도 빠른 속도로 팽창하고 있다. 따라서 '지금'이라는 것도 우주 공간의 경계선이 미지의 새로운 영역으로 확대되는 순간을 말한다. 매일 눈을 뜨면 우리는 새로운 우주 공간에 존재하는 것이다. 인류의 여정에는 고통스러운 순간도 있었고 함께 행복을 나누던 시기도 있었다. 이제 지금까지 통용되었던 자본주의 논리로는 더 이상 우리에게 좋은 일자리가 생겨나지 않는 시점에 와 있다. 하지만 우리에게는 축적된 지식과 기술이 있고, 과거를 통해 배울 수 있는 지혜가 있다. 4차 산업혁명은 지금까지 인류가 경험해 보지 못한 미증유의 세계로 우리를 이끌 것이다. 그 세계가 누구를 위한 세계여야 하는지는 자명하다.

미래 사회에 맞는 일을 만들면 된다

지금의 기준으로만 본다면 일자리의 미래는 암담하다. 하지만 조금만 생각을 달리해 보면 인류의 밝은 미래를 볼 수 있다. 지금 우리가 당면한 명확한 도전 과제는 새롭고 좋은 21세기형 일자리를 만들어 내는 것이다. 기존의 가치에 얽매여서는 현 상황을 극복하고 미래로 나아갈 수 없다. 기존의 낡은 시스템과 타성에 젖은 사고를 바꿔야 우리에게 밝은 미래가 주어질 수 있다. 일에 대한 전통적인 해석을 답습해서는 우리에게 심리적, 정서적, 경제적 이익을 주는 새로운 좋은 일자리를 만드는 것은 불가능하다. 당연히 쉬운 일은 아니다. 하지만 불가능한 일도 아니다. 언어학자이자 철학자인 놈 촘스키Noam Chomsky가 말했듯이 지극히 현실적으로 생각해 봐도 예나 지금이나 무엇인지 알 수 없는 기이한 사회적 제약에 우리가 얽매일 이유는 없다. 인간의 의지에 따라 만들어진 제도가 내린 결정에 우리가 스스로 얽매일 이유는 더더욱 없지 않은가?

사실 좋은 일자리는 얼마든지 만들 수 있다. 지금까지 우리는 일자리를 화이트칼라 일자리와 블루칼라 일자리로 구분해 왔다. 왜 세상이 블루와 화이트로만 양분되어야 하는가? 우리는 훨씬 다양하고 아름다운 색깔의 일자리를 만들 수 있다. 지속 가능한 환경을 만들고 지켜 가는 '그린 칼라' 일자리, 여성을 보호하고 여성의 권리를 찾아 주는 '핑크 칼라' 일자리, 따뜻함을 나누는 사회적 기능의 '옐로 칼라' 일자리, 이웃과 동료의 자존감을 지켜 주는 '바이올렛 칼라' 일자리 등등…… 인류가 새롭게 만들 일자리는 우리의 상상력이 허용하는 한 얼마든지 미래를 무지갯빛으로 바꿀 수 있다. 남아공의 위대한 지도자 넬슨 만델라Nelson Mandela는 과거 청산을 위해 만든 '진실과 화해 위원회'의 위원장 투투Desmond Tutu 대주교의 "남아공은 세계의 무지개 나라가 될 것이다."라는 구상을 적극적으로 받아들여 백인, 흑인 모두가 당당하게 걸을 수 있는 모두의 나라 건설이 가능하다고 믿고 실천했다. 무지갯빛의 아름다움은 비단 남아공 정치에서만 가능한 일이 아닐 것이다. 인류의 미래 일자리는 더욱더 다양한 아름다운 빛을 발할 수 있다.

일은 꼭 노동을 의미하지 않는다. 육체적 노동만이 일은 아니다.

전문직의 사람들에게는 분석하고 판단하는 것이 일이고, 가수에게는 가무歌舞가 일이다. 정치인은 정치를 고민하고 정부와 공무원은 국민을 보호하고 국민 개개인이 나은 삶을 살 수 있도록 실행하는 것이 일이다. 더 나아가 미래에는 여가와 일을 구분하는 것이 무의미할지도 모른다. 4차 산업혁명이 우리에게 어떤 일자리를 만들어 줄 수 있을지 구체적인 것은 아직 모른다. 하지만 그 일자리들이 어떠해야 하는지는 크게 두 가지로 말할 수 있다.

첫째, 그 일이 인류 상호 간에 배려하고 존중하는 것에 초점이 맞춰져야 할 것이다. 서로가 착취하고 지배하는 것이 아닌 서로가 서로를 인정하면서 서로에게 조그마한 즐거움이라도 나누는 것이 가치 있는 것으로 여겨져야 한다.

둘째, 지구와 인류가 지속 가능하게 공존할 수 있는 일이어야 한다. 인류는 이 넓은 우주에서도 귀한 존재다. 하지만 지구가 없는 인류는 존재할 수 없다. 인류와 지구가 같이 갈 수 없다면 인류 문명도 종말을 고할 것이다. 인류가 드넓은 우주로 인류 문명을 퍼뜨릴 수 있는 순간이 올 때까지 인류와 지구는 공동 운명체다. 이 두 가지 대원칙이 지켜지는 일이라면 어떤 형태를 띠든 그 일은 가치 있는 일이다.

4차 산업혁명이 성공적으로 마무리된 사회는 어떤 모습일까? 고대 그리스 도시국가 시민들은 정치적으로 평등하며 경제적 궁핍함 없이 살았다. 생계를 유지하기 위해 직업을 갖기보다는 진리를 탐구하고 사람들과 어울리며 자신이 하고 싶은 일을 하면서 살아갔다. 사회에 필요한 생산력은 노예들이 담당했기 때문이다. 4차 산업혁명이 성공적으로 마무리된 사회는 이와 같을 것이다. 다만 노예가 담당했던 일들은 기계가 대신할 것이다.

인간은 일을 통해 자긍심과 함께 행복도 추구한다. 좋아하는 일을 하면서 소소한 즐거움을 느끼는 것은 인간이 일을 하려고 하는 또 다른 중요한 이유다. 나 또한 일에 대한 사명감을 앞세워 인간에게 주어진 여러 가지 원초적 즐거움을 포기할 생각이 없다. 사실 인간이 하는 일 중에 가장 가치 있으면서 가장 광범위하게 하는 일인 가사 활동에 대한 보상은 지금까지 거의 이루어지지 않고 있다. 자손을 생산하고 교육하고 양육하는 일만큼 인류에게 가치 있고 필요한 일은 없을 것이다. 이 활동에는 말로 표현할 수 없는 온갖 즐거움이 포함되어 있다. 후손이 없다면 기업도 없고 경제 활동도 없고 정치도 없으며 국가도 사회도 유지되지 못한다. 이 일의 가치를 인정하고 정당하게 보상하기만 해도 인류는 생산의 과실을 나눌 명분이 충분하다. 인간이 가치 있다고 인정하는 일이 '일'이고 그런 일을 할 수 있는 사회 조직 안에서 차지하는 위치가 '일자리'다.

'일'이라고 정의할 수 있는 것은 시대에 따라 변한다. 이미 네트워크상에서 내가 알고 있는 지식이나 일상의 즐거움을 나누는 것도 일로 인정되고 그에 따른 보상을 받고 있다. 요즘 학생들이 선망하는 직업 1순위라는 '유튜버'가 그 대표적인 예다. 불과 10년 전에는 상상하기 힘든 일이었다. 일은 기존 일의 개념을 새로운 관점에서 보고 확대·재생산하는 것도 가능하고, 지금까지 없었던 전혀 새로운 것도 일이 될 수 있다. 우리에게 충분한 재원이 주어진다면 초등학교 교육이 꼭 교사 1명이 30명의 학생을 가르치는 형태일 필요는 없다. 인류가 교육을 가장 중요한 우선순위로 놓고 재원을 확보할 수 있다면, 교사 1명이 학생 5명을 가르치거나 더 나아가 학생 1명에 교사가 여럿일 수도 있다. 불평등을 조장하고 소수의 이익을 지켜 주는 역할을 하는 현재의 일자리를 인간의 생존과 행복을 위했던 원래의 일자리로 되돌려 놓아야 한다.

미래 사회의 핵심은 공존공영의 가치다

일자리가 우리 모두의 최대 관심사가 된 지는 이미 오래다. 일자리에 대한 불안은 민주주의를 후퇴하게 한다. 2016년 미국 대선의 결과는 일자리가 없어지는 미래에 대한 불안이 어떻게 정치적으로 표출되는가를 잘 보여 주었다. '일자리를 찾아오겠다'는 트럼프의 구호는 모든 논점을 제치고 그에게 승리를 가져다주었다. 나와 내 자식에게 돌아갈 일자리가 없는 세상이 주는 공포감은 도덕적 쟁점까지도 정치적으로 큰 힘을 발휘하지 못하게 한 것이다.

'나쁜 일자리'는 어쩔 수 없는 필연이 아니라 우리가 함께 노력해서 치유해야 할 사회적 병리 현상이다. 우리의 선택이 우리와 우리 자손들이 살아갈 미래를 결정한다. 우리가 바라는 미래를 위해 무언가 해야 할 때는 바로 지금이다. 새로운 관점으로 세상을 보고 진지하게 지혜를 모을 때다. 지금 시작하지 못하면 우리나 우리 후손에게 미래는 없다. 동아프리카 평원에서 출발한 인류의 여정이 더 넓은 우주로 도약하느냐, 아니면 여기에서 끝나느냐가 지금 우리의 선택에 달려 있다. 지구 위에서 진화를 겪으며 같은 공간을 공유하고 있는 모든 생명체를 우리는 확장된 가족으로 받아들여야 한다. 지금까지의 일자리가 생존을 위한 필수 불가결한 요소로 부와 권력을 추구하는 수단을 의미했다면, 미래의 일자리는 지구 생태계와 인류가 더불어 살아가는 데 필요한 일을 하는 것으로 개념이 바뀌어야 한다. 일하는 자신이 즐겁고 보람되면서 동시에 생태학적으로도 지속 가능해서 지구와 함께 공존공영하는 행위를 뜻해야 한다.

4차 산업혁명이 준비 없이 마무리된다면 인류에게 최대의 재앙이 찾아올 수 있다. 기술이 발전하면 그 기술을 바탕으로 일자리가 생긴다. 새롭게 만들어진 일자리를 우리가 어떻게 정의하고 대우할지에 따라 그 질이 결정될 것이다. 일자리의 질은 우리 삶을 행복하게 할 수도 있고 불행하게 할 수도 있는 절대적인 힘을 가지고 있다. 우리가 어떤 일자리를 갖게 되느냐에 따라 사회가 바뀌고 우리 미래가 바뀐다. 다행스러운 것은 아직 우리에게 준비할 시간이 있다는 것이다.

지금 우리가 당장 할 수 있는 일들이 있다. 인류 누구나가 누려야 할 공기나 물과 같이 가장 중요한 형태의 자산들은 공공재로 규정해 관리해 나가는 것부터 시작할 수도 있다. 중요한 재산은 주로 지적 재산들로 광대역 네트워크, 유전자 변형 씨앗(생명공학), 표준 디지털 플랫폼(MS 윈도우, 페이스북, 구글 등), 전 세계 망을 구축하고 있는 금융 시스템 등이다. 그리고 앞으로 개발될 AI 등이 진정으로 안전하게 인류에게 봉사할 방법이 무엇인지 모든 사람들이 참여하는 거대 담론의 토론 과정을 통해 결정할 수 있다. 여기에 소요되는 자원은 각국이 보유하고 있는 공적 연금 등을 통해 충분히 조달 가능할 것이다.

건강한 사회적 재생산이 필요하다. 민영화, 유료 서비스, 임금 정체, 일자리 소멸, 의료비 및 교육비 상승 등이 신자유주의 시장경제가 가져다준 폐해다. 이제 우리는 의식주를 제공하고 건강을 관리해주며 노동력을 유지하고 지속 가능한 발전이 가능한 사회적 재생산 구조에 주의를 기울여야 한다.

거대한 다국적 기업이 지배하는 사회에서 지역 협동조합, 지역 밀착형 중소기업, 사회적 기업, 다양하고 혁신적인 신기술 적용 기업이 혼합되어, 돈 중심이 아닌 사람 중심의 가치를 가진 기업들이 주축이 되는 사회로 만들어 가야 한다.

인류는 산업혁명 이후 물자와 사람들의 이동을 위해 전 세계에 고속도로를 건설했다. 그리고 정보 소통을 위해 지구를 하나로 묶는 통신망을 구축했다. 이는 인류가 산업혁명 이후 기계를 발전시킨 방향과도 일치한다. 1차 산업혁명은 인간의 물리적 노동력을 대체했고, 3차 산업혁명의 컴퓨터와 자동화 기계는 화이트칼라의 정신노동을 대체했다. 앞으로 인류는 정서 교감을 위한 고속도로를 건설해야 한다. 지금은 그 모습이 구체적으로 어떻게 될지 모르지만, 인류는 원래부터 타인의 감정에 이입되어 서로를 보듬고 공감하는 본능이 내재되어 있다. 이런 정서적 가치는 앞으로 인류가 창출해야 할 가장 중요한 가치가 될 것이다. 가치가 있는 곳에 일이 있고 일자리가 창출된다. 공교롭게도 AI 자동화 기계도 인간의 육체노동, 정신노동을 대체하는 것을 넘어서 정서적, 창조적 활동을 대체하는 단계로 접어들고 있다. 이런 성서적 교감이 인류에게 가장 중요한 일이 되는 순간 인류는 새로운 지평의 세상에서 살게 될 것이다. 노동이 생존을 위한 고통의 작업이 아닌 삶을 만끽하는 즐거움을 주는 세상 '레이버피아Laborpia'는 먼 미래가 아니다.

인류를 포함한 모든 만물은 연결되어 있다. 다윈은 인류의 사고에 커다란 영향을 끼친 그의 저서 『종의 기원』에서 생명의 장엄함을 이야기했다. 이제 우리는 지구 생명의 장엄함을 넘어 우주 만물의 장엄함을 이야기할 때다. 호기심과 자유를 지니고 동아프리카 평원을 떠난 머나먼 과거 시대 선조들의 염원처럼 인류가 지금 이 공간에 에덴의 낙원을 만들 것인지, 아니면 잘못된 선택으로 종말로 치달을 것인지는 전적으로 우리에게 달려 있다. 일자리는 곧 우리의 삶이요 미래다.

인간이 일과 일자리를 통해 얻고자 하는 것은 생존하는 데 필요한 경제적인 문제 해결을 넘어, 일을 함으로써 얻을 수 있는 보람과 자신의 존재에 대한 의미다. 또한 같은 목적을 가진 집단의 일원으로서 자신을 확장할 수 있는 자기 확대감과 소속 집단 내에서 얻을 수 있는 동질감은 우리 모두가 연결되어 있다는 동일체 의식을 주어 우리의 삶을 더욱 안정되고 풍요롭게 한다. 지금까지 인류는 노동을 통해 이것들을 향유해 왔다.

위대한 천재들은 인류가 보지 못했던 것들을 보게 해 주었다. 뉴턴은 만유인력을 통해 지구가 우주와 하나로 연결된 같은 공간임을 보여 주었고, 다윈은 진화론을 통해 지구의 아름다운 생태계와 인류가 탄생하게 된 45억 년의 역사를 보게 해 주었다. 갈릴레이의 망원경과 천체물리학자들은 137억 년의 우주 역사를 보게 해 주었으며, 아인슈타인과 양자역학의 천재들은 우주의 실체에 다가갈 수 있게 해 주었다. 이제 인류는 지금까지의 역사와 지혜를 통해 미래를 봐야 한다. 새로운 가치와 새로운 생각을 편견 없이 받아들이고 새로운 세계관을 받아들일 때가 되었다. 사유재산보다는 공유의 가치를, 노동의 신성함보다는 인류의 존엄 가치가 중심이 되는 세계관을 말이다. 미래는 지금 우리 손에 달려 있다.

과도기 상황에서 공공 기술 교육기관들이 해야 할 일
_ 현장에서 바라본 한국 기술 교육 현주소

2019년 3월 나는 서울시 북부기술교육원에서 근무하게 되었다. 사업의 현장 경험과 미래일터연구소에서 고민했던 '앞으로 다가올 사회에 기술 교육이 어떤 모습을 가져야 하는지'에 대한 내 의견을 서울시가 나름 평가해 준 덕분이었다. 현장에서 처음 피부로 느낀 현실은 교육생 모집이 나날이 힘들어진다는 것이었다. 높은 수준의 강사진과 최고의 설비를 가진 교육기관이면서, 동시에 모든 학비와 실습비, 거기에 점심까지 제공되는 교육 과정인데도 불구하고 교육생 모집이 갈수록 어려워진다는 점이 참 의아했다. 그리고 2020년 코로나19라는 세계적 팬데믹 상황이 닥쳤다. 교육생 모집도 문제였지만 수료생들의 취업은 더 큰 문제가 되었다. 문득 의문이 들었다. 인류는 어떤 과정을 거쳐 일자리를 만들어 왔고 또 앞으로 미래에는 어떻게 될 것인가? 인류의 일자리 미래는 점점 더 암

울해질 수밖에 없는 걸까? 이런 의문이 이 책을 쓰게 된 동기였다. 현장에 있는 기술 교육기관 운영자로서 지금 고통받고 힘들어하는 많은 사람들에게 조금이라도 힘을 보탤 방법이 없을까 고민해 본 내용을 책 본문과 별개로 간단하게 정리해 보았다.

고등 동물은 교육을 통해 생존 기술을 후손에 물려주며 진화해 왔다. 특히 인류는 교육을 통해 생존을 넘어 지구 문명을 진화시켜 오면서 지구 생태계 최상층을 차지했다.

교육은 태초에 인류가 탄생한 지 얼마 지나지 않았던 시절부터 존재했다. 별빛 쏟아지는 모닥불 주변에서도 행해졌고 생존을 위한 사냥터에서도 이루어졌다. 처음에는 친족 간 도제 제도로 시작했던 인류의 교육은 씨족 간 통합을 통해 집단이 커지고 도시 문명이 태어나면서 공적 활동이 되었다. 산업혁명 이전 전통 사회에서 교육은 국가의 통치 이념 전파와 국가 엘리트 양성을 주목적으로 하는 사회 지배 세력의 재생산이 특징이었다.

그리스에서는 전체주의적 국가관에 바탕을 둔 스파르타 교육과 인본주의에 바탕을 둔 민주적인 아테네 교육이 있었다. 스파르타 교육은 국가가 관장했는데 군사 교육을 통해 국가에 충성할 시민을 양성하는 것이 주목적이었다. 아테네 교육은 소피스트라고 불리는 철학자들이 시민 생활에 유용한 지식을 전달하는 것을 주목적으로 하여 신체 교육과 더불어 음악 교육을 중시하고 읽기와 쓰기 학습을 통해 시를 짓는 일을 높이 평가했다. 즉 육체적 능력과 지적 능력을 골고루 발달시키는 것이 교육의 목표였다.

동양에서는 춘추전국 시대 이전까지는 주로 주나라 왕실에서 관학의 형태로 정치 지배 세력을 양성하는 것을 주목적으로 행해진 것으로 추측되며, 주나라가 망하면서는 각 지방 제후들의 유능한 인재 양성 요구에 맞추어 다양한 사상의 발전과 함께 교육이 발전했다. 대표적으로 유가儒家를 창시한 공자孔子와 순자荀子, 묵가墨家의 묵자墨子, 도가道家의 노자老子와 장자莊子, 법가法家의 한비자韓非子 등 다양한 사상, 다양한 사상가가 출현해 백화제방百花齊放 시대가 전개되며 크게 흥하게 되었다. 『삼국유사』를 보면 우리나라에서도 고조선 시대에 '홍익인간弘益人間'의 건국 이념을 가지고 있었으니 국가 통치 이념을 알리고자 하는 국가 주도의 관학이 존재했을 가능성이 크다. 삼국 시대에는 고구려의 태학과 경당, 백제의 박사 제도, 신라 화랑도 교육 등 각국이 국가 주도의 교육을 실시했다. 교육기관의 명칭은 시대에 따라 변해 왔지만 그 틀은 크게 변하지 않고 산업혁명 이전까지 이어졌다.

산업혁명 이전의 기술 교육은 장인에 의한 도제 방식을 통해 사회에 필요한 기능인을 양성했다. 특히 유럽은 중세 길드가 발전하는 과정에서 14세기 독일에서 마이스터Meister 제도가 생겨남에 따라 기술 교육이 공적인 사회 체제로 등장했다. 독일의 마이스터 제도는 기술의 기능 실습과 이론 교육을 실시하고 자격시험을 통해 기술인의 능력을 끌어올렸다. 산업혁명이 진행됨에 따라 전문 장인의 양성과는 다른 산업 일꾼을 양성할 필요가 대두되자 교육이 전 국민을 대상으로 확산되면서 공교육이 시작되었다.

앞에서 살펴본 바와 같이 대중을 상대로 한 공교육의 목적은 순종적이면서 변화된 노동 환경에 적응하는 인력을 양성하는 것이다. 협동보다는 경쟁을 유도하고 정해진 기준에 따라 순위를 매겨 줄 세우기를 한다. 산업화 시대에 맞는 교육은 한정된 좋은 일자리를 차지하기 위한 경쟁에서 볼 수 있듯이 이미 도를 넘어 교육이 사회 분열의 원인이 되는 상황까지 이르렀다. 좋은 일자리를 차지하려는 최상층을 위한 교육도 문제지만, 대다수 사람들이 받고 있는 일반 공교육도 여전히 산업혁명 시대의 가치를 기반으로 하는 등 사회 변화를 따르지 못해 교육과 사회가 단절되는 현상이 갈수록 심화되고 있다. 교육 현장이 교육을 통해 자신의 의지를 실현하고 미래를 준비하는 곳이 아니라 과거 지향적인 퇴행적 공간이 되어 버렸다. 그래서 피케티도 지금의 교육은 더 이상 현재의 불평등을 해소하는 방법이 아닌 것 같다고 했다. 우리가 시급하게 교육을 정상화해야 하는 이유다.

공교육의 정상화는 필요하고 꼭 해야 할 일지만 교육 전체 과정과 함께 검토되어야 한다. 이를 위해서는 시간과 절차가 필요하다. 하지만 과도기를 거치는 동안 이것만을 기다릴 수는 없다. 당장의 삶을 영위해야 하는 사람들을 위한 일자리 관련 전문 교육이 필수적이다. 다행스럽게도 우리나라에는 비교적 잘 구성된 직업 교육기관과 이를 지원하는 정책들이 존재한다. 일반 공교육의 정상화와는 별개로 이미 사회에 진출한 사람들의 안정적인 삶과 변화하는 사회에 적응하기 위한 평생 교육, 직업 기술 교육과 같은 다양한 교육의 중요성은 나날이 커지고 있다. 특히 기존 일자리들이 사라지는 속도가 점점 빨라지고 사회 환경이 더욱 급변하는 지금과 같은 시기에는 최소한의 삶을 보장하고 미래에 대비할 수 있도록 지원하는 것은 국가가 해야 할 가장 중요한 책무 중 하나가 될 수밖에 없다.

기술은 인류 역사에서 항상 중요한 자산으로 보호되고 존중되었다. 435년 동로마 제국 황제 테오도시우스 2세가 네스토리우스파(기독교의 일파인 '경교')를 이단으로 몰아 내쫓았을 때 페르시아는 네스토리우스파가 가진 기술적 재능(기계공, 직물공)의 유용성과 문학적 재능 등을 좋게 평가해 후대했다. 이후 동방으로 전도를 계속한 네스토리우스파는 칭기즈 칸의 몽골 제국에서 여러 칸의 황후가 되었고 칭기즈 칸의 서쪽 정벌 중에 많은 도시에서 기독교인을 구했다. 네스토리우스파에 기술이 없었다면 일어나지 않았을 일이다.

전통 사회에서 기술은 평생의 삶을 보장하는 전문가가 되는 길이었다. 한정된 자원을 서로 차지하기 위해 투쟁해야 하는 사회에서 기술은 상대방에 대한 우위를 점하는 좋은 방법이었다. 하지만 4차 산업혁명이 진행되고 있는 이 시기 이후부터 이 관점은 더 이상 유효하지 않을 것이다. 무엇보다 기술 하나가 삶을 지탱해 줄 수 있는 시간이 절대적으로 짧다. 어떤 기술은 배운 지 1~2년 뒤에는 쓸 수 없는 기술이 되기도 한다.

그러면 어려운 과도기를 지나는 동안 기술 교육기관들은 어떤 역할을 해야 하는가? 당연히 지금의 시급한 문제에 대한 관심도 필요하다. 하지만 기능 기술 교육이 주목적이 되어서는 안 된다. 기능 기술 교육을 바탕으로 하되 기술의 발전에 대한 이해도를 높이고, 자신이 습득하는 기술이 궁극적으로 자신과 사회를 어떻게 연결하는 고리가 되는가, 그리고 자신의 미래 삶에는 어떤 변화가 올 것인가와 같은 삶에 대한 메타적인 관점의 교육이 필요하다. 사회 구성원으로서의 역할을 생각하게 하는 교육이 필요하다. 미국의 지역 대학인 싱클레어대학Sinclair Community College의 '적시just in time 생산과 적시 교육'과 같은 이상론적 꿈에서 벗어나 실현 가능하고 미래를 준비하는 데 실질적인 도움이 되는 방침을 설정해야 한다.

미래 사회에 요구되는 인간의 첫 번째 품성은 소통(교감) 능력이다. 인간이 거대한 집단생활을 평화롭게 영위할 수 있는 이유는 타인의 감정을 이해하는 능력이 있기 때문이다. 미래학자 리프킨은 저서 『공감의 시대The Empathic Civilization』(2010)에서 이러한 인간을 '호모 엠파티쿠스Homo empathicus', 즉 '공감하는 인간'이라고 표현했다. 도덕의 기본은 상대방에 공감해 슬픔을 느낄 수 있는 인간의 기본 품성에서 기인한다. 특히 이번 코로나19 사태가 우리에게 준 교훈은 인간은 서로 소통하고 의지하면서 살아가야 한다는 것이다. 대가족 단위 사회 시스템이 무너진 지금 소통의 대상을 가족을 넘어 사회 구성원 전체로 확대하는 기회로 삼을 수 있다. 누군가에게 그리움의 대상이 되는 것은 멋진 일이 아닌가?

둘째, 유연한 사고의 소유자다. 미래는 끊임없이 변할 것이다. 변화하는 세상과 함께 자신도 변화해야 삶이 충실할 수 있다. 하루가 다르게 변하는 작업 환경에 적응해야 하고 살고 있는 세상의 변화에도 적응하는 능력이 중요하다. 유연한 사고를 가지는 가장 좋은 방법은 평생 동안 무언가를 계속 배우며 스스로 기회를 만들어 가는 것이다. 기술 융·복합을 이해하는 과정에서 인간의 사고 능력은 유연해질 수 있다.

셋째, 창의적 사고를 하는 능력이다. 창의력은 남과 다른 관점을 가지는 것이다. 창의적 사고는 뛰어난 음악, 미술 작품들을 감상함으로써 발전시킬 수 있다. 그리고 가능하다면 감상에 그치지 말고 직접 하는 것이 좋다. 그 결과물이 훌륭하지 않아도 상관없다. 그 과정에서 즐거움을 느끼면 된다. 뉴욕시의 성공적인 사례인 '뉴랩New Lab'과 같은 공간을 도입하고 그런 공간에서 활동하게 하는 것은 큰 도움이 된다.

넷째, 도전을 즐기는 품성을 키워야 한다. 아두이노Arduino(다양한 스위치나 센서로부터 입력 값을 받아들여 LED나 모터와 같은 전자 장치들로 출력을 제어함으로써 환경과 상호 작용이 가능한 물건을 만들어 낼 수 있는 도구) 같은 교육 기자재는 이미 기술교육원에 보급되어 있다. IT 분야 교육생뿐 아니라 다른 분야 기술 교육생도 참여해서 경험하게 하는 것이 중요하다. AR/VR과 같은 다양한 첨단 교육 기법을 도입하고 활용하는 것은 미래 기술을 접하면서 변화하는 세상에 적응하는 데 도움이 될 것이다.

다섯째, 근면한 것도 좋지만 앞으로는 조금 게을러질 필요도 있다.

미래 사회에는 무쇠 같은 근면성보다는 지력을 가진 현명한 사람들이 필요하다. 필요한 정보는 손안에 다 있다. 필요한 능력은 그 많은 정보 중에서 문제 해결에 필요한 것이 무엇이고 그 정보들을 어떻게 활용해야 하는지를 아는 것이다.

여섯째, 낙관적으로 삶을 즐길 수 있는 사람을 양성해야 한다. 공자는 학문에 힘쓰고 학문을 좋아하고 종국에는 학문을 즐기는 경지에 이르는 것이 최고라 했다. 우리가 궁극적으로 살고자 하는 인생은 즐기며 사는 행복한 인생이다.

일곱째, 많은 경험을 쌓게 해야 한다. 꼭 물리적 여행을 통해 경험을 쌓을 필요는 없다. 한국의 발달된 초고속 인터넷망을 활용해 세계 각지의 학생들과 특별한 사례(예를 들어 코로나19에 관한 내용)를 토론하는 시간을 편성한다면 다양한 종류의 사고를 접하게 됨으로써 인생을 다시 한 번 생각하는 계기가 될 것이다. 또 한 가지 좋은 방안은 지역 사회와 연계된 활동에 적극 참여하게 하는 것이다. 우리가 하나로 연결된 존재임을 느끼는 것은 매우 중요하다.

마지막으로, 지식을 쌓지 말고 지력을 길러야 한다. 지력을 쌓는 데는 독서와 함께 사색의 시간을 자주 가지는 것이 좋다. 독서는 작가의 의미를 파악하는 일로, 작가의 의도를 깨치는 데 성공하면 이는 우리 몸에 새겨지게 된다. 차곡차곡 쌓인 지력은 삶의 바탕이 될 것이다. SNS나 인터넷을 통해서는 할 수 없는 일이다.

서울시도 내가 근무하는 서울특별시 기술교육원을 4군데 운영하면서 서울 시민의 기술 교육 습득과 안정적인 삶을 위해 부단히 노력하고 있다. 지금까지 14만 명이 넘는 기술 인력을 양성해 안정적인 삶을 살아갈 수 있도록 했으며 국가 산업 발전에도 크게 기여했다. 전액 서울시 예산으로 운영되는 기술교육원은 시대에 맞추어 계속 변화를 모색하고 사회에 필요한 기술 인력을 비교적 성공적으로 배출해 왔다. 그러나 최근에는 사회 변화의 속도가 빨라지고 변화의 폭도 과거와는 비교가 안 되게 커지면서 여러 도전에 직면하고 있다. 기존의 사고를 벗어나 공공기관의 기술 교육에 대한 전반적인 재검토가 필요한 시점이다.

AI와 나노 기술 등 4차 산업혁명이 완수되면 공장에서 일하는 기능인은 별로 필요하지 않게 될 것이고, 그런 사회가 오기 전까지도 일자리는 계속 감소할 것이며 요구되는 기능도 빠르게 변화할 것이다. 인류 사회는 이미 고용 없는 성장 시대에 살고 있다. 근거 없는 낙관은 자칫 잘못하면 인류를 영원히 고통 속에 살게 만들 수도 있다. 지금까지의 기준으로 앞으로를 준비한다면 소수만이 일자리를 구할 수 있을 뿐 대다수 사회 구성원은 고통을 겪게 될 것이다. 그 소수의 일자리마저도 좋은 일자리일 확률은 매우 낮다. 기존의 틀을 벗어나 새로운 도전을 시작할 때다.

공공기관의 모든 일은 예산이 필요하다. 앞에 열거된 일들을 수행하는 데는 당연히 적지 않은 예산이 필요할 것이다. 하지만 예산은 금액의 문제가 아니라 철학의 문제다. 코로나19로 인한 경제 위기 해결을 위해 2020년 5월 정부가 추가 경정 예산을 편성해서 전 국민을 대상으로 13조 5,000억 원의 1차 긴급 재난 지원금을 배부했을 때, 국고 낭비니 균형 예산을 맞추어야 한다느니 하면서 반대하는 목소리가 꽤 있었다. 2020년 6월 유럽중앙은행은 코로나19 사태에 따른 경기 침체를 극복하기 위해 6,000억 유로(약 820조 원)의 채권을 매입하기로 했다. 중앙은행이 채권을 매입함으로써 채권을 발행한 곳으로 돈이 가게 하려는 의도였다. 이미 유럽중앙은행이 2020년 3월에 매입한 7,500억 유로를 합치면 전체 규모는 1조 3,500억 유로(약 1,845조 원)가 된다. 유로 사용 19개국의 전체 경제 규모는 11조 2,000억 유로(한화 약 1경 5,300조 원)이므로, 코로나19 극복을 위해 매입한 채권 규모는 전체 경제 규모의 12퍼센트 정도다. 반면 한국의 경제 규모는 2조 3,000억 달러(2,645조 원)이므로, 코로나19 추가 경정 예산은 전체 경제 규모의 0.5퍼센트 정도에 지나지 않는다. 우리가 어떤 생각을 가지고 미래를 준비할지는 지금 우리의 판단에 달려 있다.

직업 교육기관의 역할은 중대한 기로에 놓여 있다. 과도기 동안 많은 사람들이 길을 잃고 힘들게 살아갈 확률이 확실해 보이는 지금, 공공 기술 교육기관들의 역할이 좀 더 요구된다. 기술교육원이 단순한 기능을 전달하는 기관에서 우리 이웃의 삶에 중요한 반려자로, 언제든지 자신의 삶을 변화시키고 지켜 줄 든든한 버팀목을 하는 기관으로 발전하기를 고대해 본다. 그래서 4차 산업혁명이 마무리되는 시점에는 사람들의 삶에 또 다른 가치를 전달하는 기관으로 거듭 발전하는 모습을 상상해 본다.

미주

1장

1 마셜 살린스 지음, 『석기시대 경제학』, 박충환 옮김, 한울아카데미, 2014, p35.

2 McCarthy and McArthur, 1960, p46.

3 마셜 살린스 지음, 『석기시대 경제학』, 박충환 옮김, 한울아카데미, 2014, p52.

4 마셜 살린스 지음, 『석기시대 경제학』, 박충환 옮김, 한울아카데미, 2014, p75.

5 정수일 지음, 『고대문명교류사』, 사계절, 2001, p124.

6 정수일 지음, 『고대문명교류사』, 사계절, 2001, p125.

2장

1 정수일 지음, 『고대문명교류사』, 사계절, 2001, p372.

2 가와하라 아쓰시·호리코시 고이치 지음, 『중세 유럽의 생활』, 남지연 옮김, AK Trivia Book, 2017, p148.

3 르네 그루쎄 지음, 『유라시아 유목제국사』, 김호동·유원수·정재훈 옮김, 사계절, 1998, p454.

4 정명섭 지음, 『조선직업실록』, 북로드, 2014, p40, p53.

3장

1 Gregory Clark, *A Farewell To Alms: A Brief Economic History of the World* (2007).

2 "세계 인구 증가 추이", 네이버 지식백과(비주얼백과). https://terms.naver.com/entry.
naver?docId=1571279&mobile&cid=49018&categoryId=49018 (2021년 5월 31일
검색).

3 찰스 다윈 지음, 『종의 기원』, 장대익 옮김, 사이언스북스, 2019, pp649-650.

4 최진형, "철강 생산대국 러시아에서 우리 제품이 잘나가는 이유", 2020년 3월 31
일. https://news.kotra.or.kr/user/globalBbs/kotranews/782/globalBbsDataView.
do?setIdx=243&dataIdx=180859 (2021년 5월 31일 검색).

5 최진형, "철강 생산대국 러시아에서 우리 제품이 잘나가는 이유", 2020년 3월 31
일. https://news.kotra.or.kr/user/globalBbs/kotranews/782/globalBbsDataView.
do?setIdx=243&dataIdx=180859 (2021년 5월 31일 검색).

6 엘렌 러펠 셸 지음, 『일자리의 미래-왜 중산층의 직업이 사라지는가』, 김후 옮김, 예
문아카이브, 2019, p180.

4장

1 미국 노동통계국(BLS)의 생산성 및 비용 프로그램, 현재 고용 통계, 경제분석국
(BEA) 국민소득 계정에서 산출한 미발표 경제 생산성 자료에 대한 경제정책연구소
(Economic Policy Institute)의 분석. http://www.stateofworkingamerica.org/chart/swa
-wages-figure-4u-change-total-economy/ (2021년 5월 31일 검색).

2 조지프 스티글리츠 지음, 『세계화와 그 불만』, 송철복 옮김, 세종연구원, 2002, p40.

3 조지프 스티글리츠 지음, 『세계화와 그 불만』, 송철복 옮김, 세종연구원, 2002, p141.

4 "GDP대비 경상의료비 추이", e-나라지표, 2021년 2월 3일 갱신. http://www.index.

go.kr/potal/main/EachDtlPageDetail.do?idx_cd=1431 (2021년 5월 31일 검색).

5 로버트 라이시 지음, 『로버트 라이시의 자본주의를 구하라』, 안기순 옮김, 김영사, 2016, p56.

5장

1 레이 커즈와일 지음, 『특이점이 온다』, 김명남·장시형 옮김, 김영사, 2007, p23.

2 Muriel Rukeyser, *The Speed of Darkness*, Random House, 1968, p113.

3 레이 커즈와일 지음, 『특이점이 온다』, 김명남·장시형 옮김, 김영사, 2007, p183.

4 앤드루 양 지음, 『보통 사람들의 전쟁』, 장용원 옮김, 흐름출판, 2019, p78.

5 앤드루 양 지음, 『보통 사람들의 전쟁』, 장용원 옮김, 흐름출판, 2019, p85.

6 김현우, "[디지털피디아] 로보어드바이저(Robo-Advisor)", 디지털 투데이, 2020년 12월 28일 입력. http://www.digitaltoday.co.kr/news/articleView.html?idxno=258149 (2021년 6월 12일 검색).

7 앤드루 양 지음, 『보통 사람들의 전쟁』, 장용원 옮김, 흐름출판, 2019, p94.

8 벅민스터 풀러 지음, 『우주선 지구호 사용설명서』, 제이미 스나이더 엮음, 이나경 옮김, 열화당, 2018.

9 Arjun Kharpal, "Stephen Hawking says A.I. could be 'worst event in the history of our civilization'", cnbc.com, 2017년 11월 6일 갱신. https://www.cnbc.com/2017/11/06/stephen-hawking-ai-could-be-worst-event-in-civilization.html (2021년 5월 31일 검색).

10 로버트 라이시 지음, 『로버트 라이시의 자본주의를 구하라』, 안기순 옮김, 김영사, 2016, p260.

11 앤드루 양 지음, 『보통 사람들의 전쟁』, 장용원 옮김, 흐름출판, 2019, p236.

12 레이 커즈와일 지음, 『특이점이 온다』, 김명남·장시형 옮김, 김영사, 2007, p310.

13 레이 커즈와일 지음, 『특이점이 온다』, 김명남·장시형 옮김, 김영사, 2007, p339.

14 레이 커즈와일 지음, 『특이점이 온다』, 김명남·장시형 옮김, 김영사, 2007, pp344-345.

15 레이 커즈와일 지음, 『특이점이 온다』, 김명남·장시형 옮김, 김영사, 2007, p304.

16 MG Siegler, "Eric Schmidt: Every 2 Days We Create As Much Information As We Did Up To 2003", TechCrunch, August 5, 2010. https://techcrunch.com/2010/08/04/schmidt-data/ (2021년 6월 13일 검색).

6장

1 제러미 리프킨 지음, 『3차 산업혁명』, 안진환 옮김, 민음사, 2012, p166.

2 "과학적 관리법", 위키피디아, 2021년 2월 4일 갱신. https://ko.wikipedia.org/wiki/%EA%B3%BC%ED%95%99%EC%A0%81_%EA%B4%80%EB%A6%AC%EB%B2%95 (2021년 5월 31일 검색).

3 "[실적 차트] 아마존 연도별 매출 및 이익 추이", Happist.com, 2021년 5월 8일 갱신. https://happist.com/567810/%EC%B0%A8%ED%8A%B8%EB%A1%9C-%EC%9D%BD%EB%8A%94-%ED%8A%B8%EB%A0%8C%EB%93%9C-%EC%95%84%EB%A7%88%EC%A1%B4-%EC%97%B0%EB%8F%84EB%B3%84-%EB%A7%A4%EC%B6%9C-%EC%98%81%EC%97%85%EC%9D%B4%EC%9D%B5-%EA%B7%B8 (2021년 5월 31일 검색).

4 "[실적 차트] 월마트 연도별 매출 및 이익 추이(1994~2019)", Happist.com, 2020년 2월 19일 갱신. https://happist.com/570705/%EC%8B%A4%EC%A0%81-%EC%B0%A8%ED%8A%B8-%EC%9B%94%EB%A7%88%ED%8A%B8-%EC%97%B0%EB%8F%84%EB%B3%84-%EB%A7%A4%EC%B6%9C-%EB%B0%8F-%EC%9D%B4%EC%9D%B5-%EC%B6%94%EC%9D%B41994-2019 (2021년 5월 31일 검색).

5 엘렌 러펠 셸 지음, 『일자리의 미래 – 왜 중산층의 직업이 사라지는가』, 김후 옮김, 예문아카이브, 2019, pp319-321.

6 로버트 라이시 지음, 『로버트 라이시의 자본주의를 구하라』, 안기순 옮김, 김영사, 2016, p206.

7 Dan Kopf, "Almost all the US jobs created since 2005 are temporary," Quartz, 2016년 12월 6일 갱신. http://qz.com/851066/almost-all-the-10-million-jobs-created-since-2005-are-temporary/ (2021년 5월 31일 검색).

8 제러미 리프킨 지음, 『한계비용 제로 사회 – 사물인터넷과 공유경제의 부상』, 안진환 옮김, 민음사, 2014, p116.

9 조지프 스티글리츠 지음, 『거대한 불평등 – 우리는 무엇을 할 수 있는가』, 이순희 옮김, 열린책들, 2017, p298.

10 제러미 리프킨 지음, 『3차 산업혁명』, 안진환 옮김, 민음사, 2012, p318-319.

11 폴 크루그먼 지음, 『불황의 경제학』, 안진환 옮김, 세종서적, 2015, p.195.

12 노암 촘스키, 조지프 스티글리츠 외 지음, 『경제민주화를 말하다 : 극단적 양극화와 반복되는 위기 사이에서 새로운 경제를 꿈꾸다』, 김시경 옮김, 위너스북, 2012, p80.

13 노암 촘스키, 조지프 스티글리츠 외 지음, 『경제민주화를 말하다 : 극단적 양극화와 반복되는 위기 사이에서 새로운 경제를 꿈꾸다』, 김시경 옮김, 위너스북, 2012, p85.

14 노암 촘스키, 조지프 스티글리츠 외 지음, 『경제민주화를 말하다 : 극단적 양극화와 반복되는 위기 사이에서 새로운 경제를 꿈꾸다』, 김시경 옮김, 위너스북, 2012, p87.

15 이희진, "우리나라 사회복지지출 수준, OECD 바닥권", 노컷뉴스, 2021년 4월 1일 갱신. https://www.nocutnews.co.kr/news/5527482 (2021년 5월 31일 검색).

7장

1 노현웅, "소득상위 0.1% 소득이 하위 17% 총소득에 육박", 한겨레, 2019년 10월 6일

갱신. http://www.hani.co.kr/arti/economy/economy_general/912142.html#csidxbf3
d29163aa08dbbf0bbe4df9be3d23 (2021년 5월 31일 검색).

2 이승구, "통합소득 상위 0.1% 1인당 평균소득 15억원…하위 27% 소득과 맞먹
어", 일간NTN, 2019년 10월 17일 승인. https://www.intn.co.kr/news/articleView.
html?idxno=2008442 (2021년 6월 13일 검색).

3 최성수, "통합소득 상위 0.1% 2만명, 하위 27% 629만명 만큼 번다", 한국일보, 2019
년 10월 17일 승인. http://daily.hankooki.com/lpage/economy/201910/dh20191017
151948138060.htm (2021년 5월 31일 검색).

4 김경락, "한국 소득 상위 0.1%는", 한겨레, 2017년 2월 6일 수정. https://www.hani.
co.kr/arti/economy/economy_general/772570.html (2021년 6월 5일 검색).

5 토마 피케티 지음, 『피케티의 新자본론』, 박상은·노만수 옮김, 글항아리, 2015, p397.

6 "조세부담률", e-나라지표, 2020년 12월 10일 갱신. (https://www.index.go.kr/potal/
main/EachDtlPageDetail.do?idx_cd=1122) 2021년 6월 5일 검색.

7 "Remarks by the President on the Economy in Osawatomie, Kansas (December
06, 2011)", Archived Obama White House Website. https://obamawhitehouse.
archives.gov/the-press-office/2011/12/06/remarks-president-economy-osawatomie-
kansas(2021년 6월 5일 검색).

8 박대한, "두자릿수 육박 아일랜드 고성장의 허상…4분의 1은 아이폰 때문", 연합뉴
스, 2018년 4월 18일 송고. https://www.yna.co.kr/view/AKR20180418172800085
(2021년 6월 5일 검색).

9 김주완, "한국서 구글보다 세금 다섯 배 더 납부하겠다는 라이엇게임즈 [김주완의
어쩌다IT]", 한경닷컴, 2021년 6월 13일 수정. https://www.hankyung.com/it/article/
202106091698i (2021년 6월 13일 검색).

10 한국조세재정연구원 세법연구센터, 『OECD 회원국의 조세통계로 본 국제동향』,
2017, p254.

11 도마 피케티 지음, 『피케티의 新자본론』, 박상은·노민수 옮김, 글항아리, 2015, p238.

12 제러미 리프킨 지음, 『3차 산업혁명』, 안진환 옮김, 민음사, 2012, pp151-152.

13 로버트 라이시 지음, 『로버트 라이시의 자본주의를 구하라』, 안기순 옮김, 김영사, 2016, p276.

14 앤드루 양 지음, 『보통 사람들의 전쟁』, 장용원 옮김, 흐름출판, 2019, pp247-248.

15 Rutger Bregman, "Poverty isn't a lack of character; it's a lack of cash", TED 2017, 2017년 4월 게시. https://www.ted.com/talks/rutger_bregman_poverty_isn_t_a_lack_of_character_it_s_a_lack_of_cash (2021년 6월 5일 검색).

KI신서 9794

레이버피아Laborpia
일자리 진화는 어떻게 우리의 삶을 바꾸는가

1판 1쇄 발행 2021년 7월 9일
1판 2쇄 발행 2021년 7월 12일

지은이 백완기
펴낸이 김영곤
펴낸곳 (주)북이십일 21세기북스

TF팀 이사 신승철
TF팀장 김익겸
영업팀장 한충희
제작팀 이영민 권경민
편집 임성민
디자인 이유나

출판등록 2000년 5월 6일 제406-2003-061호
주소 (10881) 경기도 파주시 회동길 201(문발동)
대표전화 031-955-2100 팩스 031-955-2151 이메일 book21@book21.co.kr

ⓒ 백완기, 2021
ISBN 978-89-509-9637-6 03320

(주)북이십일 경계를 허무는 콘텐츠 리더

21세기북스 채널에서 도서 정보와 다양한 영상자료, 이벤트를 만나세요!
페이스북 facebook.com/jiinpill21 포스트 post.naver.com/21c_editors
인스타그램 instagram.com/jiinpill21 홈페이지 www.book21.com
유튜브 youtube.com/book21pub

LABORPIA